JM045675

最新 保育士養成講座

# 第6巻

# 子どもの発達理解と援助

『最新　保育士養成講座』総括編纂委員会／編

全国社会福祉協議会

# 刊行にあたって

■

　保育士とは、「第18条の18第1項の登録を受け、保育士の名称を用いて、専門的知識及び技術をもって、児童の保育及び児童の保護者に対する保育に関する指導を行うことを業とする者」（児童福祉法第18条の4第1項）をいいます。この場合の「児童」とは、18歳未満の者をさしています。また、「保育」については、「養護及び教育（学校教育を除く）を行うことをいう」（児童福祉法第6条の3第7項を一部変更）と規定されています。つまり、保育士は、以下の3つの業務を行う専門職ということになります。

① 「就学前児童の保育」early childhood care & education（いわゆるエデュケア）
② 「18歳未満の児童の保育」childcare work（いわゆるケアワーク）
③ 「児童の保護者に対する保育に関する指導」（保育指導業務、技術体系としては「保育相談支援」の専門性）

　平成31（2019）年度保育士養成校入学生から、新しい保育士養成課程が導入されることとなりました。上記の業務を遂行する専門職を養成する新保育士養成課程において、最も中核となる科目（原理と内容）を選定すると以下の科目となります。この6〜7科目が、保育士養成課程における最も大切な科目といえ、これらの科目は保育士養成に固有の科目で、他の専門職が学ばない中核的な科目となります。

① 就学前の児童の養護と教育が一体となった保育：保育原理、保育内容総論
② 18歳未満の児童の保育・養育・養護・育成支援・発達支援など：社会的養護Ⅰ、社会的養護Ⅱ・障害児保育
③ 保育指導：子ども家庭支援論、子育て支援（保育相談支援）

　新しい保育士養成課程の導入は、前回の養成課程導入後10年を経て、その間の保育・保育士をめぐる動向をふまえたものとなります。この間、18歳未満の保育のあり方には、大きな変革がありました。制度的には、

平成27(2015)年度から子ども・子育て支援新制度が創設され、平成28(2016)年の改正児童福祉法では、「児童の権利に関する条約」の精神が盛り込まれるなど、子ども家庭福祉の理念が現代社会のありようを反映し、明確化されました。

　また、各種支援のための政府の指針も多く発出されています。保育士業務に深く関わるものとしては、平成24(2012)年3月の児童養護施設運営指針等の社会的養護関係施設運営指針の発出、平成27(2015)年3月の放課後児童クラブ運営指針、同年4月の放課後等デイサービスガイドラインの発出、平成29(2017)年7月の児童発達支援ガイドラインの発出などがあります。さらに、同年3月31日には、新しい保育所保育指針、幼保連携型認定こども園教育・保育要領、幼稚園教育要領の改定版が告示され、平成30(2018)年度から施行されています。

　なかでも、保育所保育指針改正では、年齢層ごとの保育のねらいおよび内容の明確化、幼児期の教育の積極的な位置づけ、養護に関する基本的事項の明記などが盛り込まれています。これらを受けた養成課程改正では、今後の保育士に必要とされる専門的知識および技術、さらには専門職としての倫理を念頭に置きつつ、保育士養成課程を構成する教科目の名称や授業形態、単位数に加え、目標や教授内容について改訂が進められました。それにともない、保育士試験科目の改定も行われています。

　『最新　保育士養成講座』シリーズの始まりは、昭和38(1963)年にさかのぼります。それから半世紀以上が経ちました。この間、全国社会福祉協議会では、保育士試験受験者、保育士養成校の学生に向けたテキストを発刊し続けてきました。そして、今回、これまでの『新　保育士養成講座(全12巻)』の全面改訂版として、『最新　保育士養成講座(全10巻)』を発刊することといたしました。

　保育所保育指針では、保育士の力量を倫理、知識、技術、判断の4点に整理しています。このなかでは専門職としての価値や倫理が根底となります。それらを基盤として、専門的知識、専門的技術が獲得されていきます。そして、それらのすべてが統合された専門性が「判断」として生きて

くることとなります。保育士はこうした専門性を生かし、以下の4つの立ち位置を縦横に駆使しつつ、子どもと親とのよりよい関係の構築や子どもの発達の保障に取り組む専門職といえるのです。

・親と子の間に介在し、よりよい親子関係の形成に寄与する
・子どもとの応答的な関係を取り結び、子どもの安全基地となる
・子ども同士の間に介在し、仲立ちをし、子ども同士の民主的な人間関係の取り結びを支援する
・子ども同士がきまりを守りつつ自主的に活動する場を見守り、必要に応じて介入する

このような期待に応えることのできる保育士養成のため、この『最新　保育士養成講座』は、編著者一同、心を傾けて執筆しています。本テキストが、保育士をめざす方々やその関係者に広く活用されることを心から願っています。

平成31(2019)年1月
『最新　保育士養成講座』総括編纂委員会
委員長　　柏女霊峰

# 目　次

デザイン：サザンカンパニー

# 「子どもの理解と援助」を
# 学ぶにあたって

# 保育士になるために

　保育士とは「第18条の18第1項の登録を受け、保育士の名称を用いて、専門的知識及び技能をもつて、児童の保育及び児童の保護者に対する保育に関する指導を行うことを業とする者」（児童福祉法第18条の4）のことである。保育士は、一般によく知られている保育所以外にも、多くの児童福祉施設で働いている。例えば、児童養護施設、乳児院、母子生活支援施設、障害児入所施設、児童発達支援センターなどである。

　保育士となる資格を有するには2つの方法がある。1つは指定保育士養成施設を卒業することであり、もう1つは保育士試験に合格することである（同法第18条の6）。このうち後者の保育士試験の科目に対応させて編集されている講座が、本巻が属する『最新　保育士養成講座』である。本巻を用いて学ぶことは、保育士試験の対策になる。また指定保育士養成施設で本巻をテキストとして用いることは、保育士として求められる知識や技術をより深く学ぶことになる。

　ところで、保育士資格の取得は、目的ではなく、保育士になるための手段である。保育士資格を得ることで、児童の保育及び児童の保護者に対する保育に関する指導を行うこと、具体的には、保育所を含む、先述の児童福祉施設で有資格者として働くこと、すなわち保育に携わることができる。

　保育士資格は、教員免許のように更新制ではなく、一度取得すれば、生涯使うことができる。しかしながら、保育所保育指針がおおむね10年に一度改定（改訂）されることを考えると、定期的に学び直すことが必要になる。さらに、子どもがさまざまなことを経験し、学び、成長・発達することを考えると、それに合わせて関わりも変えていく必要がある。この関わりの改善は、保育の質の向上にもつながるものである。このような保育の質の向上、子どもの学びや成長・発達に合わせた関わりの改善こそ、本巻「子どもの理解と援助」が『最新　保育士養成講座』の中で担う部分なのである。

# 第2節 本巻の特徴と構成

　本巻「子どもの理解と援助」は、保育士試験科目の中の「保育の心理学」という科目に対応している。この科目の出題の基本方針は、次のように定められている。

---

厚生労働省雇用均等・児童家庭局長通知
（平成 15 年 12 月 1 日 雇児発第 1201002 号）

　保育実践にかかわる心理学の知識及び発達の基本原理について体系的に理解しているかを問うことを基本とする。
　問題選択に当たっては、子どもの発達過程における心理や発達の特徴を理解しているかという点のほか、生活と遊びを通して学ぶ子どもの経験や学習の過程について、また、保育における発達援助や子どもの発達を巡る現代的課題に関しても配慮が必要である。

---

　また、出題範囲は「指定保育士養成施設の指定及び運営の基準について」（平成 15 年 12 月 9 日 雇児発第 1209001 号　厚生労働省雇用均等・児童家庭局長通知）の別紙 3「教科目の教授内容」に定める教科目「保育の心理学」「子ども家庭支援の心理学」及び「子どもの理解と援助」の内容とする」とされている。

---

【教科目名：保育の心理学】

1．発達を捉える視点
　(1)子どもの発達を理解することの意義
　(2)子どもの発達と環境
　(3)発達理論と子ども観・保育観

2．子どもの発達過程
　(1)社会情緒的発達
　(2)身体的機能と運動機能の発達
　(3)認知の発達
　(4)言語の発達

---

3. 子どもの学びと保育
 (1)乳幼児期の学びに関わる理論　　(3)乳幼児期の学びを支える保育
 (2)乳幼児期の学びの過程と特性

---

【教科目名：子ども家庭支援の心理学】

1. 生涯発達
 (1)乳幼児期方学童期前期にかけての発達
 (2)学童期後期から青年期にかけての発達
 (3)成人期・老年期における発達
2. 家族・家庭の理解
 (1)家族・家庭の意義と機能
 (2)親子関係・家族関係の理解
 (3)子育ての経験と親としての育ち

3. 子育て家庭に関する現状と課題
 (1)子育てを取り巻く社会的状況
 (2)ライフコースと仕事・子育て
 (3)多様な家庭とその理解
 (4)特別な配慮を要する家庭
4. 子どもの精神保健とその課題
 (1)子どもの生活・生育環境とその影響
 (2)子どもの心の健康に関わる問題

---

【教科目名：子どもの理解と援助】

1. 子どもの実態に応じた発達や学びの
  把握
 (1)保育における子どもの理解の意義
 (2)子どもの理解に基づく養護及び教育
  の一体的展開
 (3)子どもに対する共感的理解と子ども
  との関わり
2. 子どもを理解する視点
 (1)子どもの生活や遊び
 (2)保育の人的環境としての保育者と子
  どもの発達
 (3)子ども相互の関わりと関係づくり
 (4)集団における経験と育ち
 (5)葛藤やつまずき
 (6)保育の環境の理解と構成
 (7)環境の変化や移行

3. 子どもを理解する方法
 (1)視察
 (2)記録
 (3)省察・評価
 (4)職員間の対話
 (5)保護者との情報の共有
4. 子どもの理解に基づく発達運動
 (1)発達の課題に応じた援助と関わり
 (2)特別な配慮を要する子どもの理解と
  援助
 (3)発達の連続性と就学への支援

---

　　ここに定められている内容について、本巻ではすべて網羅し
ており、本巻の各章が、3つの教科目の内容の見出し（柱）になっ
ている。このような章立てにすることで、保育士試験の出題範
囲に完全に対応する内容とした。さらに指定保育士養成施設の
3つの教科目のテキストとしても十分に機能することをめざし
た。
　　また、本巻は「生涯発達」の章を最後に位置づけ、保育者と

しての生涯発達の節を加えている。このようにしたことには2つの理由がある。その1つは、読者に保育士資格を取得して児童の保育に携わってほしいためである。保育所など、乳幼児の保育を担う児童福祉施設では、子どもや保護者の理解に基づいて、保育や保育に関する指導を展開する必要がある。そこで、子どもや保護者の理解とそれに基づく関わりに関する章を先に置くことにした。もう1つの理由は、保育者として長く勤めてほしいためである。長期的な視野で、子どもや保護者、保育、そして自分を見つめて勤務してもらいたい。そうすることが、保育という営みやその業界を発展させることにつながる。

## 第3節 本巻で何をどのように学ぶか

### 1 何を学ぶか

本巻の内容を学ぶことは、厚生労働省の子ども家庭局が実施する保育士養成課程等検討会が、保育所保育指針(以下、保育指針)の改定に伴う保育士養成課程等の見直しで求めた「保育実践に関わる心理学に関する知識及び発達の基本原理について体系的に理解」することつながる。

このことから、本巻で「何を学ぶか」という問いに対する答えは、「現行の保育指針にそった保育を展開するうえで必要となる心理学の知識や発達の基本原理である」といえる。これらを学ぶことを目標として、意識して学んでいただきたい。

### 2 どのように学ぶか

本巻は、そのタイトルを保育士試験の試験科目名である「保育の心理学」ではなく、「子どもの発達理解と援助」とした。あえてこのようにしたのには理由がある。それは、読者に「心理学」の学問をするのではなく、「子ども」を「理解」し「援助」してもらいたいためである。

保育士試験の出題範囲である3つの教科目「保育の心理学」「子ども家庭支援の心理学」および「子どもの理解と援助」のうち、前2つの科目は「心理学」という学問の名称が入っている。しかし、無藤(2019)が「(保育のような実践として確立された領域では)心理学の通常の基礎的知見をそのまま適用することはできない*1」と述べているように、心理学を広く、あるいは深く学んでも、それだけでは保育はできない。心理学の知識を保育に生かすには、保育者として保育に携わりながら、心理学の知見を当てはめて考えたり、検証してみたりする必要がある。そこでまずは心理学のさまざまな知見を頭に入れよう。

　当てはめて考えたり、検証したりするためには、知見の学び方を工夫する必要がある。指定保育士養成施設における保育士養成課程では、3つの教科目のうち「子どもの理解と援助」だけは演習科目であり、ほかは講義科目である。講義と演習の違いについてはさまざまな考え方があるが、概して、演習のほうが自らの経験と関連づけやすい。そこで自らの経験と関連づけるような学び方を推奨する。

　自らの経験と関連づけるような学び方について、第1章の図1-2(28ページ)の「保育者の業務の流れ」を例に考えてみよう。保育の経験がなくても、日常的なことに当てはめて考えるとよい。例えば、夕食に肉じゃがをつくることを、この図に当てはめてみよう。保育目標は、肉じゃがづくりである。指導計画は、予算を考えたり、肉じゃがの材料があるかどうかを確認したり、仕上がりの時間を考えたりすることが当てはまる。教材研究や環境構成には、買い物に出たり、調理用具や調味料をそろえたり、調理場を整えておくことが含まれる。保育・指導・援助が、実際の調理である。保育の評価は、最終的においしくできたかどうかであろう。

　ここで、子どもの理解が何に当たるのかを考えてみよう。肉じゃがのつくり方に関する知識は、この理解に含まれる。どのような肉やじゃがいもがよいのか、それらはどれだけの量が必要か、どのくらいの大きさに切るのが適当か、調味料はいつどのくらい入れるのか。このような食材についての理解もこの理解に当たるであろう。共感的理解を保育・指導・援助中の理解と考えるなら、調理中の味見がこれに当てはまるかもしれない。

　このように、図1-2を単に理解するのではなく、自らの経

験と関連づけてみるような学び方を推奨する。保育士養成施設で学んでいる場合は、考えたことを紹介し合ったり、協力して実際に行ってみたりすることも奨励する。これこそ「主体的・対話的で深い学び」になる。

引用文献：
＊1. 無藤隆「心理学は保育にいかに貢献できるか」『心理学ワールド』第85号、日本心理学会、2019年、5～8頁。

# 第 1 章

# 子どもの実態を
# とらえる意義と視点

## 学習のポイント

　「子どもの実態をとらえる意義と視点」では、養護と教育を一体的に行う保育を実施するうえで基盤となる子どもの理解について、なぜ必要なのか、どのように理解するのか、なぜそのように理解することが必要なのかについて学習する。

①子どもの発達や学習の理解が、見通しを立てること、経験を保証すること、支援の工夫に役立つことについて理解する。

②発達と環境、学習と環境について学び、保育における環境に対する考え方について理解を深める。

③子どもの発達や学習に対する理論や考え方が子ども観や保育観に影響し、それが関わりを左右することを理解する。

④保育所保育指針に示されている「子どもの理解」についての理解を深める。

⑤子どもと直接関わる際に役立つ共感的理解について、必要性や業務のなかでの位置づけを理解する。

# 第1節　子どもの発達や学習を理解することの意義

## 1　発達や学習の理解は見通しを立てるのに役立つ

　子どもの発達には、ある程度の決まった順序がある。例として、身体発達を考えてみよう。①腹ばいの姿勢で顎を持ち上げる、②腹ばいの姿勢で頭を上げる、③首がすわる、④支えられれば座る、⑤仰向けに寝て頭と肩を上げる、⑥寝返りをする、⑦エンコ座りができる、⑧ハイハイをする、⑨つかまり立ちをする、⑩支えられて歩く、⑪ひとりで立ち上がる、⑫ひとりで歩く……などである[注1]。スピードには違いがあるものの、この順序はどの子どももそれほど変わらない。座れないのに、ハイハイをしたり、ひとりで歩いたりしない。座るために必要な力がハイハイに役立ち、ハイハイに使われる力が歩くのに役立つからである。ことばなど、他の面の発達も同様である。

　学習でも同様のことがいえる。例えば、ルールのある遊びを覚えるのには、次のような順序で学習する。①簡単なきまりを守る、②友達と生活する中で、きまりの大切さに気づき、守ろうとする(守れたり、守れなかったりする)、③簡単なきまりをつくり出したりして、友達と一緒に遊びを発展させる、④友達への親しみを広げ、深め、自分たちでつくったきまりを守る、⑤集団遊びの楽しさが分かり、きまりを作ったり、それを守ったりして遊ぶ、⑥友達との生活や遊びの中できまりがあることの大切さに気づく……などである[注2]。このように学習でも順序が決まっているのは、経験の積み重ねのなかで、学習が進むからである。

　このような順序を知ることは、発達や学習の道筋を理解することにほかならない。しかしここで注意したいのは、道筋の理解は発達や学習を急いで進めることを意味するのではないことである。道筋の理解は、より着実な発達や、より深い学びをしてもらうため、現在地を明確にすることを意味する。現在地が

注1……………
　KIDS(キッズ)乳幼児発達スケール(三宅和夫監修、1991年)のタイプA(0歳1か月～0歳11か月児用)より。このスケールは、ほかにタイプB(1歳0か月～2歳11か月児用)、タイプC(3歳0か月～6歳11か月児用(就学児を除く)、タイプT(0歳1か月～6歳11か月児用(発達遅滞傾向児向き)がある。

注2……………
　平成11年通知の保育所保育指針より。①は3歳児、②は4歳児、③④は5歳児、⑤⑥は6歳児の「内容」。

わかれば見通しも立つ。成熟の過程を通してできなかったことができるようになると、子どもは古い行動の様式を捨てて、新しい様式を使うようになる。これこそ、ジャーシルド（Jersild, A.T.）が唱えた「習慣の発達的修正」の原理である[注3]。

## 2 子どもの経験を保証することに役立つ

### (1) 保育所保育指針に指定されている経験

保育所保育指針（以下、保育指針）[注4] の第2章の前文には次のように書かれている。

> この章に示す「ねらい」は、第1章の1の(2)に示された保育の目標をより具体化したものであり、子どもが保育所において、安定した生活を送り、充実した活動ができるように、保育を通じて育みたい資質・能力を、子どもの生活する姿から捉えたものである。また、「内容」は、「ねらい」を達成するために、子どもの生活やその状況に応じて保育士等が適切に行う事項と、保育士等が援助して子どもが環境に関わって経験する事項を示したものである。

この記述から保育者等は、すべての「内容」を子どもに経験させる必要があるといえる。ではどうすればよいか。先に述べたルールの学習を例に考えてみよう。保育指針「第2章 保育の内容」の1歳以上3歳未満児の保育に関わる人間関係の領域の「内容」には、「⑤保育所の生活の仕方に慣れ、きまりがあることや、その大切さに気付く」がある。また、3歳以上児の保育に関する人間関係の領域の「内容」には、「⑪友達と楽しく生活する中できまりの大切さに気付き、守ろうとする」がある。このことからきまりを経験するスタートは、生活のなかにあるといえよう。例えば、外に出るときには靴を履くなどは、毎日の生活のなかで繰り返し経験する。最初はそれを「きまり」としては意識しないかもしれない。しかしそのような習慣を付

注3・・・・・・・・・・・・・・
ジャーシルドの原理には、ほかにも、健康な子どもは一人ひとりが、自発的に自分の成長する力を利用しようとするという「生得的動機」の原理などがある。

注4・・・・・・・・・・・・・・
ここでは慣例に則り「保育指針」と略すが、「保育所保育」は平成30年の改定で「保育所保育指針」に入った用語である。そのため、「保育所保育指針」は、「保育所保育」の「指針」であるといえる。

けていくことこそが、簡単なきまりを守っていくことにつながる。

　ほかの子どもと一緒に遊ぶようになると、その子の使っている玩具や遊具が楽しそうに見え、取ってしまうかもしれない。取り上げられた子どもは、せっかく楽しく遊んでいるのにと、泣いたり、たたいたりするかもしれない。保育者等は双方の思いを十分に受け止め、相手の思いにも気づかせていく。このような保育者等の関わりのなかで、きまりの大切さに気づいて、楽しく遊ぶために守ろうとするようになるのである。さらに、順番や交代など自分たちできまりをつくり出していくようになる。

## (2)　経験を保証する際に気をつけたいこと

　同じ遊びをしていても、子どもの経験が一人ひとり異なることがある。例えば、3歳児がおうちごっこをしている場面を考えてみよう。ある子どもは大好きな保育者と一緒にいるのを楽しんでいる。ある子どもはお母さん役になりきって料理を作ることを楽しんでいる。また別の子どもは、人形の赤ちゃんを連れて、お父さん役の子どもと一緒に、家族で散歩に行こうとしている[注5]。

　この3人の子どもの経験を保育指針の言葉で置き換えてみると、次のようになるかもしれない。すなわち、「3　3歳以上児の保育に関するねらい及び内容」の人間関係の領域では、保育者と一緒にいることを楽しんでいる子どもは、内容の「①保育士等や友達と共に過ごすことの喜びを味わう」、お母さん役になりきって料理を作っている子どもは「②自分で考え、自分で行動する」、家族で散歩に行こうとしている子どもは「⑧友達と楽しく活動する中で、共通の目的を見いだし、工夫したり、協力したりなどする」である。これらは、一人ひとりの子どもの過去の経験をふまえて判断するしかない。

　すべての子どもに、保育指針の「内容」に書かれたすべての経験を保障するためには、子どもが、いま、何を楽しんでいるかをとらえて、保育指針の言葉で置き換えてみる必要がある。

注5・・・・・・・・・・・・・・・・
この「おうちごっこ」の例は、神長美津子監修『幼児教育・保育のアクティブ・ラーニング　3・4・5歳児のごっこ遊び』ひかりのくに、2017年より。3歳児の4月、7月、2月の「おうちごっこ」を参照。

## 3 子どもの発達や学習を支援する際の工夫に役立つ

まずはこのエピソードを読んでみよう。

> **事例**
>
> いつものようにストロー落としセットを一人で抱え込み、集中して遊んでいるＡのところに、少し離れた場所で他児と積み木遊びをしていたＢ（女児）が近づいてきました。Ｂもストロー落としは大好きで、Ａの隣に座ると同時にＡの持っていたストローケースを取ろうとしたのです。
>
> その瞬間、ＡがＢの右手の甲にかみついてしまいました。幸い歯痕もつかなかったのですが、Ｂはびっくりして泣き出してしまいました。あっという間の出来事で止めることもできず、ＡにはＢがケースが欲しかったこと、かみつかれて痛かったことを、ＢにはＡが先にストロー落としで遊んでいたこと、取られてくやしかったことを、相手の気持ちを双方にわかりやすい言葉で話しました。
>
> 出典：北九州市保育士会編著『自我の芽生えとかみつき　かみつきからふりかえる保育』八木義雄監、蒼丘書林、2013年、78頁。

　子どもはなぜかみつくのか。実は、かみつきは子どもだけではない。チンパンジーも、猫も、亀すらもかむ。生物がかむ理由については、4つの側面から研究が進められている（ティンバーゲン〔Tinbergen, N.〕）。1つめはその行動の直接的原因が何か、2つめはその行動にどのようなはたらきがあるから現れるようになったのか、3つめはその行動がどのように発達してきたか、あるいは発達していくのか、最後は、その行動はどのような進化を経て現れるようになったのか、である[注6]。生物学では、上記のＡちゃんがかみつく原因を解明できないが、保育者に対策のヒントを与えてくれる。上の事例の保育所では、かみつきの原因や機能を探り、ストロー落としの数を増やすことでかみつきを減らすことに成功した。

　ブロンフェンブレンナー（Bronfenbrenner, U.）は、生態学的

注6・・・・・・・・・・・・・・・・
ティンバーゲン（Tinbergen, N.）の考え方は、長谷川眞理子『生き物をめぐる4つの「なぜ」』集英社、2002年が詳しく、かつ読みやすい。

## 図1-1　ブロンフェンブレンナーの生態学的モデル

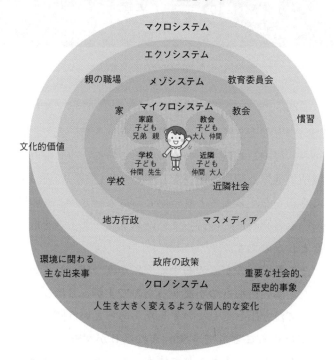

出典：Lightfoot, C., Cole, M., Cole, S.R.（2018）*The development of children, 8th edition*, New York, Worth Publishers. p.28 をもとに清水作成。

注7・・・・・・・・・・・・・・・・
　ブロンフェンブレンナーは、これまでの心理学が子どもを生物学的にどのように発達するかという視点でとらえてきたことに対し、子どもを取り巻く環境の中で子どもの発達を見ていく必要性を説いた。

に[注7]、すなわち、日常的な環境の中で見られる５つのシステムのなかで子どもを理解する必要性を提唱した。Ａちゃんに直接関わる保護者や保育者をマイクロシステム、そのマイクロシステムに直接関わる保護者の友人や同僚、保育者が勤務する園などをメゾシステム、また、そのメゾシステムに影響する地域や指針などをエクソシステム、さらに、そのエクソシステムに影響を与える日本文化や民主主義などをマクロシステムとした。そしてこれらの４つのシステムのすべてに影響を与える時間軸としてのクロノシステムを想定した（図1-1）。Ａちゃんのかみつきに対して、さまざまな原因や要因があることに気づいたことであろう。保育者の仕事は、このさまざまな要因を解きほぐし、そのうえでＡちゃんに関わり、どのように育てていくかを考えて、それを実践していくことである。このような大きな視点をもつことで、関わりに工夫が生まれる。

# 子どもの発達や学習と環境

## 1 環境が発達を促す

　ヒトが、文明から離され、まったく異なる環境で育つことは可能だろうか？　可能だった場合、どのように育つのだろうか。その育ちは正常なものに戻るのだろうか。もちろん実験としてこれを調べることはできない[注8]。しかしいくつかの事例はその実験を省いてくれる。イタール(Itard, J.M.G.)は、フランスのアヴェロン州で見つかった少年をパリに連れてきて教育をした。見つかったとき彼は、真っ裸のまま、木の実や根を食料としていた。パリに来たときには、発作的な動作やけいれんがあり、常にあちこちと身体を動かし、意に背く者にはかみついたりひっかいたりし、それ以外の者にも愛情を示さず、何事にも無関心で注意を向けない状態であった。

　イタールは、①社会生活に興味をもたせること、②視覚、聴覚、触覚、味覚、嗅覚を発達させること、③新たな社会的要求をもたせること、④ことばを使うように導くこと、⑤生理的要求を、関係のない心的作業で伝えるようにすること、という5つの目標を掲げて教育を開始した。5年にわたる教育の結果、聞いた母音や1音節のことばを区別することができるようになった。また、担当する女性教師と別れるときにはがっかりしたようすを見せ、会うときには満足げな態度を示すようになった。さらに、Lait(牛乳)の4文字を正しく並べ、それが牛乳であることが理解できた。

　この事例から、冒頭の疑問に対しては次のように考えることができる。ヒトは文明から離され、まったく異なる環境でも育つことがある。しかしながら、離れていた期間にもよるが、ことばの獲得や社会生活が困難になる。ことばの獲得に関しては、他の研究の結果もふまえると、**臨界期**(敏感期)があると考えられる。

　上記のように発達には環境が関係する。ではどの程度関係す

注8・・・・・・・・・・・・・・・
　ハーロー(Harlow, H.F.)がアカゲザルの新生児を隔離して育てたところ、正常な行動を示さなくなったことから、発達における初期経験の重要性が指摘されるようになった。

---

**臨界期**
　ある時期を過ぎると特定の学習が困難になる時期のこと。ローレンツ(Lorenz, K.)の刻印づけ(刷り込み)は、発達に臨界期(敏感期)があることの証拠として考えられている。
　刷り込みについては第2章32頁も参照。

るのだろうか。このことについて心理学では、遺伝か環境かとして長らく論争があった。遺伝説(成熟優位説)ではゲゼル(Gesell, A.)が学習には準備が必要というレディネスの概念を提唱した。環境説(経験説)ではワトソン(Watson, J.B.)が行動主義を提唱した。この二分法に決着をつけたのがシュテルン(Stern, W.)の輻輳説(ふくそうせつ)である。この説では、遺伝(内的なもの)も環境(外的なもの)も、どちらも発達に影響を及ぼすと考える。その後、遺伝と環境の相互作用が発達に影響すると考えられるようになった。最近では双生児法などを用いた行動遺伝学が、例えば言語性知能であれば家庭環境が同じ場合の**相関係数**が0.58と高い値であることを示している。

> **相関係数**
> 2つの変数間の関係を表す値。−1 ≦ r ≦ +1の間に分布する。

## 2 環境が学習を促す

　学習とは何かについては、さまざまな考え方がある。その詳細は次節に譲るとして、ここでは知識の獲得として論を進める。
　ピアジェ(Piaget, J.)は、子どもが知識を獲得するのは、外から与えられるのではなく、環境との相互作用のなかで自ら知識を構成すると考えた(構成論)。子どものことばの獲得[注9]を考えてみよう。1歳ごろ、子どもは初語を獲得し、一語文、二語文、多語文と、徐々に複雑な文を話すようになる。しかし、子どもの周りに一語文や二語文で会話をしている者はいない。すなわち、子どもは一語文や二語文を外から与えられて獲得するわけではないのである。また二語文からさらなる多語文への移行の際にも、さまざまな間違いを子どもは犯す。例えば、横山(1997)は、助詞の不適切な使用を指摘している。しかしその間違いも次第になくなり、流暢(りゅうちょう)な会話が可能になる。その際、「シンカンセンガ　ノリタイ」(新幹線に乗りたい)のように、格助詞が他の格助詞に置き換えられているなどという文法上の誤りに子どもは気づいているのではない。自分の中で、正しい日本語とはこういうものだというきまりをつくり、そのきまりに則って会話をするようになるのである。このように子どもは、自ら環境に関わり、自ら知識を構成していくとピアジェは考えたのである。
　このようなピアジェの構成論[注10]は、保育指針の「第1章　総則」にある「1　保育所保育に関する基本原則」「(4) 保育の

注9・・・・・・・・・・・・・・・
　ことばの獲得については第2章18〜21頁参照。また、次の書が詳しい。
　『子どもたちの言語獲得』小林春美・佐々木正人編、大修館書店、1997年。

注10・・・・・・・・・・・・・・
　ピアジェの構成論については次の書が詳しい。
　加藤泰彦・C. カミイ編著『ピアジェの構成論と幼児教育Ⅰ　物と関わる遊びをとおして』大学教育出版、2008年。
　ピアジェの理論については、19頁の重要語句「同化・調節・均衡化」や第7章164頁の重要語句「ピアジェの知能の発達段階」、第10章225頁の表10-3も参照のこと。

環境」にも反映されている。幼稚園教育に関しても、学校教育法第22条に「幼稚園は、義務教育及びその後の教育の基礎を培うものとして、幼児を保育し、幼児の健やかな成長のために適当な環境を与えて、その心身の発達を助長することを目的とする」と規定されており、これを受けて幼稚園教育要領が告示されている。幼保連携型認定こども園についても、ほぼ同様である。このように、日本の幼児教育施設（保育所、幼稚園、認定こども園）で行われている環境を通した教育の基盤となる考え方がピアジェの構成論なのである。

## 3 環境が行動を誘う

これまでの議論では、環境は発達や学習を促すものとして、客観的な存在ととらえてきたが、ギブソン（Gibson, J.）は生態学的に環境をとらえた。すなわち、環境は生物との相互作用を前提に存在すると考えたのである。砂場に砂があると、子どもは穴を掘るかもしれない。掘ったときに積みあがった砂を山に見立てて、さらに山を高くしようと思うかもしれない。山に穴を開けて、トンネルをつくろうとするかもしれない。これに対して、もしその砂が園庭の真ん中に築山のように高く積みあげられていたらどうだろう。子どもはその山を上ったり、すべり降りたりして遊ぶのではないだろうか。客観的には同じ砂であっても、遊びはまったく違ってくる。築山は、子どもをよりダイナミックは遊びに誘う（アフォードする）のである。

## 4 乳幼児期にふさわしい環境を構成する

厚生労働省は2008年の保育所保育指針解説書のなかで、「思わず触りたくなるような、動かしてみたくなるような、関わりたくなるような魅力ある環境」と表現した。まさにアフォーダンス[注11] の視点である。例えば、地域の方から古タイヤをいただいたとしよう（岡上ら、2017年）。子どもはどんな遊びを思いつくだろう。タイヤの上に乗る、またいでバランスを取る、押して転がす、築山から転がして下ろす……ここで注意したいのは、危険がないかである。子どもが思いきり遊べるような**環境を構成**[注12] したい。

注11・・・・・・・・・・・・・・
保育とアフォーダンスの関係を考えるうえでは、次の本が参考になる。
佐々木正人編著『〜特別付録 DVD-ROM 動く あかちゃん事典〜アフォーダンスの視点から乳幼児の育ちを考察』小学館、2008年。
アフォーダンスについては、第4章93頁も参照のこと。

**環境構成**
環境を整えることであり、大きく3つに分けられる。①物、空間、場などの環境をあらかじめ準備する。②保育者が子どもと関わりながら自ら環境としてはたらきかける。③保育者が子どもと共に環境をつくりだす。（神長、1998年）

注12・・・・・・・・・・・・・・
次の本が参考になる。
岡上直子編集代表『あしたの保育が楽しくなる実践事例集 ワクワク！ドキドキ！が生まれる環境構成〜3．4．5歳児の主体的・対話的で深い学び〜』ひかりのくに、2017年。

表 1-1　保育環境評価スケールの一部

子どもに関係する展示

| | | |
|---|---|---|
| 不適切 | 1 | 1.1　子どものための展示がない<br>1.2　大多数を占める年齢の子どもにとって不適切な展示である（例：省略。以下同じ）<br>1.3　保育者は展示物について子どもと話さない |
| | 2 | |
| 最低限 | 3 | 3.1　クラスの子どもの写真など適切な内容の展示があり、不適切な内容の展示がない<br>3.2　最低２点の子どもの造形作品が展示してある<br>3.3　保育者は観察時間中に少なくとも１度、展示物について話す |
| | 4 | |
| よい | 5 | 5.1　子どものための多くの展示が保育室全体にある<br>5.2　展示のいくつかは子どもの現在の興味に基づくトピックに関連している<br>5.3　展示の３分の１程度は子どもの個性が現れた作品である<br>5.4　保育者は展示物について、自由遊びの間／または決まったやり方で、子どもが興味をもつように最低２度異なる場面で話す |
| | 6 | |
| とても<br>よい | 7 | 7.1　展示のおよそ半分はクラスの子どもの現在の興味に基づくものであり、子どもが何に興味をもち、何を話し合っているかが見て取れる<br>7.2　子どもと親しく話すのに展示を活用している<br>7.3　保育者が、子どもが興味をもつようなやり方で展示に使われている言葉を指さして読んでいるのが観察される<br>7.4　描画だけではなく立体の子どもの作品が展示されている |

出典：テルマ・ハームス、リチャード・M・クリフォード、デビィ・クレア、埋橋玲子訳『新・保育環境評価スケール①３歳以上』
法律文化社、2016年、10頁。

　また、すべての子どもに１つの環境でよいわけではない。子どもが遊びを選べるようにさまざまな魅力ある環境を用意したい。環境をより魅力あるものにするためにさまざまなスケールが開発されている（表1-1）。

# 第3節　発達や学習の理論と子ども観・発達観

## 1　発達に関する理論も発展する

　発達心理学者や発達科学者など、発達に興味をもつ研究者の多くは、何がどのように発達するのかにまず着目する。これが道筋の解明につながる。その後、その発達の道筋にどのような要因が関係するか、その道筋は何に影響する/されるのか、な

18

ぜそのような道筋で発達するのかなどといった疑問に挑む。このような挑戦のなかで生まれるもの、すなわち、発達の道筋の先に来る考え方が理論を形成していく。以下ではそのうちのいくつかを紹介しよう。

　例えば、ハヴィガースト（Havighurst, R.J.）は、ある発達段階でできるようになったことが、次の発達段階を支えるとして、各段階の発達課題を明示した。先述のピアジェは、発達の道筋に段階があることを強調したうえで、子どもがその段階を上っていく背景には、**同化・調節・均衡化**があるとした。この同化・調節・均衡化の考え方は、近年、**システム論**と結びつき、**ダイナミックシステム・アプローチ**（テーレンとスミス〔Thelen, E. & Smith, L.〕）として研究が進んでいる。

　ピアジェらは個人の発達を強調しているが、発達に及ぼす対人面の影響を強調したのがヴィゴツキー（Vygotsky, L.S.）やエリクソン（Erikson, E.H.）である。ヴィゴツキーは、子どもがひとりでできることと、支えられてできることの差を発達の最近接領域[注13]と考えた。エリクソンはフロイト（Freud, S.）の考え方を受け、各発達段階でどのような人的環境の存在が重要かを示した。ブロンフェンブレンナーは、対人面の影響だけでなく文化の影響も考慮すべきだとしている。

## ２　学習に関する理論も発展する

　学習心理学者や学習科学者など、学習に興味をもつ研究者の多くは、学習はどのように進むのか、学習することで何が変わるのか、その変化にはどのような要因が関係するのか、それらの知見をどのように教育に利用するのかなどに焦点を当てて研究を進めてきた。ここでは学習に関する理論の発展をたどってみよう。

　効果の法則を唱えたソーンダイク（Thorndike, E.L.）は、学習が試行錯誤のなかで進むと考えた。これに対してケーラー（Köhler, W.）は、学習が洞察の結果だとした。

　学習によって変わる行動に焦点を当てたのがワトソンをはじめとする行動主義者たちである。パブロフ（Pavlov, I.P.）やスキナー（Skinner, B.F.）による条件付けの研究は、これに位置づけられる。また心理療法の１つである行動療法や、それを日常生

**同化・調節・均衡化**
　ピアジェは、個体と環境との間に不均衡が生じると、同化と調節が生じ、均衡化にむかうと考えた。そしてこのサイクルが発達を生むと理論づけた。

**システム論**
　相互に関連した要素の組み合わせとして全体を動的にとらえる科学的方法論。第８章183頁も参照。

**ダイナミックシステム・アプローチ**
　発達的な変化を、多くの要因が複雑に関係し、それらがさまざまな時間軸のなかで、相互に作用し、入れ子構造のようになった過程ととらえる考え方。

注13・・・・・・・・・・・・・・・・
　第３章56頁、第７章158頁参照。

活に応用させた行動分析もこの流れである。

学習を情報の処理と考えたのが、認知心理学者や認知科学者である。アトキンソンとシフリン(Atkinson, R.C, & Shiffrin, R.M.)の多重貯蔵庫モデルやバドリー(Baddeley, A.)のワーキングメモリーモデル、コリンズとキリアン(Collins, A.M., & Quillian, M.R.)のネットワークモデルなど記憶や知識に関するさまざまなモデルがつくられた。これらのモデルは、人間の情報処理をまねたコンピュータやプログラムである人工知能のもとになっている。

上記のモデルは、すべてがおとなの研究をもとに組み立てられているが、子どもの学習についても、課題ごとに研究が積み重ねられてきた。例えばシーグラー(Siegler, R.S.)は、天秤課題の解決には4つのルールがあり、初心者から熟達者に至る過程がそのルールで説明できるとしている。ケイス(Case, R.)は、幼児期に心的数直線をもつことが数や量の概念を学ぶことにつながると考えた。このような理論を受けてブルーアー(Bruer, J.T.)は、「どのような発達段階があり、各段階がどのように違うのかを認知科学レベルの詳細さをもって知ることができれば、ある段階から次の段階へと子どもが進むのを支援するような指導を工夫することができる」[*1]と主張した。

これまで述べてきた学習の理論は、個人に焦点を当てたものであったが、社会の中で起きる学習に焦点を当てた理論もある。バンデューラ(Bandura, A.)は条件付けのような強化がなくても、観察した他者をまねること(＝モデリング)で学習が進むとし、社会的学習理論を提唱した。社会的構成主義者たちは、学習を社会参加として位置づけている(レイブとウェンガー〔Lave, J. & Wenger, E.〕)。

## ■ 3 理論が子ども観・保育観に影響する

行動主義が全盛のころ、子どもは未熟な存在であり、おとなになるように訓練するという子ども観や保育観が生まれた。当時、乳児をタブラ・ラサ(白紙の状態)と考え、適切な経験を積ませていくことこそが教育や保育だと考えられた。

認知心理学や認知科学が台頭し、乳児は生まれながらに普遍文法を獲得しているとする説(チョムスキー〔Chomsky, A.N〕)

や言語獲得には生得的な制約があるとする説（マークマン〔Markman, E.M.〕）が現れた。またこのような乳児に対する知見をふまえて、「有能な乳児」という子ども観が生まれ、保育観にも少なからず影響を与えた。保育者が、子どもの力を信じて待つという姿勢の保育につながったのである。

## 4　子ども観や保育観が子どもへの関わりに影響する

　村井は子ども観や教育観（保育観）と子どもへの関わりの関係を表 1-2 のようにまとめている。「タブラ・ラサ」の考え方は、子どもを粘土のようにとらえ（粘土モデル）、理想の人間になるように形を整える、すなわち訓練するという保育観（手細工モデル）である。「有能な乳児」の考え方は、子どもは生まれつき有能である（植物モデル）ととらえて、そのまま育つのを待つ保育観（農耕モデル）につながりやすい。これらの子ども観や教育観は、教育思想の発展のなかで必然的に出現してきたものであるが、現在は、「人間モデル」や「助産モデル」が期待されている。ただし、この論考が 25 年以上も前のものであることに注意したい。「21 世紀を生き抜く人間モデル」とそれにも続く教育観を、保育士個人として、また園として、地域としても考えていく必要がある。

表 1-2　子ども観と教育観

| 子ども観 | 教育観 | とらえ方・考え方 |
|---|---|---|
| 粘土モデル | 手細工モデル | 「善さ」は理想あるいは現実の中であらかじめ決まっているととらえる。子どもをいわば外からの「善い」形に合わせて形つくるべき「粘土」のようなもの、教育をあたかも粘土をこねて形つくる「手細工仕事」のように考える。 |
| 植物モデル | 農耕モデル | 「善さ」は子どもの成長の結果として出現するものととらえる。子どもは生まれついて「善い」のであり、その生まれついての「自然」のままに育てることが教育と考える。 |
| 動物モデル（原料モデル） | 飼育モデル（生産モデル） | 「善さ」は教育目的として決まっている、子どもには「自発性」「可能性」「個性」「好奇心」「学習意欲」等の内発的な働きがあるととらえる。教育は、子どもを「善さ」にむかって仕立てる働きかけと考える。 |
| 人間モデル | 助産モデル | 「善さ」が何であるかは誰にもわからないながら、それを求めて生きるのが人間の人間らしさととらえる。一人ひとりの人間が「善く」生きようとする、その生き方を「助ける」働き、子ども自身の出産を助ける「助産」の働きを教育と考える。 |

出典：村井実『教育思想（上）―発生とその展開―』東洋館出版社、1993 年、171 〜 179 頁と、村井実『教育思想（下）―近代からの歩み―』東洋館出版社、1993 年、34 〜 43 頁をもとに清水作成。

# 子どもの理解と保育所保育

## ■ 1　子どもの理解と「保育の方法」

　保育指針には、保育の目標を達成するための留意事項として、ア〜カまで6つの事項が書かれている。

---

保育所保育指針　第1章　総則
1　保育所保育に関する基本原則
(3)保育の方法

　保育の目標を達成するために、保育士等は、次の事項に留意して保育しなければならない。
ア　一人一人の子どもの状況や家庭及び地域社会での生活の実態を把握するとともに、子どもが安心感と信頼感をもって活動できるよう、子どもの主体としての思いや願いを受け止めること。
イ　子どもの生活のリズムを大切にし、健康、安全で情緒の安定した生活ができる環境や、自己を十分に発揮できる環境を整えること。
ウ　子どもの発達について理解し、一人一人の発達過程に応じて保育すること。その際、子どもの個人差に十分配慮すること。
エ　子ども相互の関係づくりや互いに尊重する心を大切にし、集団における活動を効果あるものにするよう援助すること。
オ　子どもが自発的・意欲的に関われるような環境を構成し、子どもの主体的な活動や子ども相互の関わりを大切にすること。特に、乳幼児期にふさわしい体験が得られるように、生活や遊びを通して総合的に保育すること。
カ　一人一人の保護者の状況やその意向を理解、受容し、

---

それぞれの親子関係や家庭生活等に配慮しながら、様々な機会をとらえ、適切に援助すること。

　いずれの事項にも子どもの理解に関わる内容が含まれている。一つひとつ見ていこう。

　「ア」について、「一人一人の子どもの状況や家庭及び地域社会での生活の実態」の把握は、子どもの理解にほかならない。また、子どもが「安心感と信頼感をもって活動」できているかどうかも、「子どもの主体としての思いや願いを受け止め」られているかどうかの判断にも、子どもの理解が欠かせない。

　「イ」について、「子どもの生活のリズム」を知ることも、子どもの理解に含まれる。また「健康、安全で情緒の安定した生活」ができているかどうか、一人ひとりの子どもが「自己を十分に発揮でき」ているかどうかの判断にも、子どもの理解が必要である。

　「ウ」について、「子どもの発達」の理解は前提となる。「一人一人の発達過程に応じて保育」できているかどうかの判断には、子どもの理解が求められる。「子どもの個人差」をとらえることは、子どもの理解にほかならない。

　「エ」について、「子ども相互の関係づくり」のためには、子どもの理解が欠かせない。また「集団における活動」が効果的なものになっているかどうかの判断にも子どもの理解が求められる。

　「オ」について、「子どもが自発的・意欲的に関われ」ているかどうか、「主体的な活動」をしているかどうか、「乳幼児期にふさわしい体験」になっているかどうかの判断は、子どもの理解である。

　「カ」について、子育て支援でも「親子関係」の理解が求められる。

　このように見ていくと、保育指針が求める「保育の方法」は、すべて子どもの理解が関わっていることがわかる。子どもの理解をおろそかにすることは、保育指針に基づく保育ができていないことにつながる。告示に違反する行為といえよう。

## 2 子どもの理解と「保育の計画」

　次ページは保育指針の「第1章　総則」「3　保育の計画及び評価」のうち「子どもの理解」に関係すると思われる部分を抜き出し、該当部分に下線を入れたものである。「⑴全体的な計画の作成」には、子どもの発達過程、子どもや家庭の状況、子どもの育ちに関する長期的な見通しの理解が必要である。

　「⑵指導計画の作成」において、長期的な指導計画には子どもの生活や発達の見通し、短期的な指導計画には子どもの日々の生活の理解が求められる。また、子ども一人ひとりの発達過程や状況の理解も不可欠である。3歳未満児については一人ひとりの子どもの生育歴や心身の発達、活動の実態、3歳以上児については個の成長と、子ども相互の関係や協働的な活動の理解、異年齢でクラスやグループを構成する場合には一人ひとりの子どもの生活や経験、発達過程などの把握にも留意することが求められている。

　指導計画は、保育所の生活における子どもの発達過程の見通しや、子どもの実態と具体的なねらいおよび内容の関係、さらに子どもの生活する姿や発想をふまえる必要がある。一人ひとりの子どもの生活リズムや在園時間、安心して午睡ができているかどうか、睡眠時間が十分かどうかの理解も求められている。長時間にわたる保育には、利用する子どもの発達過程、生活リズムおよび心身の状態の理解、障害のある子どもの保育については、当該児の発達過程と障害の状態の把握、および保育が子どもの状況に応じたものになっているかどうかの理解も欠かせない。

　「⑶指導計画の展開」では次の点にも留意が必要である。それは、子どもが望ましい方向にむかって自ら活動を展開しているかどうかを調べることである。また、子どもが主体的な活動をしているかどうか、子どもの情緒が安定しているかどうか、発達に必要な豊かな体験をしているかどうかを理解することである。

　網羅的に述べてきたが、これらは2つのキーワードに集約される。その1つは「見通し」である。計画にはスタートとゴールが必要である。スタートはいまの子どもの発達や状況、姿であり、ゴールは将来の子どもの発達や状況、姿である。スター

保育所保育指針　保育の計画及び評価（抜粋）

(1) 全体的な計画の作成
ア　保育所は、1の(2)に示した保育の目標を達成するために、各保育所の保育の方針や目標に基づき、<u>子どもの発達過程を踏まえて</u>、保育の内容が組織的・計画的に構成され、保育所の生活の全体を通して、総合的に展開されるよう、全体的な計画を作成しなければならない。
イ　全体的な計画は、<u>子どもや家庭の状況</u>、地域の実態、保育時間などを考慮し、<u>子どもの育ちに関する長期的見通し</u>をもって適切に作成されなければならない。

(2) 指導計画の作成
ア　保育所は、全体的な計画に基づき、具体的な保育が適切に展開されるよう、<u>子どもの生活や発達を見通した</u>長期的な指導計画と、それに関連しながら、より具体的な<u>子どもの日々の生活に即した</u>短期的な指導計画を作成しなければならない。
イ　指導計画の作成に当たっては、第2章及びその他の関連する章に示された事項のほか、<u>子ども一人一人の発達過程や状況を十分に踏まえる</u>とともに、次の事項に留意しなければならない。
　(ア)　3歳未満児については、<u>一人一人の子どもの生育歴、心身の発達、活動の実態等に即し</u>て、個別的な計画を作成すること。
　(イ)　3歳以上児については、<u>個の成長と</u>、<u>子ども相互の関係や協同的な活動</u>が促されるよう配慮すること。
　(ウ)　異年齢で構成される組やグループでの保育においては、<u>一人一人の子どもの生活や経験、発達過程など</u>を把握し、適切な援助や環境構成ができるよう配慮すること。
ウ　指導計画においては、<u>保育所の生活における子どもの発達過程を見通し</u>、生活の連続性、季節の変化などを考慮し、<u>子どもの実態に即した具体的なねらい及び内容</u>を設定すること。また、具体的なねらいが達成されるよう、<u>子どもの生活する姿や発想</u>を大切にして適切な環境を構成し、子どもが<u>主体的に活動</u>できるようにすること。
エ　一日の生活のリズムや在園時間が異なる子どもが共に過ごすことを踏まえ、<u>活動と休息、緊張感と解放感等の調和</u>を図るよう配慮すること。
オ　午睡は生活のリズムを構成する重要な要素であり、<u>安心して眠ることのできる安全な睡眠環境</u>を確保するとともに、<u>在園時間が異なる</u>ことや、<u>睡眠時間は子どもの発達の状況や個人によって差がある</u>ことから、一律とならないよう配慮すること。
カ　長時間にわたる保育については、<u>子どもの発達過程、生活のリズム及び心身の状態</u>に十分配慮して、保育の内容や方法、職員の協力体制、家庭との連携などを指導計画に位置付けること。
キ　障害のある子どもの保育については、<u>一人一人の子どもの発達過程や障害の状態</u>を把握し、適切な環境の下で、障害のある子どもが他の子どもとの生活を通して<u>共に成長</u>できるよう、指導計画の中に位置付けること。また、<u>子どもの状況に応じた保育</u>を実施する観点から、家庭や関係機関と連携した支援のための計画を個別に作成するなど適切な対応を図ること。

(3) 指導計画の展開
　指導計画に基づく保育の実施に当たっては、次の事項に留意しなければならない。
イ　子どもが行う具体的な活動は、生活の中で様々に変化することに留意して、<u>子どもが望ましい方向に向かって自ら活動を展開できる</u>よう必要な援助を行うこと。
ウ　<u>子どもの主体的な活動</u>を促すためには、保育士等が多様な関わりをもつことが重要であることを踏まえ、<u>子どもの情緒の安定や発達に必要な豊かな体験</u>が得られるよう援助すること。

　　　　　下線（筆者による）は「子ども理解」の目的や方法、内容に関する事項

トからゴールへの過程を見ることが、見通しとなる。もう1つは「活動」である。子どもはどんな活動をしているのか。どのようにその活動をしているのか。なぜその活動をしているのか。その活動はどのような経験につながるのか。これらの疑問に答えることは、子どもの「活動」を理解することであり、計画づくりの基盤となる。

## 3 子どもの理解と「保育の評価」

「第1章　総則」の「3　保育の計画及び評価」「⑷　保育内容の評価」には「（イ）保育士等による自己評価に当たっては、子どもの活動内容やその結果だけでなく、子どもの心の育ちや意欲、取り組む過程などにも十分配慮するよう留意すること」とある。心の育ちや意欲、取り組み過程を理解することが、保育士等の自己評価につながる。

　以上のように、保育指針の記述を見てくると、保育所保育の実施には、子どもの理解が欠かせないことが明らかである。保育所保育は子どもの理解からスタートすると言ってもよいであろう。

# 第5節 子どもに対する共感的理解と関わり

## 1 共感的理解とは何か

　「共感」とは、他者と感情を共有する精神機能である。梅田（2014）は、想定するネットワークによって認知的共感と情緒的共感、役割によって行動的共感、主観的共感、身体的共感に分類が可能であると述べている。心理学で共感は、チンパンジーなどの霊長類やラットなどの齧歯類、カラスなどの鳥類でも研究が展開されている。またヒトに対するイヌの共感も探索的な研究が行われている。ヒトでは、主として感情の発達に絡めた乳児の研究、心の理論に絡めた幼児の研究、自閉症[注13] などの

注13‥‥‥‥‥‥‥‥
　自閉症については、第6章139頁、第7章160頁も参照。

障害児の研究、向社会的行動に絡めた成人の研究が盛んである[注14]。

「共感的理解」は、カウンセリングの理論のなかに現れる言葉である。ロジャーズ(Rogers, C.R.)はカウンセリングの治療者の条件として、「クライエント(患者)の私的な世界を、あたかも自分自身のものであるかのように感じとり、しかもこの『あたかも……のように』(as if)という性格を失わないこと——これが共感(empathy)なのであり、治療にとってもっとも肝要なものであると思われる」[*2] としている。そして治療者の条件を「クライエント(患者)の怒りや恐怖や混乱を、あたかも自分自身のものであるかのように感じとり、しかも自分の怒りや恐怖や混乱がその中に巻き込まれないようにすること」[*2] と考えている。

注14・・・・・・・・・・・・・・・
　心理学における共感の研究は、『心理学評論』藤田和生・菊水健史、58(3)、2015年の「特集：共感性の進化と発達」を参照。

## 2　なぜ保育に共感的理解が必要か

　昭和のころの保育では、正しい社会的態度の育成が基本方針の1つとされ、望ましい経験や活動を保育者が選択して幼児に与える指導が行われていた[注15]。子どもの数も多く、集団活動に適応させることが適当と考えられていたからである。少子化の方向性を受け、平成元年に幼稚園教育要領(以下、教育要領)の全部が改正され、「幼児期の特性を踏まえ、環境として行うものである」という幼稚園教育の基本や「幼児との信頼関係を十分に築」くという保育者の役割が示された。また重視する事項として、「幼児が安定した情緒の下で自己を十分に発揮することで発達に必要な体験を得ていく」という幼児期の特性や、自発的な活動としての遊びを通して、総合的に指導することや、一人ひとりの特性に応じ発達の課題に即した指導を行うことが明示された。このような考え方は、保育の基本として、現行の教育要領や保育指針、幼保連携型認定こども園教育・保育要領にも引き継がれている。

　ところで、このような保育では、幼児の情緒が安定しているか、自己を十分に発揮しているか、自発的な活動を行えているか、一人ひとりの特性に応じた指導ができているか、一人ひとりの発達の課題に即した指導になっているかどうかが問われているが、それを判断するには、乳幼児の内面を理解する必要が

注15・・・・・・・・・・・・・・・
　昭和39年3月告示の幼稚園教育要領。

ある。この内面の理解こそが保育者の専門性に当たる。そして
この専門性は、カウンセリングのなかでカウンセラーが相談に
訪れた人の心に寄り添いながら共に考えるという共感的理解の
姿勢と共通するものがある。そこで幼児教育・保育に共感的理
解が求められるのである[注16]。

注16・・・・・・・・・・・・・
　文部省(1993)　保育技
術専門講座資料。この資料
では「カウンセリングマイ
ンド」という表現が使われ
ている。

## 3　子ども理解から保育のサイクルが始まる

　図1-2は保育者の業務の流れを示したものである。子ども
の理解(総合的理解)の上に、保育目標の設定、指導計画の作成、
教材研究・環境構成、保育・指導・援助、保育の評価が位置づ
けられており、保育の評価を除くすべての業務に子どもの理解
(総合的理解)から上向きに矢印が伸びている。業務は左から右
に矢印に沿って流れ、保育の評価を経て子どもの理解を更新し、
それを新たな保育に生かしていく形で循環している。

　この図において[注17]、子どもと直接関わるのは「保育・指導・
援助」の時だけである。しかしながら、子どもと直接関わる「保
育・指導・援助」の段階でこそ共感的理解が求められる。目の
前にいる子どもと接しながら、子どもの内面を推測し、よりよ
い関わりを模索していく。常に最善の関わりにはならないかも
しれないが、内面を推測するという姿勢こそが子どもに伝わる。
子どもの「今、ここ」に直接影響するのが共感的理解なのであ
る。

　この意味で、子どもの理解(総合的理解)から「保育・指導・
援助」へと上に伸びる矢印や「保育・指導・援助」から「保育

注17・・・・・・・・・・・・・
　図1-2において、保育目
標の設定には、保育所保育
指針などの法的なものや園
の理念やめざす子どもの姿
などが、指導計画の作成に
は全体的な計画や直前の指
導計画などが、教材研究・
環境構成には参考となる資
料や準備に必要な器具など
が必要である。また保育の
評価にあたっては保育者同
士の話し合いに基づく振り
返りが求められる。子ども
と直接関わることだけが保
育ではないと考えておこ
う。

### 図1-2　保育者の業務の流れ

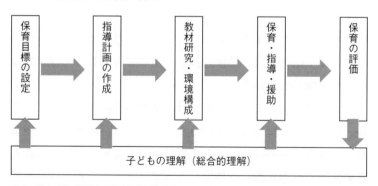

出典：清水益治「子どもと保育」『保育の評価』大森隆子編、東京教科書出版、1992年をもとに
　　　清水作成。

の評価」へと伸びる右向きの矢印こそが共感的理解と考えることもできる。このように考えると、「保育・指導・援助」と「保育の評価」ならびに「子どもの理解（総合的理解）」の3つだけで小さな循環ができているのに気づくだろう。狭い意味での「保育」、子どもとじかに接する場面の「保育」を回していくものが共感的理解であるといえよう。

## 学習のふりかえり

**1** 子どもの発達や学習を理解することは、見通しを立てること、経験を保障すること、支援の工夫に役立つ。

**2** 環境が子どもの発達や学習を促し、行動を誘う。

**3** 発達や学習に関する理論は、子ども観や保育観に影響を与え、さらに子どもへの関わりにも影響する。

**4** 子どもの理解は保育所保育の基本原則に深く関係し、保育の展開の基盤となる。

**5** 子どもに対する共感的理解が保育者の業務を回していく。

**引用文献：**
＊1. J.T. ブルーアー『授業が変わる　認知心理学と教育実践が手を結ぶとき』松田文子・森敏昭監訳、北大路書房、1997 年、35 頁。
＊2. ロジャーズ, C.R.「治療における人格変容の必要にして十分な条件」『カウンセリング論集 2　カウンセリングの理論』伊東博訳編、誠信書房、1962 年、123 頁。

**参考文献：**
3. Lightfoot, C., Cole, M., Cole, S.R.（2018）*The development of children, 8th edition*, New York, Worth Publishers.

4. 村井実『教育思想（上）―発生とその展開―』東洋館出版社、1993 年。
5. 村井実『教育思想（下）―近代からの歩み―』東洋館出版社、1993 年。
6. 『KIDS（キッズ）乳幼児発達スケール〈手引〉』三宅知夫監、発達科学研究教育センター、1991 年。
7. 岡上直子ほか編著『あしたの保育が楽しくなる実践事例集　ワクワク！ドキドキ！が生まれる環境構成～ 3．4．5 歳児の主体的・対話的で深い学び～』ひかりのくに、2017 年、76 ～ 78 頁。
8. 神長美津子『保育の基本と環境の構成　指導計画の考え方・たて方』ひかりのくに、1998 年。
9. 神長美津子『幼児教育・保育のアクティブ・ラーニング　3・4・5 歳児のごっこ遊び』ひかりのくに、2017 年。
10. ブロンフェンブレンナー，U.、磯貝芳郎・福富護訳『人間発達の生態学　発達心理学への挑戦』川島書店、1996 年。
11. エリク・H・エリクソン、仁科弥生訳『幼児期と社会 1』みすず書房、1977 年。
12. エリク・H・エリクソン、仁科弥生訳『幼児期と社会 2』みすず書房、1980 年。
13. イタール，J.M.G.、古武彌正訳『アヴェロンの野生児』福村出版、1975 年。
14. ジャーシルド，A.T.、大場幸夫・斎藤謙・沢文治・服部広子・深津時治訳『ジャーシルドの児童心理学』家政教育社、1972 年。
15. テーレン，E.・スミス，L.、小島康次監訳『発達へのダイナミックシステム・アプローチ　認知と行為の発生プロセスとメカニズム』新曜社、2018 年。
16. 梅田聡「共感の科学　認知神経科学からのアプローチ」『岩波講座　コミュニケーションの認知科学 2　共感』梅田聡ほか編著、岩波書店、2014 年、1 ～ 29 頁。
17. 横山正幸「文法の獲得 2　助詞を中心に」『子どもたちの言語獲得』小林春美・佐々木正人、大修館書店、1997 年、132 ～ 151 頁。

# 第2章

# 子どもの発達過程

## 学習のポイント

　「子どもの発達過程」では、就学前の子どもの発達過程について、以下の４つの側面から学習する。

①社会情動的発達：子どもが生きていくために欠かせない他者との関係性はどのように育まれるか。またその関係性のなかで、子どもの自己や感情がどのように育まれるかについて理解する。

②身体的機能と運動機能の発達：身体運動機能がどのように発達するか。それは他の発達過程とどのように関係するか理解する。

③認知の発達：子どもは世界とどのように出会うのか、子どもの世界のとらえかたの特徴はどのようなものであるかについて理解する。

④言語の発達：どのようにことばを獲得するのか、その獲得過程の背景に何があるのか理解する。

# 社会情動的発達

## 1 対人関係の発達

### (1) アタッチメント(愛着)の形成と発達

　他の哺乳類に比べ、ヒトは非常に未熟な状態で生まれる。生まれたばかりの乳児は、他者の世話がないと自らの生命を維持することができない。そのためヒトの乳児は他者を自分のもとに引き寄せ、世話を引き出すような仕組みをもって生まれる。乳児が特定対象との間に築く緊密な絆のことをアタッチメント(愛着)[注1]と呼ぶ。とりわけ子どもは空腹や見知らぬ場面など危機的な状況に際して、泣いたり、自ら近づいたりして養育者からの保護や助けを求め、安心感を得ようとする。このような乳児の性質に注目したのが、イギリスの児童精神科医ボウルビー(Bowlby, J.M.)であった。ボウルビーは**刷り込み(インプリンティング)**にヒントを得て、カモやガンのヒナが親鳥の後を追いかけるように、人間の乳児にも他者との親密な関係を築くことによって、自らのネガティブな状態を解消し、安心感を得ようとする性質があるのではないかと考えたのである。ボウルビーによればアタッチメントは次の4段階で発達する。

注1・・・・・・・・・・・・・・・
　第3章60頁、第10章222頁も参照。

**刷り込み**
**(インプリンティング)**
　生後一定期間に最初に遭遇した対象が、他に代えがたいものとして刷り込まれること。カモやガンなどの鳥の雛が、生後まもない時期に、最初に出会った対象の後追いをその後も一貫して続ける現象として知られる。

**人見知り**
　見知らぬ人物に対する不安や恐れ。よく知る人物との関係ができたことへの表れであると同時に、よく知らない人とのコミュニケーションへの不安であるとも考えられる。

第1段階(生後3か月ごろまで):不特定人物への発信。誰に対してもじっと見つめる、泣く、声を出す。
第2段階(生後6か月ごろまで):特定人物に対する発信。注視や発声の向けられる対象が特定人物になり、その人物が近づいてきただけで泣きやんだりする。
第3段階(生後6か月から2、3歳):愛着対象の姿が見えないと不安を示したり、見知らぬ人物に対する警戒や恐れ(**人見知り**)を示すようになる。運動機能の発達により

移動可能となるので、愛着対象の姿が見えなくなるとその後を追いかけるようにもなる。また外界への興味も増すため、愛着対象を安全基地とした探索行動も活発になる。愛着対象とのやりとりを通して、どのくらいの距離が最も安心感が得られるのかをつかんでいく。

第4段階（3歳以降）：物理的近接から表象的近接へ。愛着対象のイメージが内在化され、物理的に近くにいなくても、安心感を得られるようになる。ここで内在化された愛着対象のイメージは形を変えながら生涯を通して存続する。

## (2)　アタッチメントの個人差

　愛着対象との間に築かれる絆は一様ではない。エインズワース（Ainsworth, M.D.）は個人差を測定する方法としてストレンジ・シチュエーション法を考えた。この方法で子どもは、実験室という馴染みがない状況で、養育者との分離や再会、見知らぬ人物との対面を経験する。そこで子どもが養育者に対してどのような行動を示すのかを観察することによって、愛着関係には次の3つのタイプがあることが明らかとなった。

安定型：養育者との分離に際して、混乱を示すが、再会時には落ち着きを取り戻し、笑顔で養育者を迎え入れ、積極的に身体的接触を求めたりする。

回避型：養育者との分離に際して、さほど混乱を見せない。養育者との再会を歓迎するようすに乏しく、よそよそしい態度を見せたりする。

アンビバレント（両価）型：養育者との分離に際して、激しい混乱を示し、再会してもなかなか収まらず、養育者を強く求めながら一方で怒りを示すなど、相反する態度をとる。

> **気質**
> 生まれつきの行動や感情表出の個人差。回避型の子どもは環境の変化に敏感でなく、苦痛や恐れを強く経験しないといわれる。反対にアンビバレント型の子どもは、環境の変化に敏感で、苦痛や恐れを感じやすく、順応性が低いとされる。

　これらアタッチメントの個人差は、子どもがもって生まれた性質（**気質**）や子どもの発信に対する養育者の感受性が関係していると考えられている。また、これら3つのタイプは、いずれ

も養育者との関係が一貫しており、どれも適応的であるといえる。しかし、こうした一貫性をもたず、養育者との分離や再会に際して、無秩序な行動をとる子どもたちの存在が明らかとなった。無秩序型と呼ばれるこの子どもたちは、突然すくみ、顔を背けながら養育者に近づく、見知らぬ人物が近づくと親から離れ壁にすり寄るといった行動を示した。無秩序型の子どもの養育者は精神的に不安定であり、虐待行為や不適切な養育が認められることが指摘されている。

## (3) アタッチメントの対象

アタッチメントの対象が誰になるのかは、子どもの育つ環境によって異なる。アタッチメントの対象は1人であるとは限らず、また必ずしも生物学的な親であるとも限らない。日中は保育所に通う子どもにとっては、養育者と保育者との双方にアタッチメントを形成することが安心感を得るためには必要である。重要なのは誰とアタッチメントを形成するかではなく、誰かとアタッチメントを形成するということである。

## (4) ポジティブな情動をとおした対人関係

アタッチメントはネガティブな情動が関わる対人関係であるが、子どもが形成する対人関係にはポジティブな情動が関わるものもある。ヒトは生まれつき、人に反応する指向性をもち、他者との交わりを求める傾向がある。楽しい、おもしろいといった快の情動を共有するこの関係は、養育者以外のおとな、きょうだい、他の子どもとの間で形成される。この関係をとおして子どもは物や行為の意味を知ったり、社会のルールやさまざまな価値観に出会う。

## 2 自己の発達

## (1) 自己の萌芽

生まれたばかりの乳児は、自他が未分化な状態であると考え

られる。乳児は身体感覚を通して自他を区別していく。まず最初に感じられるのが「自分」「他者」「物」の三者にふれた時の感覚の違いである。生後1か月ごろから乳児は指をしゃぶったり、ほっぺをつかんだり、髪の毛を引っ張ったりする。自分で自分の身体にふれているときは、ふれている感覚とふれられている感覚がする（これを二重感覚／ダブルタッチという）。一方他者や物にふれているときはふれている感覚しかしないはずである。さらに他者からは何らかの反応があるが、物からは何の反応もない。この三者の違いが**自己**という感覚の芽ばえとなる。

　2、3か月ごろになると手と目の協応が成立し、見た物をつかむということが可能となる。それまで眺めることが中心だった乳児が能動的に世界にはたらきかけるようになるのである。運動発達が進むと、探索行動はもっと活発になり、さまざまな物に関わるようになる。物との関わりが活発になる一方で、人との関わりも活発になる。物の操作や機能を他者と共有することで、乳児は自分には自分の、他者には他者の関心や興味があること、またそれが共有可能であることに気づいていく。8、9か月になると、相手の見ている物を目で追ったり、自分が見ている物に相手の注意を向けるという三項関係が成立する。この関係の成立によって、子どもは他者の視点をなぞって自分を見ることが可能となる。対象として自己をとらえるようになるのである。

**自己**
心理学で「わたし」を表現することばとして自己と自我がある。自我とは、人格の中心にあり、さまざまな特性を統合し、自分の行動や思考活動を生み出すはたらきをする担い手のことをさし、対象化してとらえられる自分を自己と呼ぶ。

## (2)　自己の確立

　子どもが対象として自己をとらえているかどうかを調べるために用いられるのが、鏡像理解の実験である。この実験では、子どもに気づかれないように子どもの鼻の頭に口紅を塗り、鏡の前に連れていき、鏡に対してどのような反応を見せるのか調べる。鏡のほうに手を伸ばさず、自分の鼻に手をやると鏡像を理解していることになる。鏡像の理解は1歳半から2歳半ごろまでに成立すると考えられている。同時期に、自分のことを名前で呼ぶといった自己言及的な行動をする子どももいる。

## （3）　自己の主張と抑制

　対象として自己がとらえられるようになるということは、他者とは異なる自分というものが意識されるということである。1歳半ごろから子どもは自分の思いを前面に出してくるようになる。おとなと同じようなことをやりたがったり、おとなの提案に対してことごとく「イヤ」と言って、自分の主張が通るまで頑として譲らなかったりするようになる。子どもの**自己主張や反抗**は、当然周囲との軋轢を生む。とりわけ養育者との関係は険悪なものとなりがちである。養育者もこの時期に子どもの自己主張が強くなることは認識しているため冷静に対処しようとするが、子どもが言うことを聞かないと感情的な対応になることもある。ただそのようなぶつかり合いによって、子どもは自分の思いをぶつけるだけでは通じないこと、自分の思いを抑えることも時には必要であることを学び、3歳ごろまでに自己主張や反抗は落ち着いてくる。

**自己主張や反抗**
　自己主張や反抗の強まるこの時期を反抗期と呼ぶことがある。ただ「反抗」というのはおとなからの見方であり、子どもからすると、自分のしたいことをさせてくれなかったり、したくないことをさせるおとなのことを理不尽に思うだろう。

## 3　情動の発達とはたらき

## （1）　情動とは

　**情動**とは、自分の内または外で起こったことがらに対する、主観的で生理的、かつ表出的な反応のことである。自分が感じていることを他者が同じように感じることはできない（逆も同様）。たとえ同じことを経験しても感じ方は人それぞれである。情動は主観的にとらえられる以前に生理的な変化として現れることもある。心拍数が早くなったり、青ざめたり、鳥肌が立ったりという生理的な変化も情動の構成要素である。さらに、その状態は表情や発声などの表出によって他者に伝わり、コミュニケーションの重要な要素となる。

　情動は理性と対極的で非合理的なものとしてとらえられることもあるが、自己と外界の間の調整機能を果たしている。高いところに登って恐怖を感じるのは、高所という危険から自分の身を守るためである。また私たちは情動をとおして他者とつながりあう。相手の気持ちを知ることは、他者とのコミュニケー

**情動**
　情動とは感情に関連する心理学の用語である。一般に持続的な状態を感情といい、一過性の強い状態を情動として区別するが、厳密に区別することは難しい。本章ではどちらも情動として表記する。

ションのなかで重要な要素である。さらにある情動が広く伝播<ruby>伝播<rt>でんぱ</rt></ruby>し**援助行動**につながることもある。子どもにとって情動はあらゆる行動の原動力となっているといっても過言ではない。例えば、遊びは「楽しい」「おもしろい」という快の情動が経験されてはじめて、遊びとなる。

## (2) 情動の発達

情動がどのように発達するのかについては、研究者によってさまざまな立場があるが、ここではルイス(Lewis, M)の考え方を紹介する。ルイスは、情動は、運動、認知、自己の発達と相互に結びつきながら発達すると考えた。ルイスによると、人は誕生時、満足(contentment)、興味(interest)、苦痛(distress)という三つの原初的情動を備えている。その後3か月ごろまでに喜び(joy)の情動が現れる。微笑は生後まもなくから見ることができるが、人の顔を見て満面の笑みを浮かべて喜ぶという行動は、2、3か月にならないと見ることはできない。同じころ、悲しみ(sadness)や嫌悪(disgust)の情動が出てくる。あやしてもらっている間はキャッキャと喜んでいるが、それが中断されると悲しみが表現される。4〜6か月ごろになると、怒り(anger)の情動が見られるようになる。怒りの情動の背景には、足を動かしたいのに何かが乗っていて動かないなど、手段と目的関係の理解がある。人見知りに代表される恐れ(fear)の情動は6か月ごろから見ることができる。驚き(surprise)も同じ時期に現れる。生後1年目に現れるこれらの感情は一次的情動と呼ばれ、この後に現れる二次的情動とは区別される。

先述したように、1歳半ごろに自己を対象としてとらえたり、自己言及的な行動をとるようになると、照れ(embrassment)や**共感**(empathy)、羨み<ruby>羨み<rt>うらや</rt></ruby>(envy)の情動が見られるようになる。さらに2歳を過ぎるころになると、自己評価がともなわれる感情が現れる。具体的には誇り(pride)、罪(guilt)、恥(shame)などである。これらの情動の現れは子どもがある種の基準や社会的なルールを内在化し、他者による賞賛や叱責<ruby>叱責<rt>しっせき</rt></ruby>に敏感になることを示している。自分の行動が成功したと感じれば、誇りの情動を経験するが、失敗したと感じれば、罪や恥の情動を経験する。これら自己意識が関係する情動を二次的情動と呼ぶ。

**援助行動**
相手を助ける、相手のためになるような行動。その行動を引き出すのが相手の苦痛に対する共感であると考えられている。他者の痛みや悲しみを感じた時、その人に手を差し伸べようとするのである。

**共感**
他者の情動や状況を共有する反応。同情は、他者のネガティブな情動や状況に対する心配や気遣いのことで、発達的には共感よりも後に現れると考えられている。

## （3）　情動制御

　私たちが経験する情動は、自分や他者にとって常に望ましいわけではなく、状況によって適切にコントロールすることが必要となる。あるべき適応状態にしたり、社会的相互作用を円滑に進めるために、情動の表出や反応を何らかの形で調整・制御することを情動制御という。情動制御は他者（主に養育者）によってなされる段階から、自ら制御できるように発達する。

　生後すぐの乳児にとって、制御すべき感情は空腹や渇きなどの苦痛である。ただ自分ではその苦痛をコントロールすることはできないために、養育者を呼び寄せて慰めてもらったり環境を変えてもらったりすることによって苦痛を解消する。ただ養育者によるコントロールを頼りにしているといっても、まったく自分では何もできないわけではない。乳児は、比較的軽微な苦痛であれば、偶発的な行動によって、自分で自分の情動をコントロールすることが可能であることを発見する。例えば空腹を覚えたとき、たまたま口にやった指を吸うことで空腹感が収まるなどである。やがて、3か月ごろになると、自分の不快な情動を解消してくれる存在として養育者を認識するようになり、その人が来ただけで泣きやむようになったり、反応を期待して泣くようになったりする。

　1歳ごろになると運動や認知面の発達が著しく進み、自分の状態についてより明確に表現することができるようになる。他者のはたらきかけによって、自分の欲求が満たされたのかそうでないのかをはっきりと伝達できるのである。また、あいまいな事態に置かれたとき、他者の表情を参照して、その表情からその事態についての意味や価値を知り、自分の行動を調整するようにもなる。さらに、この時期の子どもは自分の身体の一部を刺激することが情動制御に効果的であることを知り、全身をゆすったり、性器を触ったり、指を噛んだりといった自己慰撫的な行動をするようになる。これらの自己慰撫的行動は、一時的なものであり、言葉によって自分の気持ちを伝えられるようになると見られなくなっていく。

　2歳ごろ、自己意識がはっきりしてくると、自分の情動を自分で制御できることを理解し、より効率的な制御の方法を、一貫した形でとることができる。**因果関係の理解**が進むために、

因果関係の理解
　因果関係の理解は8か月ごろはじまる。自分の行為の結果、環境にどういう変化が起こるのかを理解するようになるのである。例えば、ガラガラを振れば音が鳴る、ボールを落とすとはねて転がるということを繰り返すうちに、音を鳴らすためにガラガラを振るなど、自分の行為をある目的のための手段として用いるようになる。

自分の情動状態をもたらしている原因が何かを理解し、その原因に対してはたらきかけることを求めるようになる。

　例えば何かをしたいとき、それは別のもので代替可能ではなく、それができるまで主張し続けることなどである。またことばの発達にともなって、ことばを使って自分の情動状態を伝えることによって、より効果的に他者からの援助を受けることも可能となる。

## 第2節 身体機能と運動機能の発達

### 1 身体機能の発達

　ヒトのいのちは精子と卵子が受精した時からはじまる。受精卵の大きさは、およそ 0.1mm、重さは 100 万分の 3g である。出生時の体重は約 3000g、身長約 50cm であるので、誕生までの 10 か月間で体長は 5000 倍、体重は 10 億倍になる計算である。さらに生後 1 年までに体重は出生時の約 3 倍、身長は 1.5 倍となる。

### 2 運動機能の発達

#### （1） 運動発達の法則

　乳児の運動発達は一定の法則に従って進む。一つめは頭部から尾部の方向で、首の据わり、寝返り、座位、ハイハイ、つかまり立ちを経て歩行が可能となる。二つめは身体の中心から周辺部への方向で、例えば手はまず上腕部を動かすことが可能となり、次に前腕部、最後に手や指のコントロールが可能となる。三つめは粗大運動から微細運動という方向である。身体全体や四肢を動かす大まかな動きから、次第に手や指の細かな動きが可能となる。

図 2-1　乳幼児の運動発達通過率

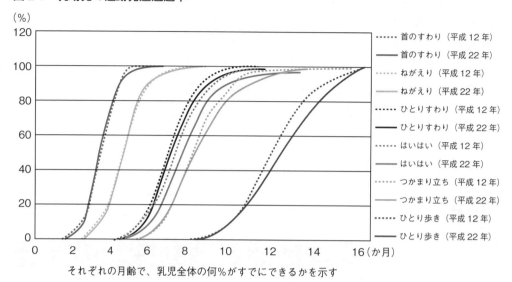

それぞれの月齢で、乳児全体の何%がすでにできるかを示す

出典：厚生労働省「平成 22 年乳幼児身体発育調査報告書」、2010 年。

**乳幼児身体発育調査**
　全国的に乳幼児の身体発育の状態を調査し、乳幼児の身体発育値および発達曲線を明らかにして、乳幼児保健指導の改善に資することを目的に行われている厚生労働省の調査。10 年に 1 回行われる。
　全国の乳幼児を対象に行う一般調査と産科をもつ病院を対象にする病院調査がある。この調査で得られた発達曲線は母子手帳にも載せられる。

　運動機能の発達によって、乳児の世界の関わり方は大きく変わる。首が据わることによって、頭を自由に動かすことが可能となり、自分が関心をもったものの方向に頭を向けることができる。寝返りが可能になることは、仰向けの姿勢で眺めていた二次元の世界から、高さと奥行きのある三次元の世界の転換を意味する。

## (2)　運動発達の個人差

　厚生労働省が行う「**乳幼児身体発育調査**」をもとに、それぞれの運動発達の通過率を示したのが図 2-1 である。曲線がゆるやかであるほど個人差が大きいということである。

## 第3節

# 認知の発達

　子どもは、事物や事象、自分を取り巻く周囲の環境を、どのような形で受け取り、自分の中にイメージや概念を形成してい

くのだろうか。外界から得た刺激を受け止め、意味づけていくプロセスを認知という。内田は 2007 年に「乳幼児期に革命的というべき二度の質的変化がある」[*1] と指摘する。一つは生後 10 か月ごろに起きる第一次認知革命で、二つめは 5 歳後半にある第二次認知革命である。ここでは、その二つの革命の前後にどのような変化が生じているのかについて述べていく。

## 1　第一次認知革命

### (1)　乳児の見る世界

　長らく、生まれたばかりの乳児は目が見えないと考えられていた。乳児の視力は 0.01 ～ 0.03 程度と考えられている。周囲の世界がぼんやりと見える感じである。乳児は対象に焦点を合わせる機能が未発達で、焦点が合う距離が限られているために、見えていないように見えるのである。3 か月くらいから両目の焦点が合うようになり、生後半年までの間に 0.1 くらいにまで発達し、奥行きや距離感がつかめるようになる。その後 1 歳を迎えるころには 0.2 ～ 0.3 ほどになり、順調に発達すれば 3 歳には 1.0 程度の視力になるといわれている。

　乳児は何を見ているのか。乳児の視力を調べる方法のひとつに、視覚選好法という検査がある。これは、乳児には興味があるものを見つめるという特性を利用した検査である。具体的にはさまざまな刺激を対にして乳児に見せ、どちらを長く見るのか調べるのである。そのような検査を用いて、乳児が何を好んで見るのかを調べると、人の顔を好んで見ることが明らかとなった。

　人の顔のなかでも乳児にとって重要なのは養育者の顔を覚えることである。山口は 2003 年に、顔以外の手がかりがないようにして、母親と母親以外の女性の顔を提示して、乳児がどちらをよく見るのかを調べた。すると生後数日で母親のほうを長く見ることが明らかとなった。ただし、この時期の**認識**には限界があり、髪形が変わると見わけができなくなってしまう。髪形が変わっても養育者の顔を認識できるようになるのは 4 か月ごろであると考えられている。

> **認識**
> 顔認識について人種に関する興味深い実験がある。乳児にさまざまな人種の顔写真を見せ、再認できるかどうか調べた実験によると、生後 3 か月ではすべての人種の顔を再認できたのにも関わらず、生後 6 か月から 9 か月にかけて、徐々に自分の人種以外の再認ができなくなるという。

図 2-2　三項的な関係

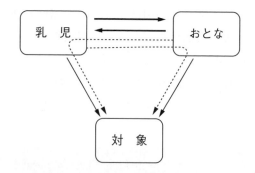

　　　　　　は相手の視線のなぞりを表す

　　　　　　（太線）は注意を共有する対象をめぐる
　　　　　　やりとり（意図の伝達）を示す

出典：岩田純一『〈わたし〉の発達』ミネルヴァ書房、2001 年、14 頁。

## (2)　三項関係の成立

　乳児と目が合うようになると、養育者と乳児との関わりが活発になる。養育者は乳児との関わりに物を積極的に持ち込んだり、乳児が興味をもっているものを命名しながら使い方を提示したりする。第 1 節で述べたように、乳児は物の操作や機能を他者と一緒に経験することで、自分には自分の、他者には他者の関心や興味があること、またそれは共有できることに気づいていく。こうして成立するのが「自分―物（対象）―他者」の三項関係である。この関係の成立によって、乳児は対象にむかう他者のまなざしをなぞることができる。このまなざしとは、単なる視線ではなく、その対象を他者がどのように扱うかというふるまいもともなわれる。そしてそこからその対象に対する思いや考え方を知ることができる。大事に扱うか、ぞんざいに扱うかではまったくその対象への思いは異なる。乳児は相手のまなざしをなぞることによって、外の世界を知っていくのである（図 2-2）。

## (3)　イメージの誕生（第一次認知革命）

　他者のまなざしをとおして外の世界を知ることは、直接はたらきかける対象ではなく、純粋に観察し、認識する対象として世界がとらえられるようになるということである。それは乳児

**図2-3　シンボル・イメージ・対象の三項関係**

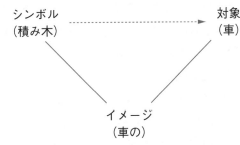

出典：岡本夏木『児童心理』岩波書店、1991年、78頁を一部改変。

の内面に**イメージ**が生まれたことを意味する。イメージの誕生は、子どもが「いま、ここ」の世界を超えることを可能にする。イメージを介して、間接的に世界に関わるようになるのである。例えば見立て遊びは、イメージが媒介することで可能となる。積み木を車に見立てるとき、積み木と車を結びつけるのはイメージである。それによって「今、ここ」にはない車を目の前につくり出すことができる。このように、目の前にないものを、別のもので表現するはたらきを象徴機能という。そして後者を前者の象徴(シンボル)と呼ぶ(図2-3)。この象徴機能の形成は、ことばの発達にも大きく関わる。

　これらの変化は運動発達のように目に見える変化ではないが、頭の中にイメージをもつようになったことで、子どもと世界の関わり方は大きく変わる。認知発達のうえで革命的な出来事(第一次認知革命)であるといえる。

> **イメージ**
> こころの中に形成される表象のなかで、知覚的、行動的色彩をとどめたもののことをいう。

## 2　第二次認知革命

### (1)　象徴遊びの展開

　イメージの誕生は、子どもが現実と想像の二つの世界の住人になることを可能とする。現実の世界ではできないことを、想像の世界で実現することができるのである。アニメキャラクターや戦隊ヒーローになりきったり、家族ごっこのなかで、自分をお母さんに見立てたりすることによって、架空の家庭をつくり出すことができる。

　ごっこ遊びはある設定を共有し、それぞれが役割を演じなが

ら進む遊びである。○○のつもりで、事が運ぶのだから、お母さん役の子は本当のお母さんではないし、ハンバーグに見立てた泥団子を食べるわけではない。子どもは現実と想像の境をどのくらい自覚しているのだろうか。

　加用(1998)はこのことを調べるために実験を行った。ごっこ遊びをしている子どもに対し「何してるの？」「何作ってるの？」と尋ね、泥団子を「ハンバーグ」と答えたら、「でもこれ砂だよね」と現実の意味を示して、子どもの反応を調べたのである。その結果、4歳未満の子どもは現実の意味を示されるとだまりこんでしまったり、実験者を啞然（あぜん）として見上げたり、「だってハンバーグだもん」と弱々しく答えた。4歳を過ぎると「いいんだよ、うそっこだから」と現実と想像を区別した回答をするようになった。同じ実験で、役割について「誰になっているの？」「お母さん」「でもあなた○○ちゃんでしょ」といったやりとりをすると、4歳の子どもでも答えに窮してしまうことがあった。これらの結果から加用は「子どもはごっこ遊びをしている最中に、常にこれは本当ではないと自覚し続けているわけではない」*1 と考察している。

　つまり、現実と想像の境目はあいまいであることが考えられる。例えば怪獣になりきって、他の子どもやおとなを脅かしていた子どもが、本当に怪獣が来た気になって、急に怖がり出して泣くということがある。また子どもがひとりで遊んでいて誰かと会話していたように聞こえたので、あとで「何してたの？」と尋ねると「○○と遊んでいた」と答えたりする。○○とのやりとりをいきいきと語るために、実在する人物だと思ってしまうが、○○は**想像上の人物**である。このようなことが起こるのは、遊びのなかにおいては現実と想像の境目があいまいであるからだろう。

## (2)　幼児の世界のとらえ方

　現実と想像の境のあいまいさは、イメージの世界に住みはじめたからといって、すぐにおとなと同じように世界を認識するようになるわけではないことを示している。子どもと接していると独特の世界のとらえ方に驚くことも多いだろう。物に対して感情や表情、人格などを読み取ることは、アニミズムや**擬人**

**想像上の人物**
　想像上の場所や友だちの話をする子どももよく見られる。想像上の友だちは、子どもがひとりの時間のさみしさをまぎらわすため、楽しむためのものなのではないかと考えられ、ひとりっ子や上の子に見られるといわれる。またなりたい自分、理想の自己像が投影されていることもある。

**擬人化**
　人間の性質を人間以外のものに当てはめて理解しようとすること。子どもが生きている自分自身に擬して類推することから、擬我化と呼ぶこともある。

図 2-4　量の保存

ジュースを移し替える

左右でジュースが同じ量である
ことを確認後、ひとつのコップ
のみ、形のことなるコップに移
し替える

「背の高いコップのジュース
の方が多い！」

背の低いコップから高いコップ
に移し替えても、ジュースの量
は同じ。しかし、前操作期の子
どもは、保存の概念が成立して
いないので、多くなったと言う。

出典：岡本依子・菅野幸恵・塚田―城みちる
『エピソードで学ぶ乳幼児の発達心理学―関係のなかでそだつ子どもたち』新曜社、2004 年、137 頁。

化として知られている。雷が鳴ると空が怒っていると感じたり、
そよ風にやさしさを感じたりする。また、イメージは見た目の
印象によって形成されるので、見た目に左右されやすい。見た
目が変化すると、中身に変化がなくても、別のものになってし
まう。それが典型的に表れるのが保存の実験である。保存とは、
外見は変わっても、量や数に変化のないことの認識のことであ
る[注2]。図 2-4 のように、1 つのコップに入っていたジュースを
別のコップに入れ替えて、水面が前より高くなると、それだけ
でジュースが増えたと判断してしまう。また棒を水中に入れて、
曲がって見えると、棒は水中で曲がっていると思ってしまう。
論理と見た目の間に矛盾が生じると、見た目のほうに流されて
しまうのである。

注2‥‥‥‥‥‥‥‥‥
　保存性については第 10
章 226 頁も参照。

## (3)　複数の現実を生きる

　見た目にとらわれてしまう幼児の発想を、麻生(1996)は「一
元的」思想と呼んでいる。ものごとの一面に注目してしまうと、
別の側面に注目することができないのである。そして複数の現
実を見られるようになることを「多元的」思想と呼んでいる。
幼児期の後半である 5 歳ごろから、多元的な思想が可能となっ
ていく。一元的思想から多元的思想に変化する背景には何があ
るのだろうか。そこにはメタ認知能力の発達がある。「メタ」
とは「高次の」という意味である。したがって、メタ認知とは
高次の認知ということであり、思考、記憶、学習などの認知活
動を、より高い次元でとらえることである。メタ認知の獲得は、

脳の前頭前野の成熟と関連していると考えられている。前頭前野は、脳の中でも思考や創造性をつかさどる最高中枢で、ヒトが進化のなかでとりわけ発達させてきた部位であるといわれる。メタ認知とは、自分の行為や計画、活動をもうひとりの自分が見るようなこころのはたらきであり、この発達により、子どもは複数の現実を生きられるようになる。メタ認知は他者のこころの理解にも関連しており、自分が知っている（感じている）ことと相手が知っている（感じている）ことの違いが理解できるようになる。メタ認知は幼児期後半から小学校の高学年にかけて発達し、**学習との関連**も指摘されている。

**学習との関連**
　小学校に入ると、自分の認知活動をよりよいものにしていくために、自分の認知活動を点検し、吟味し、必要に応じて修正、コントロールすることが求められる。どうすればよく覚えられるか、忘れ物をしないためにどうしたらいいか考えるなどである。

# 第4節

# 言語の発達

## 1　前言語期の発達

　子どもがはじめてのことばを話すようになるのは1歳前後であるが、それ以前からことばを話し始める準備は始まっている。

### (1)　親しい人との関係

　言語の発達の基礎となるのは、親しい人との間に築かれる関係性である。乳児が生まれつき「人」に興味をもって生まれてくることはすでに述べたが、人に対する強い関心が人を呼び寄せ、相互交流を可能にする。乳児は自分に関心をもってくれる人とのやりとりを繰り返すなかで、通じ合えることを知り、自分が発見したことをその人に伝えるようになる。通じ合いたい、伝えたい人の存在はことばの発達の大きな前提である。

### (2)　おとなの話しかけの特徴

　おとなが子どもに話しかけるときの、話しかけ方には特徴がある。話すときのピッチが高く、抑揚が大きく、一つひとつの

発話が短く繰り返しが多いといったものである。このような、おとなに話しかける時とは異なる話しかけ方は**CDS（Child direct speech）**あるいは**マザリーズ**と呼ばれる。マザリーズは直訳すると母親語となるが、この特徴は男性にも見られる。また日本語だけではなく、あらゆる言語文化圏で見られるものである。おとなと異なる話しかけ方をすることでより乳児の注意をひきつけることができる。

**CDS**
（Child direct speech）
／マザリーズ
子どもに話しかけるときの話し方。「ブーブ」「ワンワン」などは育児語または幼児語と呼ばれる。育児語は，子どもにとって発音しやすい音で構成されており、音の反復やオノマトペ（擬態語、擬音語）が多く含まれる。

第2章

子どもの発達過程

## (3) 三項関係の成立と言語発達

　三項関係の成立は言語発達とも大きな関連がある。三項関係は同じものに注意をむけることで成り立つが、会話も同じテーマを共有することで成り立つ。さらに、三項関係は子どもがことばの意味を知っていくプロセスにも関係している。先に、子どもはおとなの視点をなぞることで世界を知っていくと述べたが、その世界にはことばも含まれる。例えば養育者が子どもに猫のぬいぐるみを見せ「ニャンニャンだよ」と言うとする。そのときまず「猫のぬいぐるみ」という対象が両者の間で共有される。そして養育者がそのぬいぐるみを「ニャンニャン」と呼ぶことをとおして、子どもはそれが「ニャンニャン」と呼ばれることを知るのである。子どもはすでにことばの世界で暮らしているおとなをとおしてことばの意味を知っていくのである。

## (4) 身振り

　はじめてのことばが発せられる以前にも、子どもは身振りをとおして周囲の人とコミュニケーションをとっている。気に入らないものに対して、首を横に振ったり、ほしいものを指さしたりして手に入れようとする。指さしは、言語発達の前触れとして重要な身振りであるとされ、ことばとの共通点が指摘される。指さしには、誰か（伝えたい人）に、指先（意味するもの）によってある対象（意味されるもの）を指示する、という関係がある。これは、ことば（意味するもの）がある対象（意味されるもの）をさし、それを誰かに伝えるのと同じ仕組みである。指さしとことばには大きな違いもある。指さしは目の前にあるものであれば、なんでもさすことができるが、ここにないものをさすこ

とはできない。しかし、ことばはここにないもののことも表現
することができる。

## 2 語彙の爆発的増加

### (1) 喃語から初語へ

はじめてのことば(初語)の登場は個人差が大きい。図2-5
は**乳幼児身体発育調査**で「言葉を話しますか」という問いに「は
い」と答えた割合である。

初語には、「マンマ」「ママ」「パパ」が多いといわれるが、
それは初語が喃語の延長線上で出てくるからである。喃語とは、
「バーバーバー」「パッパッパッ」といった子音プラス母音の音
節の繰り返しのことをさす。喃語には母語に含まれる音素だけ
ではなく、ありとあらゆる音素が含まれていること、難聴の子
どもにも見られることから、周囲で話される音を真似て発して
いるのではないことが考えられている。周囲のおとなが喃語に
反応することでコミュニケーションの意図をもち、相手の反応
を期待して発せられるようになる(難聴の子どもの場合は徐々
に喃語が消失する)。初語として認識されるのは、喃語の延長
線上、例えば「マンマンマン」と言っていたのが文脈によって
「マンマ」や「ママ」と聞こえることによると考えられる。

図2-5 一般調査による幼児の言語機能通過率

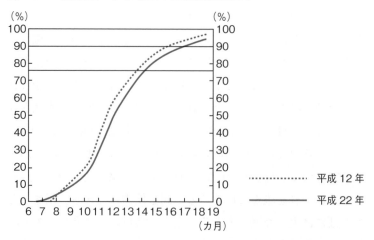

出典：厚生労働省「平成22年度乳幼児身体発育調査報告書」2010年。

## (2)　初期のことばの特徴

　初期のことばには、人、動物、食べ物、乗り物、身体の一部、あいさつなど、子どもの生活に密着したものが多い。ことばを話しはじめた子どもは限られた語彙のなかで表現しようとするため、一語がさまざまな対象をさすことがある。例えば四つ足の動物をみな「ワンワン」と呼ぶなどである。それは、手持ちのことばで、ほかの知らない対象を呼ぼうとすることから生じる。「ワンワン」ということばを使えるようになった子どもが、ウシにはじめて出会ったときに、ウシを指して「ワンワン」と言ったとする。子どもは自分が知っている「ワンワン」との共通点を見つけ、「ワンワン」と呼んだのである。

　また初期のことばは一語であることがほとんどである。しかし、単純に一語を発しているのではなく、機能的には一語に叙述、要求や意図などが含まれている。このように外形は語を呈しているが、機能的にはひとつの文を表現していることから、これらの発話は「一語文」と呼ばれる。一語の発話が文の機能をもつためには、周囲のおとなが子どもの発話に対して解釈をすることが必要となる。

## (3)　象徴機能の成立とことばの発達

　初語が現れた後は、それに類する語がゆっくりと出てきて、1歳後半から2歳くらいの間に急激に語彙が増える（語彙の爆発的増加）。語彙の爆発的増加の背景にあると考えられているのが、象徴機能の形成である。象徴機能についてはすでに説明したが、象徴機能の形成は言語発達の大きな必要条件のひとつである。本章第3節第1項(43頁)で積み木を車に見立てる遊びについて説明した。このとき車を別のもの（シンボル）で代用している。ことばと対象の関係も同じように説明することができる。積み木のかわりに「ブーブー」という音を用いるのが、ことばである。見立てることも、ことばを使うことも、別のもので何かを代用する心のはたらき（象徴機能）があるから可能になるのである。

### (1) 一次的ことば

3、4歳ごろになると、ことばを使って、日常生活で体験するさまざまなことを表現するようになる。ただし、この時期のことばは不特定多数を対象にするのではなく、目の前の相手との間ではじめて意味をもつことも多い。岡本(1985)は、「相手とのことばのやりとりの関係のなかで機能することばを、児童期から発達することば(二次的ことば)と区別して一次的ことば」*3 と呼んでいる。表2-1 にその特徴を示した。

この時期の子どもは、自分ひとりの力で、自分が体験したことを長い話として構成することは難しい。自分をよく知っている相手との対話において、促しや質問を受けるなかで、自分が体験したことをひとつの物語として語ることができる。

### (2) 思考のためのことば

ことばは、他者とのコミュニケーションに役立つだけではなく、自分の行動をコントロールしたり、考えたりすることにも役立つ。他者にむかうことばと、自分にむかうことばがあるのである。自分にむかうことばは幼児期に見られるようになる。例えば、急な斜面を子どもが「ガンバレ」と言いながら登って

> **思考のためのことば**
> ヴィゴツキーは、ことばを社会的な伝達手段としてとらえ、それが幼児期に、伝達手段としてのことばと、子どもに内面化された思考のためのことばに分かれていくと考えた。
> 本文中の「ガンバレ」のように幼児期には他者にむけられているようでも、機能的には自分の内面にむかうことばがよくみられる(独り言)。

表2-1 一次的ことばと二次的ことばの特徴

| コミュニケーションの形態 | 一次的ことば | 二次的ことば |
| --- | --- | --- |
| 状況とその成立条件 | 具体的状況における文脈に支えられてことばの意味を相手に伝えることができる | 現実の場面を離れ、ことばの文脈によって相手に伝える(具体的な状況もことばで説明しなければならない) |
| 対象 | 比較的限られた自分をよく知っているひと | 未知の不特定多数者 抽象化された一般者 |
| 展開の仕方 | 自分と相手との会話での共同作業によってテーマが掘り下げられる | 自分の側からの一方的伝達行為で、話の展開を自分で設計する |
| 媒体 | 話しことば | 話しことば 書きことば |

出典：岡本依子・菅野幸恵・塚田-城みちる
『エピソードで学ぶ乳幼児の発達心理学—関係のなかでそだつ子どもたち』新曜社、2004年、195頁。

いる。この「ガンバレ」はほかの誰かにむけられたものではなく、自分にむけられたものである。ここで注目したいのは、「ガンバレ」は、はじめ保育者や養育者が自分にむけて言ってくれていたことばだということである。はじめは他者に励まされてできていたことを、自分で自分になげかけることで成し遂げようとしているのである。このように他者との間で話されたことばが自分のためのことばになっていくのである。

## (3) 読み書きことば

　子どもが本格的に読み書きことばに出会うのは、小学校に入学してからであるが、幼児期にすでに絵本や遊びのなかで文字に出合っている。子どもは、はじめから本に本として出合うわけではない。多くのものと同様に、なめたり、投げたりする対象である。そのうちに、「めくる」という本の特徴的な機能に気づくと、めくることに熱中するようになる。1歳を過ぎると、読んでもらうものとしての認識が高まり、自ら本をおとなのところに持っていき読むようせがんだり、ひとりでページをめくって読むようになる。ことばの理解が進んでいくと、本に描かれている物を指さして、おとなに命名させたり、自分で言えるようになると自分から命名して読むようになる。

　個人差はあるが、3歳くらいになると本に書かれている文字に興味を示すようになり、なんと書いてあるのかおとなに尋ねたり、自ら使ってみようとしたりする。興味深いのは文字の役割を先取りし、読むふりや書くふりをするようになるということである。文字がある程度読めるようになった当初は、文字を拾って読むこと自体が目的になるので、物語全体を理解するということは難しいが、文字を意味のまとまりとして読むようになると、文字から内容の理解もできるようになる。

## 学習のふりかえり

**1** 非常に未熟な状態で生まれる人の乳児にとって、特定他者との関係を築くことが重要であり、それがその後の人間関係の基礎となる。

**2** 運動発達は一定の方向で進むが、その進度については個人差が大きい。

**3** 認識の発達には2つのターニングポイントがある。象徴機能がはたらきはじめイメージの世界に入ること、高次の次元から自分の行動をとらえられるようになることである。

**4** はじめてのことばは1歳ごろではじまるが、その前にことばが出る準備ができている。その準備として、特定他者との関係と象徴機能の成立が重要である。

引用文献：
＊1. 加用文男「遊びに生きる子どもの多重世界」『シリーズ 発達と障害を探る 第2巻 遊びという謎』麻生武・綿巻徹編、ミネルヴァ書房、1998年、37頁。

参考文献：
2. 内田伸子「想像する心─思考と談話の成立過程」『発達心理学特論』内田伸子・氏家達夫、放送大学教育振興会、2007年、37頁。
3. 麻生武『ファンタジーと現実認識と文化』田島信元・無藤隆編、金子書房、1996年、76頁。
4. 岡本夏木『ことばと発達』岩波書店、1985年。
5. 山口真美『赤ちゃんは顔をよむ』紀伊國屋書店、2003年。
6. 岩田純一『〈わたし〉の発達』ミネルヴァ書房、2001年。
7. 明和政子『心が芽ばえるとき』NTT出版、2006年。
8. 数井みゆき・遠藤利彦『アタッチメント 生涯にわたる絆』ミネルヴァ書房、2005年。

# 第 3 章

# 子どもの学びと保育

## 学習のポイント

　「子どもの学びと保育」では、保育において「学び」の支援を適時・適切に行うために、子どもの学びの過程や特性について学習する。

①乳幼児期の学びに関わる基本的な理論を学習し、子どもが能動的に心や身体を動かし、周囲の物や人と関わりながら学ぶことを理解する。

②乳幼児期の学びの過程と特性を、人と物との関わりに着目して学び、子どもが生活や遊びのなかで体験をとおして、自己や人に関わる力（非認知能力）や、想像力や思考力などの認知能力を発達させていく過程を理解する。

③子どもが主体的に関わる環境構成の重要性や、遊びを発展させる「主体的・対話的で深い学び」について学び、乳幼児期の学びを支える保育について理解を深める。

# 乳幼児期の学びに関わる理論

第1節

## 1 学びとは何か？

「学び」とは何であろうか？　実は、その定義づけは容易ではない。「学び」は「学習」と同じ意味で用いられることもあれば、区別されることもある。例えば、佐伯(1995)は「学び」と「学習」は異なるとし、「学び」とは「学び手自身の主体的な営み」であり、「学び手にとって何らかの意味で「よくなる」ことが意図されている」ものと定義している。一方「学習」とは、第三者が見て、「学習者の行動パターンが変化し、それがある程度持続している」ものをさすとし、そこに学習者本人の意図や学習内容は関与しないとしている。

こうした違いは「学び」をどうとらえるかによって生じる。また「学び」のとらえ方によって、教育・保育のあり方も異なってくる。そこで本章では、まず「学び」に関わる理論を概観しながら、乳幼児期の「学び」について考えていこう。

### (1) 能動的な学び

#### ❶自ら学ぶ存在としての子ども

「学び」については、古くからさまざまな領域で研究が行われてきており、「学び」のとらえ方(学習観)自体も大きく転換してきた。そのなかで現代の教育の方向性を定めたといえるのが、学び(学習)の中心に誰を置くかをめぐる転換である。「教師中心」の**行動主義**から「子ども(学び手)中心」の**構成主義**に転換したのである。

行動主義では、学び(学習)は「行動の変化」と定義され、子どもは教える側から知識や技能を注ぎ込まれる受動的な存在と考えられていた。一方、構成主義では、学びを「知識の構築過程」ととらえ、子どもを自らの知識を構築していく能動的な存在と考えた。子どものとらえ方が、教えられる存在から自ら学

---

**行動主義**
アメリカの心理学者 J.B. ワトソンにより、2013 年に提唱された心理学の立場。「意識」を対象とした伝統的な心理学に対して、客観的に観察できる「行動」を対象とし、心理学が自然科学として自立することをめざした。

**構成主義**
「人間の知識は、すべて構成されるものである」ととらえ、子どもの学習への積極的な参加を強調する立場。「行動主義」の教える側が学習者に一方的に知識を注入する学習観に対し、「構成主義」による心理学では、学習者側からの能動的な学習観を提唱した。

ぶ存在へと転換したのである。

**❷知識のうえに新たな知識が構築される：ピアジェのとらえる学び**

　構成主義に立つピアジェ（Piaget, J.）[注1] の認知発達理論では、学習を「人がすでにもっている知識構造（シェマ）[注2] をとおして、外界と相互作用しながら新しい知識を得、新たな知識構造を構成すること」と定義する。人は主体的に身のまわりにあるものと関わりながら、自分のもっている知識のうえにさまざまな知識や概念を取り込み、新たな知識構造をつくり出していくと考えたのである。

## （2）　身体をとおした学び

　では子どもは、どのように学んでいくのだろうか。ピアジェは、子どもが世界を認識する過程には、質的に異なる4つの段階があると考えた。乳幼児期は、そのなかの**感覚運動期**（誕生〜2歳ごろ）と**前操作期**（2〜7歳ごろ）に含まれる。

　誕生から2歳ごろまでは感覚運動期と呼ばれ、この時期の子どもは、触る、なめる、見るといった感覚をとおして周囲の世界と出合う。そして、つかむ、叩く、投げるなど、運動的な関わりをとおして世界を認識していく。

　2〜7歳ごろは前操作期と呼ばれ、イメージやことばを用いて世界をとらえることが可能になる。ただし、この時期は、まだ**自己中心性**や**アニミズム的思考**など、ものの見かけにとらわれやすく、論理的な思考にまでは至らない。

　このように、ピアジェは、乳幼児期は身体をとおした学びを基盤に、イメージの世界へと徐々に学びを広げていく時期ととらえたのである。

## （3）　社会的営みとしての学び

**❶学びにおける他者の存在**

　ピアジェは、人の学習や発達を子ども個人と周囲の環境（物や自然など）との相互作用のなかでとらえた。そこには「他者」は存在していない。しかし、私たちは社会的な存在であり、人と

注1‥‥‥‥‥‥‥‥
　第1章16頁、第7章163頁、第10章224〜226頁参照。
注2‥‥‥‥‥‥‥‥
　第7章158頁参照。

**第3章**

子どもの学びと保育

**感覚運動期**
　誕生から2歳ごろまでの子どもの認知発達の最初の段階。頭ではなく、身体をつかって考える時期といえる。十分なことばをもたないこの時期の子どもは、身近な環境に、身体の感覚や動作を通して関わり、外界を知っていくのである。

**前操作期**
　2〜7歳ごろまでの段階。この時期には、目の前にないものを頭のなかに思い描く表象が形成され、イメージやことばを用いた思考が可能になる。ただし、見た目など一部の目立つ特徴に注意を奪われ、それを判断の拠りどころにしてしまう。同じ数のおはじきであっても、間隔をつめて並べたときよりもあけて並べたときのほうが多いと思ってしまうのである。

のつながりのなかに生きている。学びにおいても、社会的な側面への着目は不可欠である。

　こうした観点から、学び手と「他者」との関係を重視し、学習を「個人の営み」ではなく「社会的な営み」としてとらえたのが、**社会的構成主義**である。人は自分ひとりで世界を認識し、知識を構成するのではなく、他者との社会的なやりとりのなかで知識を構成していくと考えたのである。

### ❷発達の最近接領域（Zone of Proximal Development：ZPD）

　ロシアの心理学者であるヴィゴツキー（Vygotsky, L.S.）も、子どもの発達や学びにおける社会や文化の重要性を主張した。特に発達の最近接領域[注3]の理論では、子どもが学ぶ過程での周囲のおとなや友だちの役割の重要性を示している（図3-1）。

　ヴィゴツキーは、子どもの認知発達には2つの水準が存在するとした。1つは、他者の援助がなくても独力で遂行できる現在の発達水準である。もう1つはおとなや友だちの援助があれば達成できる水準である。この2つの水準の間を発達の最近接領域と呼んだのである。子どもが自力で達成できなくても、おとなや友だちと協同で取り組むことによって達成できる領域を示し、発達や学びは他者との関わり合いの中から生まれることを主張したのである。

### ❸足場かけ（scaffolding）

　子どもが有能な他者の援助を得ることで、援助がないときよりも複雑な課題に取り組めるようになることを、ブルーナー（Bruner, J.S.）らは、建設作業に例えて「足場かけ」という概念で説明した。

**自己中心性**
ピアジェがとらえた幼児の心理的特徴。幼児は思考や判断において、他者の観点に立って考えたり、他者の立場から物事を見ることが難しく、常に自分の観点や立場から物事を見たり、考えたりするという思考の特徴のこと。

**アニミズム的思考**
ピアジェが指摘した、子どもの自己中心性の思考の特徴。外界のすべての事物には、自分と同じように生命や意識、意志があると考えること。ピアジェは、子どもが自分の心の中の出来事と外界の出来事との区別ができないこと（自他の未分化）をその原因と考えた。

**社会的構成主義**
「世の中の事物は社会的に構成されている」と考える立場。ピアジェを代表とする心理学的構成主義は「個人」を分析単位とし、知識の構成を生物学的・心理学的メカニズムに求めた。これに対して、ヴィゴツキーを起源とする社会的構成主義では「社会的な集団あるいは文化」を分析単位とし、社会が知識の構成において本質的な役割をもつとした。

注3・・・・・・・・・・・・・・・・
　第7章158頁参照。

### 図3-1　発達の最近接領域

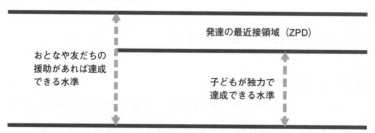

出典：ヴィゴツキー『「発達の最近接領域」の理論―教授・学習過程における子どもの発達』土井捷三・神谷栄司訳、三学出版、2003年、16～18頁をもとに横山作成。

効果的な足場かけは、直接方法を教えたり、やって見せたりするのではなく、学び手が自分の力で理解したり実行したりするための助けとなるようなヒントやきっかけを与えることである。また建築現場の職人が、建築が終われば足場をすべて取り除くように、子どもが独力でできるようになるのを見極めながら段階的に足場を取り除き、最終的には足場を完全に外していくことも重要となる。

## (4)　活動に参加するなかでの学び

### ❶集団（共同体）の一員となる

　学びを社会的な営みととらえるなかでも、学び合いを行う「集団」に注目したのが、レイブとウェンガー（Lave, J. & Wenger, E.）[注4]である。彼らは、「共同体への参加過程」そのものを学びととらえた（**正統的周辺参加論**）。

　人が新しく集団に参加する過程では、最初はあまり責任を負うことのない仕事（周辺的参加）をしながら、熟達者が担う重要な仕事（十全的参加）を見よう見まねで覚え、徐々に中心的な役割を果たすようになる。こうした過程自体を学びととらえ、「一人前になる」というアイデンティティの形成の重要性を指摘したのである。

### ❷状況に埋め込まれた学び

　所属する共同体において一人前になることが学びであるとすれば、そこで必要となる知識や技能は共同体によって異なる。つまり、学びは状況に埋め込まれた、極めて状況依存的なものであり、身に付けた知識や技能は、その状況のなかで活用してこそ意味をもつといえる。保育所には保育所の、小学校には小学校の学びがあるととらえるのである。

　状況に埋め込まれた学びは、実際にその知識を使う実践のなかで知識を獲得し、それを活用しながら、さらに新たな学びにむかう、いわば「生きた知識」を獲得する学びともいえる。

注4‥‥‥‥‥‥‥‥
第1章20頁参照。

**正統的周辺参加**
　ある実践を共有する集団（実践共同体）に、新参者が参加する過程を学習ととらえる理論。新参者であっても、その共同体の「正規のメンバー（＝正統的）」であり、集団の「周辺」部分から徐々に参加度を増し、中心的な役割を果たすようになるという意味で「正統的周辺参加」と名付けた。

### (1)　学びの理論からとらえる子どもの学び

　ここまで見てきたように、学びは子どもが能動的に心や身体を動かしながら、周囲の物や人と関わるなかで生まれる。子どもたちは、知識や技能を、それらを使う具体的な状況のなかに身を置き活動に参加しながら身に付けていくのである。

　こうした学びにおいては、おとなや友だちの存在が重要となる。学びあう集団のなかに子どもを招き入れ、子どもが独力でできることのもう一歩先の援助を与える。そうすることで、子ども自らが学びを進めることを促すのである。

### (2)　有能な学び手としての子ども

　大宮は 2006 年に、イタリアの**レッジョ・エミリア**市の幼児教育実践を写真（写真 3-1）をもとに紹介するなかで、子どもの学びについて述べている。6 枚の連続した写真から読み取れる実践の概要は、以下のとおりである。

**レッジョ・エミリア**
　イタリア北部の人口 17万人ほどの小都市。市の幼児学校のひとつが、1991 年、アメリカの雑誌『ニューズウィーク』に「世界で最も革新的な幼児教育施設」として紹介されたことから注目を集める。その教育の特徴は、子どもとおとな（保育者、専門家、保護者、地域の人）が美的で探究的な活動を通して、主体的に学びあい、育ちあうことにある。

写真 3-1　レッジョ・エミリア市の幼児教育実践

出典：from Loris Malaguzzi et al. The Hundred Languages of Children, exhibition catalogue, Reggio Children, Reggio Emilia, 1996 Preschools and Infant-toddler Centers – Istituzione of the Municipality of Reggio Emilia (www.reggiochildren.it)

10か月の男児が、保育者とカタログを見ている。ページをめくっていくが、時計の写真のページになると手を止め、時計をじっと見つめる。何かを言いたげに時計の写真を指差し、保育者の方を見る。保育者が自分の腕時計を差し出すと、男児は時計に触る。保育者が腕時計を男児の耳に当てて、音を聞かせると、男児は目を大きく見開き驚いた様子を見せる。その後、男児は自分からカタログの時計の写真に耳をぴったりとくっつけ、音を聞こうとする。

この実践を読み解きながら、大宮は子どもの学びに関わって、次の3点を指摘している。

### ❶子どもは、学ぶ意欲と学ぶ力をもった有能な学び手である

子どもは言葉を発する前から、自分のもてる力をすべて使って身のまわりの世界を理解しようとする。視覚でとらえた時計の音を聞き、聴覚でもとらえると、カタログの時計からも音が聞こえるだろうと予測し、耳を寄せている。自ら「発見し、考え、仮説を立て、確かめる」といった基本的な学びの手法をとっている。子どもは「有能な学び手」なのである。

### ❷子どもは、生活のなかで最もよく学ぶ

こうした学びが見られたのは、学びの対象が、男児が「大好きな時計」だったからである。子どもの生活のなかにある興味・関心から発した行為だからこそ、そこに保育者の適切なはたらきかけが重なり、学びが生まれたのである。

### ❸子どもは、人や物との関わりのなかで育つ

ここでの男児の学びは、保育者と男児との関わりがあってこそ生まれた。男児は、大好きな先生に自分が大好きな時計のことを教えようと指さした。保育者も、男児にとって時計が魅力的なものであることを感じ取り、本物の時計を差し出した。保育者と男児との共感的な関わりが、学びの契機を生み出したのである。

# 第2節 乳幼児期の学びの過程と特性

子どもは、乳児期から、生活や遊びのさまざまな場面で身のまわりの人や物に興味をもち、自ら直接、関わっていこうとする。こうした姿は「**学びの芽ばえ**」といえるものであり、生涯の学びの出発点にもなる。ここでは、子どもの学びの過程と特性を、人と物との関わりから見ていこう。

> **学びの芽ばえ**
> 遊びのなかで、「学ぶ」ことを意識してはいないが、楽しいことや好きなことに集中して取り組むことをとおして、さまざまな気づきや学びが生まれてくること。試したり、工夫したりしながら、見通しをもって、子ども自身が遊びを発展させていくことでもある。

## 1 人との関わりのなかで学ぶ

### （1） 人と関わる力の基礎を育む：非認知能力

#### ❶非認知能力：自己に関する力と人に関わる力

乳幼児期において最も重要な学びの1つは、生涯にわたる心身の健康や幸福の基盤となる、いわゆる非認知能力を育むことであろう。非認知能力とは、IQ に代表されるような知的能力、すなわち「認知能力」以外の力をさす。社会情緒的スキルともいわれ、自己肯定感、自信、自立心、忍耐力などの「自己に関する力」と、共感性、協調性、社会性、道徳性などの「人と関わる力」の2つの力に分けることができる。

こうした非認知能力を育むために重要なのが、アタッチメントである。

#### ❷アタッチメント（attachment）の形成

アタッチメントとは、一般に、愛着と訳されている。アタッチメント理論を唱えたボウルビー（Bowlby, J. M.）によれば、人が何らかの危機に瀕して、恐れや不安などのネガティブな感情を経験したときに、身体的にも、心理的にも、特定の他者にくっつきたいと強く願う欲求であり、実際にくっつこうとする行動の傾向をさす[注5]。

危機と表現すると大げさだが、ここでは母親の姿が見えなく

注5・・・・・・・・・・・・・・・
第2章32～34頁、第10章222頁参照。

なったり、転んで痛かったりなど、子どもが生活のなかで日常的に出会う状況をさしている。おとなにとっては些細<sup>ささい</sup>な出来事だが、子どもにとっては不安や恐怖が喚起される状況である。この状況から抜け出そうと、子どもは身近にいる親や保育者にむかって泣き声を上げたり、駆け寄ったりしていく。そして、身体的にも、心理的にも、くっつくことで「もう大丈夫」という安全感や安心感を得るのである。

### ❸基本的信頼感の獲得

こうした経験を繰り返すなかで、子どもは「自分は必ず守ってもらえる」という見通しがもてるようになる。特定の他者との間に、情緒的な絆が形成されるのである。さらに、この心理的な絆をもとに、子どもは自発的な探索活動を行うようになる。自ら環境に関わり、世界を広げる第一歩を踏み出すのである。アタッチメントの対象である特定の他者を「**安全の基地 (secure base)**」として、活動の範囲を広げ、さまざまな物に近づき、手をふれ、口に入れたり、においを嗅<sup>か</sup>いだりして、身のまわりの世界を知ろうとするのである。

また、特定の他者との間に情緒的な絆を形成することをとおして、子どもは、基本的に人は誰でも自分を守ってくれるという人に対する信頼感を得る。と同時に、どんな状況でも自分は守ってもらえる、愛してもらえる存在であり、存在価値があるという自己肯定感を育む。こうして、子どもは他者と自己に対する基本的信頼感を獲得するのである。

## (2) 人と共に生きる力を育む：協同性

こうして特定のおとなをアタッチメントの対象とし、人や自分に対する基本的信頼感を育んできた子どもたちは、どのように子ども同士の関わりを広げていくのだろうか。ここでは「**幼児期の終わりまでに育ってほしい姿**」の「**協同性**」に着目し、その学びの過程を見ていこう。

### ❶乳児期：他児への興味と共鳴・共振

子どもは、乳児期の早い時期から、同年代の子どもに対する興味を示す。保育場面で乳児の姿を観察すると、生後３か月の

**安全の基地 (secure base)**
子どもが外界の探索行動を行うときの心のよりどころ。不安や恐れを感じる状況に遭遇したときに、戻ることができる人物をさす。養育者と安定したアタッチメントを形成している子どもは、外界に好奇心を抱いたときに、その人物に対する基本的信頼感を支えに外界を探索し、世界を拡大することができる。

**幼児期の終わりまでに育ってほしい姿**
幼児期において育みたい３つの資質・能力が、５領域の活動を通して育ち、特に５歳児の後半に見られるであろう具体的な子どもの姿を整理したもの。小学校の教師と共有することで、滑らかな幼小接続が期待される。

**協同性**
「幼児期の終わりまでに育ってほしい姿」のひとつ。人間関係の領域に深く関わり、具体的には「友だちと関わるなかで、互いの思いや考えなどを共有し、共通の目的の実現に向けて、考えたり、工夫したり、協力したりし、充実感をもってやり遂げるようになる」姿である。

乳児も、ほかの子どもの存在に気づくと、じっと見つめたり、声を出したり、触ったりする。自分で動けるようになる9か月ごろにはハイハイして近づき、物を介してやりとりする姿も見られるようになる。

　ほかの子どもの情動や身体の動きに**共鳴・共振**する姿もよく見られる。例えば、他児の泣き声につられて泣いたり、一緒に身体を左右に揺らしたりする姿などが見られる。こうした身体の動きの共振は、「楽しい」といった情動の共有にもつながる。さらには、友だちと一緒に過ごすことの喜びを感じることにもつながる。

### ❷ 1、2歳児：子ども同士の関わりといざこざ

　1歳児クラスになると、ほかの子どもとの関わりも増え、他児が使っている物に興味をもったり、まねをしたりするようになる。自我の芽ばえとともに「自分のもの」という意識も生まれ、物をめぐるいざこざが生じやすい。この時期はまだ、相手の思いや気持ちに気づいたり、ことばで自分の気持ちを伝えることは難しい。そのため、保育者の介入が必要になる。

　2歳児クラスになると、同じクラスの子どもの名前がわかるようになり、お互いに名前を呼びあったり、ことばによるやりとりも見られたりするようになる。また、いつも一緒にいる気の合う仲よしの友だちもできる。一方で「自分が」「自分で」と自己主張が強くなるこの時期は、やりたいことがぶつかりあったり、思いのすれ違いから、いざこざも多くなる。

---

**事例1**

　2歳児クラスの片付けの時間である。ミユとコウタが、椅子を引っ張りあっている。「ミユの」「コウちゃんの」と2人とも譲らない。その内、コウタが思いっきり椅子を引っ張り、ミユの手が椅子から離れる。ミユはドシンとしりもちをつく。びっくりしたこともあり、ミユが大きな声で泣きはじめる。大声で泣くミユにコウタも驚き、椅子を持ったまま立ち尽くしている。

　そこに保育者がやってくる。「ミユちゃん、びっくりしたね。ドシンってしりもちついちゃったね。大丈夫？」と、ミユを起こす。「ミユちゃん、椅子を片付け

---

たかったんだよね」と言うと、ミユがうなずく。保育
者は、今度はコウタのほうをむき、「コウちゃんも椅子
を片付けたかったんだよね」と言う。コウタもうなず
く。「2人とも一緒だね。どうしたらいいかな」と保育
者が問いかける。2人は黙ったまま、お互いを見てい
る。

　しばらくして、コウタが椅子をミユのほうに差し出
す。ミユが椅子を受け取る。「コウちゃん、いいの？」
と保育者が訊くとコウタがうなずく。「ミユちゃん、コ
ウちゃんが、いいよって。よかったね。『ありがとう』
だね」と言うと、ミユは小さな声で「ありがと」とコ
ウタに言い、椅子を片付けに行った。

　子どもたちは、ほかの子どもとぶつかりあうなかで、自分と
同じ要求をする子どもがいることに気づく。そして、自分の思
いを伝え、相手の気持ちも受け入れながら、どう解決していけ
ばよいのかを保育者の援助をとおして学んでいく。人との関わ
り方は、人と関わるなかで学んでいくのである。

### ❸ 3、4歳児：友だちとの関わりと自己発揮と自己抑制

　3歳児になると、「自分でやりたい」という自立心の芽ばえと
ともに、やりたいことを自分なりに楽しみ、**自己発揮**しながら、
友だちとの関係も広げていくようになる。

　この時期は**平行遊び**が中心で、砂場で何人かで遊んでいても、
山をつくっていたり、カップに砂をつめてケーキをつくってい
たりと、それぞれがしたいことをしている。一方で、友だちと
同じピンク色のマントを身に付け、「ももちゃんマン」になって
走り回るなど、友だちと同じ物を持ったり、身に付けたり、同
じ動きをすることを楽しむ。友だちと「同じ」がうれしい時期
でもある。

　友だちと一緒に過ごす楽しさや喜びを重ねて4歳児になる
と、友だちと遊びの世界を「共有」したいと思うようになる。
「できること、できないこと」など、自分のことがわかるように
なり、他者の目を気にするようにもなる。自分とは違う、友だ
ちの気持ちにも気づくようになり（**心の理論**の獲得）、友だちと

**自己発揮**
　保育者と信頼関係を築
き、園が安心できる居場
所になると、子どもは自
分のやってみたいことを
見つけ、遊び出すように
なる。これが園での自己
発揮の最初といえる。さ
らに、友だちとの関わり
をとおして、自分の感情
や意志を表現しながら、
相手を受容する経験を重
ねることで、共通の目的
にむかって、自分の力を
十分に発揮して、生活や
遊びを進めていくように
なる。

**平行遊び**
　複数の子どもが同じ場
所にいながら、それぞれ
が自分のしたい遊びをし
ており、行動や言葉での
交流がないこと。しかし、
別の遊びをしていても、
隣の子どもが使っている
ものを自分の遊びに使っ
たりすることもある。そ
こから、同じ場所にいる
子ども同士が交流するよ
うになり、協同遊びや
ごっこ遊びに発展するこ
ともある。

**心の理論**
　他者の心を推測し、理
解する能力のこと。他者
の意図や欲求、信念や知
識、思考など、直接観察
することができない心の
状態を推測する能力の基
礎である。1980年代以
降、発達心理学では多く
の研究がなされてきた
が、近年、心の理論の芽
ばえとして、生後9か月
ごろから見られる共同注
意や、生後1年前後に見
られる指さしが指摘され
ている。

注6‥‥‥‥‥‥‥
第4章224頁参照。

一緒に遊びたいという思いから、自分の気持ちを抑えることもできるようになる（自己抑制[注6]）。例えば、ままごと遊びで、本当はお母さん役がやりたいけれども、お母さん役をやりたいと主張する友だちと一緒に遊びたいために、自分はお姉さん役をする、といったことが見られるようになる。

### ❹ 5歳児：仲間との関わりと協同性の育ち

5歳児になると、遊びのイメージを共有し、共通の目的にむけて遊びを展開していくことができるようになる。ひとりの子どもが遊びをリードするのではなく、子どもたち一人ひとりがそれぞれのイメージを出しあい、それらが響きあい、重なりあって、1つのイメージが形づくられるようになる。

また共通の目的でつながって遊ぶなかで、仲間と一緒に活動する充実感も味わうようになる。仲間の1人として、自分を意識できるようになり、集団の中での自分の立場や役割を考えられるようになる。

---

**事例2**

5歳児が園で栽培したトマトでジュースを作り、地域のお祭りで販売することになった。「たくさん売りたい」という思いが共通の目的になり、「どうしたらいっぱい売れるか」と話し合いを重ねている。

「お母さんは新聞のチラシを見て買い物するよ」という意見を受け、「じゃあ、みんなでチラシを作ろう」、「チラシに"おいしい"と書いておかないと、おいしいかどうかわからないよ」「"これを飲むと美しくなる"と書いておくと売れるよ」「"お肌がつるつる"と書いておこう」と、次々と意見が出てくる。

一方で、看板作りも始まる。保育者は四角い紙を準備するが、子どもたちからは「トマトの形にしたら、遠くからでも見える」「棒をつけて高くして、よく見えるようにしよう」といろいろなアイディアが出る。

「ちょっと飲んでもらいたいをしたい」と試飲を提案する子どもも出てくる。翌日には、色水遊びのジュースを紙コップに入れ、適量を何度も試し、紙コップに色水を注ぐ練習を繰り返す姿も見られる。

販売当日には、役割を自分たちで分担し、「いらっしゃいませ」「おいしいですよ」と売る係や、売れている状況を判断して「あと少しだよ」と、店から離れて宣伝しているチラシ配りや試飲係に伝え合う姿もあった。試飲では、「いっぱい入れたらなくなる……」と入れる量を考えながら瓶から少しだけコップに注ぎ、カゴに入れて配る姿も見られた。完売すると「やったー！」と、みんなで歓声をあげて喜び合った。

　この事例2は、トマトの無償提供を契機に継続的に取り組まれたプロジェクト活動の一部である。「トマトジュースをたくさん売りたい」という共通の目的にむかって、子どもたちがそれまでの経験を生かし、対話を重ねながら活動を展開している。「考えたり、工夫したり、協力したりし、充実感をもってやり遂げるようになる」協同性の育ちが見て取れる。

## ２　物との関わりのなかで学ぶ

### (1)　乳児期：環境に関わる力をもって生まれる

　子どもは、好奇心に満ち、周囲の環境に能動的に関わる力をもって生まれてくる。生後1週間程度の乳児も、図形のパターンを弁別し、複雑な図形や、見慣れた図形よりも新しい図形を好んで注視する。生後2か月ごろになると動く物を追視するようになり、3か月ごろに首がすわると、首を回して興味があるものを見ようとする。

　7か月ごろにひとり座りができるようになると、両手を使って物と関わることが可能になる。この時期には、親指、人差し指、中指で、物をはさんで持つことができるようになる。11か月になるころには親指と人差し指で小さな物をつまめるようになる。こうした手指の発達にともない、握る、放す、つまむ、めくるなど、物との関わりも多様になる。

　9か月ごろからハイハイで動けるようになると、興味のある物に近づき、つかんだり、振ったり、口に入れたりなど、より

いっそう、探索活動が活発になる。1歳を迎えるころには、ひとりで立ち、歩くようになる。こうした移動能力の獲得は、子どもと環境の関わりを大きく変える。特に歩行の開始は、目の位置が高くなり、視界が広がる。より遠くにある物が視野に入るようになり、興味をもてば、歩いて行って手に取り、持ち歩くこともできるようになる。自分の興味や欲求に基づき、目的をもって物と関わることができるようになるのである。

このように子どもは、目、耳、口、手などの感覚器官を総動員させて、身のまわりにあるいろいろな物の手触りや形、性質など、その特徴を知っていく。さらに、おとなが物と関わるようすを見たり、教えられたりして、その物本来の用途や扱い方を学んでいく。

事例3は、9か月のYちゃんがはじめて砂の感触を体験した時の記録である。バギーにつかまり立ちをし、ほかの子どもたちのようすをうれしそうに見ているYちゃんに、保育者が「Yちゃんも、はじめてお砂で遊んでみようか？」と声をかけ、砂場の近くに座らせた後のようすである。

---

**事例3**

初めて地面に下ろされたYちゃんは、すぐに自分の横にある砂場のほうに身体を向けて両手を伸ばし、両手を左右に大きく動かして手のひら全体で地面の砂にふれ始めました。時々、指全体に力を入れて熊手のように砂をかくようにしてみたりもしています。保育者は、しばらくは特に何も声をかけずにYちゃんの感じるままを尊重していました。Yちゃんの表情は真剣そのものです。

しばらくして保育者が「お砂、気持ちいいね。今度はこっちはどう？」と言葉をかけながら、Yちゃんを抱き上げて砂場の中に座らせてみました。すると、すぐまた周囲の砂にふれ始め、今度は砂を両手で掴みました。両手に掴んでいる乾いたサラサラの砂が指の間からこぼれていく様をじっと見つめ、再び砂を掴むと、片手を開いてもう一方の手でその砂をつまんでパラパラと落としてみるという行為を3〜4回くり返しました。途中で、砂と共に落ち葉を掴むと、ゆっくり口元

に近づけていきました。どうするのか声をかけずに見ていると、一瞬なめるような仕草をしましたが、すぐに止めて下に落とし、また掴む→つまむという動きを数回くり返した後に、Yちゃんは「はぁ～」とため息を1回つきました。そして、静かな満足げな微笑みを浮かべて1人で拍手をしました。

出典：井桁容子「すてっぷbyすてっぷ　0・1・2歳　心の読み解き　0歳児(4)初めての体験と保育者のかかわり」『保育ナビ』第9巻第4号(2018年7月号)、フレーベル館、58～59頁。

Yちゃんが、手や指を使って、じっくりと砂と関わるようすが見えてくる。目でじっと見ながら、手指をさまざまに動かし、砂の質感や感触を味わう、Yちゃんのまだことばにならない身体で感じる学びが伝わってくる。「静かな微笑みと拍手」には、Yちゃんの満足感が見て取れる。

## (2)　1、2歳児：想像する力の誕生

1、2歳児は、象徴機能の発達により、探索活動から「見立て」「つもり」のイメージによる象徴遊びへと移行していく時期である。積木を自動車に見立てて「ブッブー」と言いながら床の上を走らせたり、粘土を細長く伸ばして「へび」と言って楽しむようになる。

2歳児のなかばごろには、イメージする力の発達にともない、複数のイメージを組み合わせて表現できるようになる。「大きいと小さい」「たくさんと少し」など、2つの物を比べる「対」の概念も獲得する。物との関わりも、積木を高く積んだ後に横に並べるなど、「積む→並べる」、「高く→低く」といった複数の異なる操作を順にできるようになる。

また、自分以外の「他者」を意識しはじめるこの時期は、最も身近な他者である母親のまねをして遊ぶようにもなる。人形を布団に寝かせてトントンしたり、エプロンを着けてテーブルに食べ物を入れたお皿を並べてみたり、母親になったつもりで物を扱いながら遊ぶ。「模倣こそ学びの原点」といわれる。子どもは身近な愛着をもつ人をモデルにその行為をまね、物と関わることで、身のまわりの世界について学んでいくのである。

## (3)　3、4歳児：感じて、考える力の芽ばえ

幼児期の子どもは、身のまわりの物にはすべて自分と同じように感情があり、生きていると考えている（アニミズム）。また、自分の身体の感覚や体験をもとに、対象を自分に置き換えてとらえようとする（自己中心性）注7。

注7・・・・・・・・・・・・・・・・
　第10章225〜226頁参照。

> ### 事例4
>
> 　夏の日、3歳児のケントが、空になったコップをもって、地面の穴をのぞき込んでいる。どうやら、穴に水を注ぎ込んだらしい。穴の周りでは、アリが慌てふためいて動き回っている。「ケンちゃん、何してるの？」と保育者が尋ねると、「アリさん、のどかわいたから、お水あげた」とケントが答えた。

関心をもった対象に感情移入し、「我がこと」として理解しようとするのが、この時期の特徴である。アリも自分と同じように「のどがかわいているから、水をあげた」のである。ケントにはケントなりの論理がある。自己中心的思考のなかにも論理的思考の芽ばえが見られる。

3、4歳児は、好奇心も旺盛で、身のまわりのさまざまな物に興味を示し、おもしろがる時期である。興味をもつ時間が持続するようになり、ダンゴムシに興味をもてば、毎日ダンゴムシとりを楽しむ。3歳児は、興味のおもむくままに毎日を過ごすが、4歳児になると気づきを関係のなかでとらえるようになる。とってきたダンゴムシが白くなり動かなくなれば、「死んじゃった」と悲しがり、「死なないためには、どうすればいい？」と考えるようになる。

4歳ごろには、他者には自分と違う思いや意図があることを理解するようになる（心の理論）。「ダンゴムシも自分と同じ」ではなく、「ダンゴムシにとってどうか」と相手の立場に立って考えられるようになる。またこの時期は、話しことばのいちおうの完成期でもある。心を動かし、感じたことを、「なぜ？」「どうして？」とことばを使って考え、探究しはじめるようになる。

### (4)　5歳児：論理的に考える力の育ち

＝＝＝＝＝＝＝＝＝＝＝＝＝＝＝＝＝＝＝＝＝＝＝＝＝＝

　5歳児になると、興味をもつことに繰り返し取り組む経験を重ねるなかで、「〜すると、……になる」という予測や見通しが立てられるようになり、因果関係をとらえる思考力も育つ。先を見通して、いま、ここで欲求が満たされなくても、自分を抑える忍耐力も育ってくる。また「もしも……」という仮定形が理解できるようになり、「もし、わたしがルミちゃんだったら……」と自分を周りの他者に置き換えて話したり、聞いたりすることもできるようになる。

　こうした認知的、非認知的な力の育ちを基盤に、5歳児は、周囲に広がる世界を関連づけて理解する論理的思考を育む。友だちと協同して、探究する活動を展開するようにもなるのである（第3節の事例5参照）。

# 第3節　乳幼児期の学びを支える保育

　学びは、子どもが生来的にもつ環境に関わる力を発揮し、興味や関心をもった物や人に、能動的に心や身体を動かしながら関わるなかで生まれる。学びが生まれるためには、子どもが主体的に関わりたくなる環境構成や環境との関わりを支える保育者の援助が重要となる。

## 1　学びを生む環境構成：環境をとおしての保育

　どのような保育環境を構成するかには、子ども観や遊び観、学び(学習)観などが表れる。保育者が「子どもは有能な学び手」であり、乳幼児期の「遊び」は「学び」であるととらえれば、子どもが環境にはたらきかけ、遊びをつくり出す環境を構成するだろう。

　高山は2017年に「子どもの姿から環境をつくる」ことを強調したうえで、環境構成のポイントとして、「①子どもの発達に

合った環境、②さまざまな興味・関心を引き出す環境、③子どもが主体的に動ける環境」の3点をあげている。

## (1) 子どもの発達に合った環境

**❶子どもの姿から必要な経験をとらえる**

まず子どもの姿をよく見て、何をしたいのかを把握し、いま、必要な経験ができる環境を考える。例えば、乳児クラスで机に登ろうとしている子どもの姿があれば、高い場所に登ったり降りたりできる経験が必要だと考える。

**❷必要な経験ができる環境を考える**

次に、❶の必要な経験ができる遊びや生活環境を考える。先の例であれば、高い場所へ登る遊びとして、例えばウレタン積木や牛乳パック積木などを使って登る環境を考える。

**❸発達に合わせた環境をつくる**

実際に環境をつくる際には、いま、その子どもが獲得しようとしている力を繰り返し発揮でき、その力の獲得と定着を促す「発達に合った環境」と、年長の子どものモデルを見たり、多少の援助があればできるようになったりする「挑戦的な環境」（発達の最近接領域）をつくる。

**❹子どもの姿を見て環境を再構成する**

その環境が子どもの発達に合わなかったり、習熟したりしたら、難易度を上げる、付け加える、入れ替えるなど、**環境の再構成**を行う。

## (2) さまざまな興味・関心を引き出す環境

子どもの興味・関心は、一人ひとり異なる。身体を動かすことが得意な子、ごっこ遊びに夢中になる子、絵本が好きな子など、いろいろな子どもがいる。子どもたちの興味・関心を引き出し、それぞれの子どもの強みを伸ばせるように、多様な遊びが保障される環境を構成することが必要である。

## (3) 子どもが主体的に動ける環境

保育者の声かけがなくても、子どもたちが主体的に生活や遊

**環境の再構成**
子どもの興味・関心に応じて、遊びや活動の最中であっても、新たに環境を構成し直すこと。乳幼児期の教育は「環境をとおして行う教育」であり、子どもが主体的に関わる環境の構成が重要となる。事前に環境を準備するだけではなく、遊びや活動のなかで子どもの姿を見取り、遊びの展開を予想しながら、環境を構成し直すことが必要となる。

びを展開できる環境構成が大切である。1日のスケジュールや洋服の畳み方の手順を示した写真など、「見える化掲示」で子どもの意欲を引き出したり、食べたいときにおやつが食べられる空間と時間を設けたりするなど、子どもが主体的に活動できる環境の工夫が求められる。

## 2　学びを支える保育者の援助：主体的・対話的で深い学び

### (1)　主体的・対話的で深い学び

　主体的・対話的で深い学びとは、**アクティブ・ラーニング**をとらえる視点のことである。子どもの自発的な活動である遊びをとおして総合的に行う保育は、そもそもアクティブ・ラーニングであるといえる。3つの視点を見ていこう。

❶**主体的な学び**

　子どもが自発的にやりたいことに取り組むこと。そこには子どもなりの見通しがあり、その実現にむけて粘り強く続けること。これまでの経験を振り返り、次の遊びにつながり、発展していくことである。

❷**対話的な学び**

　子ども同士、子どもと保育者がやりとりするなかで、自分の考えを表現し、他者の考えを取り込みながら、活動を広げていくこと。ことば、身振りや表情、実物を介して、子ども同士がやりとりし、つながりあっていくことである。

❸**深い学び**

　物事の特徴に気づき、その特徴を生かして、工夫を深めていくこと。活動が次へと発展し、そこでの経験が広がり、さらに深まること。遊びのなかで、子どもが対象と関わって心を動かし、試行錯誤を繰り返しながら、物事の仕組みや規則性等に気づいていくことである。

> **アクティブ・ラーニング**
> 　教師による一方向的な知識伝達型の講義形式の教育とは異なり、学習者が能動的に参加する学習法のこと。平成29 (2017) 年の学習指導要領の改訂において、小学校以上の学校教育でその重要性が指摘され、授業改善の視点として「主体的・対話的で深い学び」が導入された。

## （2） 「主体的・対話的で深い学び」を支える保育者の援助

・・・・・・・・・・・・・・・・・・・・・・・・・・・・・・・・・・・・・・・・

　事例5は、「水の上をタライに乗ってこいでみたい」とはじまった5歳児の「いかだプロジェクト」（鎌田、2018）の一部である。

> **事例5**
>
> 　6月、砂場に大きな山や海を作る遊びが盛り上がる。砂場に水を流し込み、大きくなってきた海に砂型やスコップを浮かべて楽しむ。ますます海が大きく広がると、近くにあったタライを浮かべ、中に乗り込み、スコップをオールに見立てて漕ぐ遊びに発展する。しかし、全く進まない。
>
> 　翌日、保育者が牛乳パックを5個つなげたものを砂場に置いておく。子どもたちは早速それを砂場の海に浮かべ、上に乗ってみるが、沈んでしまう。遊びの後の振り返りの話し合いで、「いかだみたいやったな」と言う声が聞かれ、「いかだやったら、もっと広くて大きくしたら」と意見が出る。
>
> 　その意見を受けて、牛乳パックをたくさん貼り合わせ、大きないかだ（1号）を作り上げる。砂場の海に浮かべ、乗ってみるが、やっぱり「全然、進まない」。いかだを持ち上げてみると「めっちゃ重くなってる」。牛乳パックの中に水がたくさん入っていたのだ。その日の話し合いでは、「牛乳パックの絵が見えなくなるまでクラフトテープを貼ればいい」とアイディアが出る。
>
> 　クラフトテープを絵が見えなくなるまで貼ろうとする子どもたちの様子を見て、保育者が「こんなものもあるけど」とペットボトルを差し出す。子どもたちは「ペットボトルもつけてみよう」「牛乳パックの下につけてみよう」といかだ（2号）を作り上げる。「今度こそ」と意気揚々と砂場の海に浮かべ、乗り込むが、やっぱり牛乳パックに水が入る。しかし、キャップがついたペットボトルには水が入っていない。それに気付き、次はペットボトルだけでいかだを作ることになる。

いかだ（2号）同様、ペットボトルをクラフトテープで貼り合わせる。「キャップのところもビニールテープつけたら水、入らへん」とアイディアが出る。作りながら、「こうやって寝ても乗れる。ベッドみたい」などと、期待も高まる。

いかだ（3号）が完成し、水に浮かべてみる。慎重に乗ってみると「やった、浮いた！」。「2人で乗ってみよう」「いかだの上で寝てみよう」と様々な乗り方をして楽しんだ。大成功に大満足だった。

## ❶子どもの思いを読み取り、受け止め、応える

「主体的・対話的で深い学び」とは、子ども自身が遊びを発展させることともいえる。そのために、保育者は「子どもは何をしたいのか」「何を必要としているのか」を読み取り、子どもの願いに応えていく、受容的、応答的な関わりが重要となる。

事例5の保育者は、遊びの展開の可能性を探りながら、子どもの思いを受け止め、ふさわしい素材や道具を探すなど、一緒に試行錯誤を繰り返している。またそれだけではなく、タイミングを見計らい、素材などの提案もしている。もちろん、その提案が採用されるか否かは子どもたち次第ではあるが、遊びの発展を支えている。

## ❷遊びの状況を伝えあい、広げて、つなぐ

事例5では、保育者は試行錯誤のようすをクラス全体の話し合いで取り上げたり、保育室に写真にコメントを付した**ドキュメンテーション（Documentation）**を掲示することで、クラス全体で共有できるようにしていた。こうした援助によって、ほかの子どもたちも、いかだ作りに関心をもち、アイディアを出しあうことによって、遊びが協同的に継続、発展していった。

遊びが発展していくためには、振り返り、見通しを立て、気づいたことやできたことを次に広げていくことが必要となる。友だちや保育者とのやりとりのなかで、自らの考えを広げ、気づきや工夫を次の体験に結びつけていく。一人ひとりの子どもがこれまで重ねてきた体験と、子どもたち一人ひとりの多様な体験が響きあい、新たな体験が生まれる。体験をつなぐ保育者の関わりが重要となる。

> **ドキュメンテーション（Documentation）**
> 一般的には「文書」のこと。保育においては「記録」を意味する。もとは、イタリアのレッジョ・エミリア市で、保護者に伝達するために作成された写真を効果的に用いた記録のことをさす。「子どもの学びを振り返る」ツールのひとつとして、日本の保育現場においても、その作成が広がりつつある。

## 🕐 学習のふりかえり

**1** 「学び」をどのようにとらえるかによって、保育のあり方も変わる。子どもは「自ら学ぶ存在」であり、その学びを支えるのが保育なのである。

**2** 子どもは、生活や遊びのなかで、心と身体を動かし、人や物と関わる体験を通して学ぶ。保育者の援助は、その学びの足場かけをすることである。

**3** 子どもは、興味・関心をもった環境に自ら関わる力をもって生まれてくる。その力を引き出す環境構成と学びを広げる環境の再構成が重要である。

**4** 「主体的・対話的で深い学び」を支えるためには、子どもの思いを読み取り、遊びの状況を共有しながら、体験をつなぐ援助が重要となる。

**参考文献：**
1. 佐伯胖『「学ぶ」ということの意味』岩波書店、1995年。
2. 大宮勇雄『保育の質を高める：21世紀の保育観・保育条件・専門性』ひとなる書房、2006年。
3. 遠藤利彦『赤ちゃんの発達とアタッチメント：乳児保育で大切にしたいこと』ひとなる書房、2017年。
4. 今井和子『遊びこそ豊かな学び：乳幼児期に育つ、感動する心と、考え・表現する力』ひとなる書房、2013年。
5. 高尾美咲「みあとまとプロジェクト『トマトジュース、買ってください！』」無藤隆編著『10の姿プラス5・実践解説書』ひかりのくに、2018年。
6. 加藤繁美『0歳～6歳　心の育ちと対話する保育の本』学研教育出版、2012年。
7. 高山静子『学びを支える保育環境づくり　幼稚園・保育園・認定こども園の環境構成』小学館、2017年。
8. 高山静子『環境構成の理論と実践　保育の専門性に基づいて』エイデル研究所、2014年。
9. あゆのこ保育園『秋田喜代美の写真で語る保育の環境づくり』秋田喜代美編監、ひかりのくに、2016年。
10. 松田清美「第3章　環境への興味とかかわり方の発達」『保育内容　環境　第3版』榎沢良彦・入江礼子、健帛社、2018年、32～42頁。
11. 鎌田大雅「いかだプロジェクト」無藤隆編著『10の姿プラス5・実践解説書』ひかりのくに、2018年、26～27頁。

12. Bowlby, J.(1969/1989) *Attachment and Loss; vol.1. Attachment.* New York: Basic Books.
13. Fantz, R.L.(1961) 'The origin of form perception', New York: *Scientific American*, Vol.204, pp.66-72.

# 子どもを
# 理解する視点

## 学習のポイント

　保育という営みにおいては、常にその中心に「子どもを理解する」ことがある。本章では、子どもの発達を見通しつつ、子どもをどのような視点で理解し、実践に生かしていくのかについて理解する。

①園での生活や遊びにおける子どもの姿をとらえる視点を理解する。

②人的環境としての保育者が、子どもの姿をふまえて援助していく。

③子ども同士の関わりや集団生活での経験について理解する。

④子どもが生活し育つための環境について理解する。

⑤園生活における葛藤や移行(環境の変化)について理解する。

# 子どもの生活や遊び

　子どもの理解は保育の中心であり、発達に必要な体験を得られるような環境の構成や関わりは、子どもの理解に基づいて行われる。生活や遊びのなかで、安心して過ごせているか、何に興味や関心をもち、感じたり考えたりしているのか、さまざまな経験を積み重ねるなかでどのような発達の過程にあるのかなどの視点をもつことが求められる。

## 1　子どもの生活

### （1）　安心・安定した生活

　保育所保育指針解説（以下、保育指針解説）には「保育所における日々の保育は、養護を基盤としながら、それと一体的に教育が展開されていく（第1章 総則　2 養護に関する基本的事項(1)養護の理念)」とある。健康や安全、快適さに十分な配慮がなされた環境で、保育者が子ども一人ひとりの心身の状態に応じて適切に関わることが、子どもが安心し安定して日々を過ごすことにつながる。

#### ❶生活リズム・生活の流れ
　保育所での子どもの生活は長時間にわたるとともに、親の就労などの状況によって園で過ごす時間の長さは一人ひとり異なる。また、登園・遊び・排泄・着替え・食事・睡眠・補食（おやつ）など1日のなかでさまざまな場面が存在する。特に、乳児・低年齢児については、一人ひとりの生活リズムや生理的な欲求を理解する視点をもち、食事や睡眠、排泄などが子どもにとって心地よく満たされるようにすることが大切である。また、どの年齢の子どもにとっても、生活における静（ゆったりとくつろいで過ごす）と動（したいことに没頭し心と身体を動かして遊

ぶ)のバランスへの配慮が求められる。

　保育者が１日の見通しをもったうえで保育を行うのはもちろんだが、子どもがその年齢なりに生活への見通しをもてるよう配慮することも必要である。日々の生活が安定した流れとなることで見通しがもて、安心して過ごすことができる。また、安定した生活の流れがあることで、幼児になると子ども自ら見通しをもち、主体的に生活を送る姿へとつながっていく。

　そして、見通しをもって生活できるような環境の工夫も求められる。園の環境によっては、遊び・着替え・食事・睡眠などをすべて同じ空間で行う場合もあると思われるが、場面に応じて環境の構成をする際に、子どもが無駄に長い時間待ったり動き回ったりしなくて済むよう、全体の動きや動線を考慮することも必要である。

### ❷一人ひとりの子どもの存在や気持ちを受け止める

　園生活のなかで子どもは、嬉しいことや楽しいこと、悲しいことや悔しいことなど、さまざまな思いや感情を経験する。自分の思いを表現できる子どももいれば、そうでない子どももいる。どのような思いでも自分の思いに気づき表現できるようになることは、情動の発達や人との関わりにおいて重要である。保育者からあたたかいまなざしをむけられ、さまざまな思いをていねいに受け止めてもらえることは、基本的信頼感[注1] の獲得へとつながる。保育者に思いを受け止めてもらうことが、人や環境と主体的に関わる土台となるのである。

### (2)　基本的生活習慣の形成

　生活習慣の獲得がはじまる１～２歳ごろは、運動機能が発達し身体的機能が少しずつ整ってくる時期であると同時に、自我が芽ばえ育つ時期とも重なっている。「お洋服、自分で着られたね」と保育者に認められて嬉しそうな姿や、自分でトイレに行けるようになった子どもが「おにいさんパンツなんだよ」と誇らしげな姿が見られるように、基本的な生活習慣の獲得は、自信をもつことや自立の第一歩を踏み出すことにつながっている。

　食事や着替え・排泄などの生活場面において、保育者は子ど

注1・・・・・・・・・・・・・・・・
　子どもが養育者との間に強い情緒的絆を形成するなかで、自分が他者から愛され、大切にされる存在であり、他者や世界は信頼に足るものだという感覚をもつこと。

もの自分でしたい・やりたいという気持ちを大切に受け止めながら、できないことを援助したりする。時には思うようにできず葛藤（かっとう）する姿や、おとなに甘える姿が見られることもある。そのような時は、子どもの試行錯誤や葛藤を、自分でやりたいという気持ちやできないことへの不安な気持ちの表れであるということを理解し、あたたかく受容し、見守ったり励ましたりすることが、子どもを支えることにつながる。自分でやろうとすることと、おとなに依存することのあいだを行き来しながら、基本的生活習慣が形成されるとともに自信が育っていくのである。

　また、ある程度自分の身のまわりのことができるようになる幼児については、生活に必要な習慣や態度を自然な生活の流れのなかで身に付けるなかで、生活の見通しをもち自ら行動できるようにすることが大切である。そのためには、保育者が子ども一人ひとりの生活習慣の獲得の状況を把握するとともに、子どもが生活習慣の必要性に気づいているかに目をむけ、個々の子どもの状態に応じた援助を行うことが必要である。

　さらに、ほかの子どもに関心をもったり子ども同士の関わりが生まれたりするようになると、ほかの子どもを意識したり模倣したりするなかで、生活習慣を獲得していく姿も見られるようになる。また、生活習慣のなかには、片付けなど仲間と共に気持ちよく生活するうえで必要なものもある。個々の様子に加え、子ども同士の関係性にも目をむけ、子どもたちが共に日々の生活のなかで必要な習慣を獲得し、見通しをもって気持ちよく共に生活できるようにする視点をもつことも大切である。

## 2　子どもの遊び

### (1)　遊びと保育

　遊びは子どもにとって重要なものであり、生活と遊びをとおして、さまざまな学びが積み重ねられていく。

　ただし、遊びの目的は遊ぶこと自体にあるといわれているように、子どもは楽しいから遊び、遊びたいから遊ぶということを念頭に置いておきたい。小川は遊びについて、ホイジンガの

定義に沿い、「①遊びは何かを獲得するために行うものではな
く、遊びそのものを楽しむために行うもの　②遊びは子どもが
自発的にはじめられるもので、主体的に進められ、展開される
もの　③外的に認められたりほめられたりすることで動機が高
まるものではなく、自分が楽しいからやるもの　④『おもしろ
い』『次はどうなるのだろう』という思いが次の行動の目あてを
生む」と述べている。

　遊びは子どもが自ら興味をもった人や物、事に自発的に関わ
るなかで生まれ、心や身体を思い切り動かし主体的に行うもの
としての活動である。「遊びを通して学ぶ」ということは、おと
なが何かを学ばせるための手段として遊びを用いることではな
い。また、子どもを放任して子どもの好きに遊ばせておけば、
子どもが勝手に学ぶということでもない。

　近年、海外では、乳幼児期の教育における遊びの重要性と、
遊びを充実させるための方法としての Guided play（ガイドされ
た遊び）が注目されている。おとながいっさい関わらず子どもが
自由に遊ぶ Free Play（自由遊び）と、おとなの指導に子どもが従
う Direct instruction（直接教示）の間に位置するのが Guided play
である。保育者が教育目的に沿って環境を用意すること、好奇
心や探究心を促すような遊びの目的を設定すること、子どもに
学んでほしいことを考えて遊具などを選択することの 3 つが
Guided play を成り立たせる要件としてあげられている。保育者
が意図をもって環境を構成することで、自由遊びの楽しさやお
もしろさ、柔軟さがありつつも、保育者が教育の意図をもち環
境を整え援助していくことの両方の要素をもつことで、子ども
の発達が促されるといわれている。

　日本の保育では伝統的に「遊びを通した保育」が行われ、遊
びをとおして学ぶことが大切とされている。保育者が意図的に
構成した環境と関わり没頭して遊ぶ過程で、一人ひとりの子ど
もの中に「こうしたい」「これはどうなるのだろう」という課題
が生まれ、探究や挑戦が起きる。自発的で主体的な遊びの結果
として、成長発達へとつながる。

## (2)　遊びのなかでの経験・学びをとらえる

　遊びのなかで子どもは、周囲のさまざまな環境に直接関わり

具体的な体験をしながらさまざまなことを感じ、考え、気づき、工夫し、学ぶ。乳幼児期だからこそ出会えるもの、出会えること、感じられることがあることをふまえ、一人ひとりの経験を理解しようとすることが大切である。

---

**事例1**

　ある雨の日の夕方、3歳児のユキがガラスの戸を開けてテラスに出ていった。ユキは降ってくる雨、雨どいに流れる水、天井から垂れてくる水を、目をまあるくしてじっと見ている。そこに同じクラスのフミがきて「どうしたの？　おかあさんまってるの？」とユキに声をかけた。ユキが「ううん。雨みてんの」と答えると、フミも雨を見つめ「いっぱいふってるねえ。雨の音がするねえ」と言った。ユキが手を伸ばして手のひらで雨を受け止めると、フミも手を伸ばして手のひらに雨を受け、二人で顔を見合わせて笑った。

---

　雨が地面に打ち付けるようすに加え、地面に水たまりができていくようす、雨どいに溜まって流れていく水のようす、天井から大粒の水が垂れてくるようすなど、ユキは、雨がその姿をさまざまに変えることや音が生まれてくることに不思議さを感じ、ふれてみたいと手を伸ばしたのだろう。目で見ること、音を聞くこと、雨にふれることなど、さまざまな身体の感覚をくぐりユキは雨を経験している。環境に直接関わり五感で感じることをとおして、子どもの心は動き、対象への興味関心を深めていく。

　子どもの心が動く体験は、鬼ごっこなどの動的な活動だけでなく、事例1のような静的な活動のなかにもある。子どもは遊びや活動のなかで、思い切り身体を動かしたり笑ったりすることもあれば、何かをじっと見つめたり耳を傾けたり、同じことをじっくりと繰り返し続けたりすることもある。

　遊びや活動における子どもの心の動きは、言葉や身体の動きに加え、視線や表情、指や手の動き、雰囲気、物、友だちや仲間との関わりなどにも表れる。目の前にいる子どもに心をむけ、幼児の言動や表情などから、その子の心の動きや、育とうとす

る姿などを受け止め、理解しようとすることが大切である。

> **事例2**
>
> 　5歳児のリョウタとタケシは誰もいない砂場で、勢いよく穴を掘りはじめた。掘っていくうちに穴は中に入らないとこれ以上掘ることができないほど深くなっていった。先に穴に入ったリョウタが興奮して「どんどんどんどん掘っていったらさ、地球の真ん中にいってさ」というと、タケシも興奮して「えー！　地球の真ん中!?」と言った。さらに掘り進めていくうちに、穴の深さが子どもたちのお腹のあたりになると「（身体が）入っちゃった」「こんなに深いの、みんなびっくりするね」「ヤマダ先生もびっくりするんじゃない？」「ねえこの穴、ヤマダ先生を落とす落とし穴にしようよ」「じゃあ、もっと掘ろうぜ」と顔を見あわせながら話をしている。

　リョウタとタケシの穴の深さに対する実感は、上から穴を見下ろした時と穴の中に入った時とでは異なっている。上から見下ろした時以上に穴の中に入った時のほうが、自分の身体と比べたことによって深さに実感がともなっている。子どもがとらえた深さは、ものさしで測った時の客観的な深さとは異なり主観的な深さである。しかし、子どもたちは自分の感覚として実感したからこそ、新たに落とし穴にするという遊びの目標を見い出すことができたのだろう。

　遊びのなかで、子どもはさまざまな物に興味関心をもち、直接的に関わり試したり比べたりするなかで、物の性質や物事の仕組みに気づいたり、多さ・重さ・大きさ・長さ・深さなどの数量の感覚を得ていく。ヴィゴツキー（Vygotsky, L.S.）は、子どもがさまざまな事物に直接関わることによって学びが繰り返されると、子どものなかで論理的な関係を定義するようになり、個人的・感覚的な概念である「生活的概念」が発達していくと述べている。この「生活的概念」に対し、学校教育のなかで言語化して教育される概念は「科学的概念」と呼ばれ、一般的・抽象的・科学的な概念である。子どもの概念の発達は、「生活的

概念」から「科学的概念」へと一方向に発達していくのではなく、相互に関連をもちながら発達していくこと、つまり、具体的な経験を通して「生活的概念」が十分に発達していることが、「科学的概念」の修得において重要であることを指摘している。

また、事例2では穴を掘っていくうちに、地球の裏側まで行けるのではないかというイメージが生まれている。それをことばで仲間に伝えることでイメージが共有され、掘る楽しさが増すことでもっと掘りたいという思いになっている。また、掘るなかで自分の身体が半分くらい入るところから、「落とし穴」という新しいイメージが生まれている。仲間と一緒にすることのおもしろさと、仲間にこうしたいという思いを伝えようとしている。

子どもたちは遊びをとおして具体的にさまざまな物・事に関わり、経験を積み重ねさまざまなことを学ぶ。保育所保育指針（以下、保育指針）の「育みたい資質・能力」[注2] の観点からみると、物にふれたり使ったりするなかで物の性質や使い方を知ったり、大きさや深さ、重さなどの感覚を実感したりする（知識及び技能の基礎）。そして、発見したり気づいたことを生かして工夫したり試したりするなかで（思考力、判断力、表現力の基礎）、より遊びを楽しいもの、おもしろいものにしようとしたり、そのために粘り強く取り組んだり、仲間とおもしろさを共有したりする（学びに向かう力、人間性等）というように、知識や思考といった知的な側面と社会情動的な側面が絡みあって育っていくのである。

遊びのなかの学びをとらえる時、子どもが環境と深く関わり、繰り返しのなかでその環境を味わいながら感じたり、課題を見い出して工夫や試行錯誤をしたりする姿を保育者はとらえ、そこから次の経験や育ちを見通して保育の計画や環境の構成に生かすことが大切である。

注2・・・・・・・・・・・・・・・
子どもが周囲の世界と関わり学んでいくために必要な思考力や意欲、社会情動的スキルなどの能力。これからの社会を生きるうえで必要な力であり、保育指針等にも保育所の生活の中で育むものとして位置づけられた。

# 保育の人的環境としての保育者と子どもの発達

　保育者は子どもとさまざまな環境とをつなぎ、関わりを支える役割をもつ。子どもと共に生活をしながら、受容的、応答的に関わることが、子どもの発達を支えていく。

### 事例3

　4月ある晴れた日。0歳児のカズトはヤマザキ先生に、サトミはアイダ先生に抱かれてベランダに出た。カズトとサトミは日差しのまぶしさに目を細める。カズトはじっと庭で遊ぶ幼児クラスの子どもたちを見たり、風が吹くと目をつむり保育者の肩に顔を埋めたりしている。カズトは保育者に抱かれ、あたたかい日差しに気持ちがよいのか心地よく眠たそうな表情をしている。

　この事例3での子どもと保育者の関わりは、保育所保育指針の乳児保育の3つの視点[注3] からみると、保育者に心身ともに受け止められながら安心してゆったりと過ごす（健やかにのびのびと育つ）や、光や風といった自然にふれ、そのまぶしさや心地よさを感じる（身近なものとかかわり感性が育つ）、そしてその光や風にふれて感じたことを保育者に受け止められる（身近な人と気持ちが通じ合う）のようにとらえることができる。

　保育者が、愛情豊かに生理的・心理的欲求を受け止め、それらを満たすことで子どもは安心する。そして、安心感のなかで、さまざまな物事に興味関心をもち関わる。また、それを保育者が受け止め応答することにより、子どもの興味関心は広がりさまざまな経験につながる。

### 事例4

　5歳児クラスのユリカ、タイガ、マナミ、エリカ、ユ

注3・・・・・・・・・・・・・・・
　保育指針には「乳児（0歳児）」と「1歳以上3歳未満児」の保育に関わるねらいと内容が記載されている。
　第2章第1項「乳児保育に関わるねらい及び内容」では、身体的発達に関する視点として「健やかに伸び伸びと育つ（健康な心と身体を育て、自ら健康で安全な生活をつくり出す力の基盤を培う）、社会的な発達に関する視点として「身近な人と気持ちが通じあう（受容的・応答的な関わりの下で何かを伝えようとする意欲や身近な大人との信頼関係を育て、人と関わる力の基盤を培う）、精神的発達に関する視点として「身近なものと関わり感性が育つ（身近な環境に興味や好奇心を持って関わり、感じたことや考えたこと表現する力の基盤を培う）、の3つが示されている。

ウキは「おんがくかいごっこ」の練習をするために、カスタネットやタンバリンなどの楽器を運んできて保育室の中に置いた。子どもたちはそれぞれ好きな場所に楽器を運び、そこで一人ひとりが自分の思うように練習をしはじめた。そこに保育者がやってきて「音楽会の練習してるの?」と尋ね、ユリカたちは「うん。練習してる」と答えた。すると、保育者は「ねえねえ、音楽会の時もそんな風にいろんな場所でやるの? お客さんはどこでどうやってみるのかなあ? ちょっとみんなで考えて練習してみたら?」とユリカたちに言い、ほかの場所に行った。

子どもたちは少しのあいだ考えていたが、ユウキが「まえに（楽器を）ならべる?」と子どもたちに提案すると、ほかの子どもたちは保育室の前のほうに楽器を移動させた。するとエリカが「いすを持ってこよう」と言い、子どもたちは椅子を運んできて楽器が置いてあるほうにむけて並べはじめた。いすが3列ほど並ぶと、マナミがいすの前後の間隔を空けはじめた。それを見てエリカが「いっぱいならべられなくなるよ」と言うと「だっておきゃくさんがとおれないから」とマナミが答えた。エリカは「あっ、そうだね」と言うと、マナミと一緒にいすの前後を空けはじめた。

準備が終わり、練習をはじめることになった。子どもたちは「すずはこうやってするといいんだよ」「おきゃくさんのまわりをまわってやったらいいかもしれない」と相談をしたり、楽器の練習をしたりしはじめた。

子どもたちは最初、音楽会ごっこのために楽器の練習をしていた。しかし、保育者が「お客さんは?」ということばをかけたことで、子どもたちの視点は自分たちが楽器の練習をすることから、お客さんの視点で音楽会ごっこの練習や準備をするという方向に向かっている。

保育者は、子どもの遊びや生活のなかで考えたり友だちと考えを共有したりするなど、子どもたちの遊びがより楽しくなる

よう、また発達に必要な経験ができるように援助を行う。保育者は、遊びに積極的に入ってモデルになったり気づけるように援助するのか、子どもたちが自分たちで遊びを進めるようすを見守るのかを、遊びの状況や子どもの発達をふまえて判断する。

# 第3節 子ども相互の関わりと関係づくり

　保育所には、仲間と一緒に遊んだり生活するからこそ味わえる楽しさや喜びがあり、時には思いや考えが伝わらなかったりすれ違ったりといった怒りや葛藤もある。子ども同士は関わりさまざまな感情を味わったり仲間と経験を共にしたりしながら関係をつくっていく。

> **事例5**
>
> 　2歳児クラスのタクマは公園の地面に落ちていた虫に興味をもっていたが、近づいて直接触ることができずにいた。タクマは保育者に「せんせい、むしとって」と言った。保育者は「虫、触りたいの？」とタクマに言ってから、近くで虫を探していたリョウに「リョウくん、虫みつけた？」と尋ねた。リョウは「いないー」と答える。保育者は「そうしたらリョウくん、虫捕るの手伝ってくれる？　タクマくんが虫を捕りたいんだけどちょっとこわいんだって」とリョウに頼んだ。リョウは「うん！　いいよー！」と言い、虫を手でつかんで保育者が渡した葉っぱにひょいと乗せ、タクマに差し出した。タクマは差し出された葉っぱの反対側を持ち、嬉しそうにじっと虫を見ている。

　虫に興味をもちつつも、恐くて近づくことができないタクマだったが、リョウが葉の上に虫を乗せてくれたことによって、虫をより近くで見ることができるとともに、葉を間に挟んでで

はあるが虫を持つことができた。タクマにとって虫と少し近づいた時間だったのではないだろうか。また、タクマが保育者に虫を捕るように頼んだ時、保育者がリョウとタクマとの関係をつなぎ、一緒に虫を見ることを楽しめるようにしている。

　ヴィゴツキーは人がひとりでできる領域と、おとなや自分より少しできる仲間と一緒に行うことでできる領域があり、その2つの領域のあいだの差異である「発達の最近接領域」[注5] にはたらきかけることで、子どもは発達すると考えた。子どもたちは、仲間と一緒にさまざまな物事に出会うなかで、仲間と一緒だからこそ感じられることができることを経験し、さまざまなことを取り込み、世界を広げていく。

注5・・・・・・・・・・・・・・・
　第3章56頁参照。

## 第4節 集団における経験と育ち

　保育所などでは集団での保育が行われている。集団といっても、保育所などの集団は数人の小さなグループからクラス集団まで多様であり、発達段階や活動などに応じて形成される。0・1・2歳児では物理的な空間に関係なく比較的少人数のグループが構成されており、個々の子ども同士の仲間関係のなかで行動することが多い。一方、3歳以上児では状況や活動に応じて、少人数の仲間関係やグループで活動することもあれば20～30人くらいのクラス集団で行動することもある。

　個々の子どもの関係が結び付きながら、わたし・あなたとわたし・わたしたち（みんなのなかのわたし）というように、年齢が上がるに従って個と集団の関係に幅が出てくる。みんなで一緒にするからこそできることや感じられる喜びや楽しさがある。また、いろんな考えや思いのなかで時にぶつかったり葛藤したりするなかで、どのように自分の思いを人に伝えたらよいのかを考えたり時には我慢したりと難しさを感じることもある。人との関わりのなかで多様な経験を積み重ねながら、さまざまな人と共に生きるということに気づいていく。

**事例6**

　2歳児のちえがフォークを持った手をかざして、隣のたつやとすすむを交互に見て「こうだよねー」と言った。たつやとすすむは、フォークを持っている手を上げて「こうだよねー」と答える。フォークの端を親指と人指し指の間に乗せて、箸を持つような格好で持っている。日頃先生たちが子どもたちに教えている持ち方である。ちえ、たつや、すすむが「こうだよねー」と視線を交わして確認し合う。ともこは5本の指でフォークを握り「こうだよねー」と言うが、誰も間違いを指摘しない。一方、あいが箸の持ち方（正しい持ち方）でフォークの一番端をもって「こうだよねー」とみんなに見せると、なおが「ちがうよ。それじゃなんにももてないんだよ」と言った。あいは、真顔でなおを見返すが、なおはそのまま食事を続ける。

出典：淀川裕美「2〜3歳児における保育集団での対話の発達的変化『フォーマット』の二重構造と模倣／非模倣の変化に着目して」『乳幼児教育学研究』第19号、日本乳幼児教育学会、2010年、95〜107頁。

　子どもの発達や経験は、個々の経験だけでなく、仲間や集団での経験により促される側面も大きい。事例6の子どもたちは、フォークの持ち方を確認することをとおして、仲間同士のつながりを楽しんでいるようにも見える。また、自分のフォークの持ち方が気になったり、他児のフォークの持ち方を気にかけたりするのは、毎日食事を共にするなかで、仲間と一緒に道具の使い方を知る経験をしてきたからではないだろうか。

　子どもは仲間との関わり合いを通じて、仲間と一緒に生活することに喜びを感じるようになったり、仲間と一緒だからこそ活動への意欲をもったりさまざまなことができるようになったりする。一方で、年齢が上がるに従って自分と友だちを比べるようになる子どもや、大きな集団での活動が苦手だと感じる子どもも出てくる。保育者は一人ひとりの個が集まっての集団であることを意識し、誰かと誰かを比べるのではなく一人ひとりを認めるとともに、仲間と共に生活や活動をすることが楽しいと思えるように、子ども同士をつないでいく。

　　5歳児の子どもたちは数日ぶりにいつも遊んでいる公園の広場に出かけた。広場で遊びはじめようとすると、お気に入りの切り株が消えていることに気づき「あっちを探してみよう」「そっちは？」などと、広場を探しはじめた。どこにも切り株が見つからず困っていると、ユタカが「ねえ、おじさん(公園の管理事務所)のところに行こう！　おじさんにきいてみようよ！」提案し、管理事務所に行くことになった。

　　公園の管理事務所に着くと、職員の人に「こんにちは。どんぐりひろばにあった木はどこにいってしまったんですか？」「ぼくたちがいつも遊んでいる木が消えちゃった」と尋ねた。保育者が詳しい事情を説明すると「腐ったりしてたから切ったのかもしれないねー」と答えてくれた。子どもたちは「切っちゃったの？」としょんぼりしている。管理事務所から戻ろうとすると、ウッドチップが積んである場所を見つけた。それを見て子どもたちは「あれになったんじゃないの！？」「あんなに小さくなっちゃったのかな」と言ったり、道に敷いてあるウッドチップを見て「これかなあ」と言ったりしている。

　同じ場で一緒に過ごす時間や経験を積み重ね、仲間と一緒に遊ぶことや生活することの心地よさや楽しさ、喜びを感じたりするなかで、子どもたちは仲間や集団を意識するようになっていく。事例7の子どもたちにとって、なくなってしまった木は以前から毎日のように遊んできた木であり、みんなにとって共通の大事な場所であり物となっている。その思いがあるからこそ、消えた木を協力して探したり、以前行ったことのある管理事務所で聞いてみようと思ったりしたのだろう。

　仲間と共に過ごすことの心地よさや喜びは、集団での生活のなかで、仲間と認めあう経験や、仲間の中で自己発揮や自己表現をする経験、仲間と共に遊びを充実させていく経験などを積み重ねる過程で育っていく。その心地よさや喜びがあるからこそ、仲間への意識や集団意識、帰属意識、みんなで過ごすため

のルールを守ろうという意識が育つ。

# 葛藤やつまずき

　子どもたちは、仲間との生活や、遊びや生活における新しい物事への出会いや挑戦をとおして、相手の気持ちを受容する、葛藤する、自分とむきあう、折り合いをつける、我慢するといった経験をする。そのような経験を積み重ねるなかで、自分の思いを表現する（自己表現）、自分の思いを抑える（**自己抑制**）など、**自己調整**する力を発達させていく。そういった力は学びにむかう力へとつながっていく。

> **自己抑制**
> 「自己調整」のうち、状況に応じて自分の欲求や行動を抑制したり静止したりすることを自己抑制という。

---

**事例 8**

　4歳児のユウタは一人でタイヤを持ちあげようとしていた。3段目までは重ねられたが、それ以上高く積むことができず困っているとコウスケが通りかかった。ユウタは「タイヤ1つのせるのてつだって」と言った。コウスケは「のせる」の部分が聞こえなかったようで「タイヤ1つどうするの？」と聞き直したが、ユウタからは「うん」と言っただけだった。タイヤを下ろすと思ったコウスケが、3段目のタイヤを引きずり下ろすと、ユウタが「なんでタイヤとるんだよ！　やめろよ！　ふざけんな！」と怒って言う。コウスケは「ふざけんな！って言わないでよ！」と怒る。

　保育者が気づいて近づいてくると、コウスケは「ユウタくんがふざけんなっていった！　ふざけんなっていってほしくない」と言う。ユウタはそれを聞いて「なんでとるんだよ！」と近くのタイヤを泣きながら蹴りはじめた。保育者が「ユウタくんはどうしたかったの？」とユウタに尋ねると「タイヤ乗せたかった」と答える。保育者は「タイヤ乗せて4段にしたかったの？」と言うとユウタは「うん」と言う。保育者が

> **自己調整**
> 人は自己の欲求や感情をすべてそのままに表出するのではなく、状況などによってとどめたり、適切な方法や表現により表出したりする。そのように欲求や行動を調整し、相手や状況に応じた適切な行動をするのが自己調整である。

「ちゃんと言えたね。そうやって言えたらいいね。言えると仲良く遊べるんじゃないかな」と言いその場を去ると、ユウタは「ラーメン屋つくる」と言い、コウスケと2人でタイヤを持ち積みあげた。

　自分だけでは実現できないこと、友だちと一緒だからできることが保育所などでの生活や遊びのなかにはたくさんある。お互いに思いを伝えあい、相手の思いを理解しあうことが必要になる。相手にわかるように伝えるとか、相手の思いを理解しようとする、相手の視点でとらえることができるようになっていく過程では、事例のように相手に思いが伝わらない、相手の思いが理解できない、相手とすれ違ってしまうなどによる葛藤を経験することも少なくない。葛藤を経験することやそれを保育者に支えてもらうことをとおして、子どもは自分や仲間の思いに気づき、自己調整ができるようになっていく。

　また、葛藤は対人関係のなかだけでなく、自分のしたいことを実現していく過程で、やりたいことが自分の思ったとおりになかなかうまくいかない、できないといったことのなかでも起きる。がんばっても自分なりに考えてもなかなかうまくいかないといった状況においても、投げ出したい思いとやりぬきたい思いのあいだで揺れ動くことは多い。できない理由がどこにあるのか（機会なのか、技術の問題なのか、仲間や集団との関係なのかなど）という視点で子どもをとらえながら、子どもが自分とむきあい、葛藤や困難を越え、自信をもつことや達成感を味わうことができるようにすることが大切である。

## 第6節 保育の環境の理解と構成

　保育は「環境を通して」行われる。保育における環境とは、子どもが園生活で関わるすべての人・物・事のことである。子どもは生活や遊びにおいて環境に主体的に関わり、さまざまな

経験をすることにより発達し育ってゆく。保育の環境は、保育者が興味関心や経験など子どもの姿を理解したうえで、子どもの育ちや経験へのねがいや保育の計画に位置づけられた子どもの発達する姿などをふまえて意図的かつ計画的に構成するものである。子どもは保育者が構成した環境に興味関心をもって関わることにより、豊かな経験を積み重ねるのである。そのため、保育者は自分の園やクラスの保育環境についての理解を深め、子どもが自分から興味をもち主体的に関わることができるような保育環境を考え、構成することが重要になる。

　ギブソン（Gibson, J.J.）は、情報が環境の中に存在しており、人間がその情報を環境の中から得て行動していると指摘している（**アフォーダンス理論**）。このアフォーダンス理論をふまえると、環境は子どもが関わるものというだけにとどまらず、環境が子どもにはたらきかけているといえるだろう。保育環境が子どもに発している情報としては、物がもつ情報（物が子どもに対して発しているメッセージ）と、保育者が物に込める情報（物の選択や配置などにより保育者が物を介して子どもに発するメッセージ）がある。

　保育の環境には、人的環境（保育者や仲間などの人）・物的環境（園舎や保育室、机・椅子などの園具、砂場・すべり台・ボールなどの遊具、クレヨン・ハサミなどの道具、画用紙・折り紙などの素材、人形・ままごと道具、絵本・紙芝居などの児童文化財や楽器など）・自然環境（植物、虫や動物などの生き物、光・風・季節など）、社会的環境（情報、行事など）などがある。環境を構成するためには、まずどのような環境が園や保育室の中にあるのか、またそれぞれがどのような特徴や種類、性質をもつのかについて把握することが必要になる。例えば、園舎などは園に安定的にあるものであり変えることはむずかしい。また、ピアノや棚など、子どもの生活や動線などをふまえて配置を変えることが可能だが、子どもが安心して落ち着いて過ごすためには、安定的に設置しておいたほうがいいものもある。一方で、動かすことができる遊具や道具などは、子どもの興味関心や発達、時期や季節に応じて種類や置き方を変えることが必要になる。色や形、感触や質感、数、量、大きさ、重さ、高さ、長さ、広さなどの特徴を考慮するのはもちろんのこと、環境同士の組み合わせ方や置き方、子どもの動線や目線なども考えることが

**アフォーダンス**
私たちが環境をとらえる時に、行動を促進したり制御させたりするような特徴を読み取っている。環境がもつそのような性質をアフォーダンスという（ギブソン、1985）。第1章17頁参照。

必要になる。さらに、光や音、時間や生活の流れなど、子ども
の生活のしやすさや心地よさなどについても考えたい。

　そして、保育環境を構成する際には、子どもたちの発達や経
験についての視点をもつことが大切である。柴崎(1997)は、環
境を構成するうえで①発達(子どもの年齢・発達に沿って)　②
生活リズム(1日における活動する時と休む時、遊びと生活を考
慮する)　③活動リズム(盛りあがる時と収束する時を考慮す
る)　④人数(人数が多い時と少ない時で空間の広さや遊具の数
を再構成する)　⑤友だち関係(特定の関係を大切にする時と友
達関係をつなぐ場合で空間を構成する)を意識することが必要
である、と指摘している。

　また、秋田ら(2011)は子どもの経験から保育環境の質をとら
えることが重要であることを指摘している。そして、保育環境
をとらえる視点として「安心感・居場所感を保証する環境(身体
が休まる・1人や仲間内だけでいられる・大事に見守られてい
る感覚がある・私、私たちの場の感覚がある　など)」と「夢中
や没頭を保証する環境(関わりたくなる・利用しやすい・続けた
くなる・足跡がある　など)」をあげている。子どもが直接関わ
る環境だからこそ、保育者は、子どもの経験にとってどのよう
な意味をもつのかを考えながら構成し、環境に関わる子どもの
姿をとらえながら環境を再構成することが重要である。

# 環境の変化や移行

第7節

　前節で述べたように、保育における環境は子どもの発達に
とって重要なものである。その点で、環境が変わるということ
は、子どもにとってある環境から別の環境へと物理的にだけで
なく、心理的にも移行することが求められる。

## (1)　環境移行

　家庭から保育所・幼稚園等への入園、地域型保育(小規模保育

等)から保育所・幼稚園への入園、進級、保育所・幼稚園から小学校への入学、家族が増えることなどは、子どもにとって節目であり大きな変化である。人生の節目となる環境の変化（環境移行）は、子どもに不安や混乱をもたらす可能性がある一方で、新たな成長や世界が広がる機会でもある。

> **事例9**
>
> 　園に入園して3日目の朝、母親が帰った後、リカは大きな声で泣いていた。うさぎのお面をつけた保育者が「リカちゃん、お砂場で楽しいことしよう」と誘うと、リカは泣きながら保育者の手を握った。大きな声で泣きながらも、ゆっくり砂場にむかって歩く保育者の手をぎゅっと握りながら歩いていく。
>
> 　砂場につくと保育者だけが砂場に入り、バケツに砂を入れてから少し水を入れてかきまぜて見せて「あ、おすなみて！」と言った。リカは一瞬泣きやみ、水と砂が混ざって行くようすをじっと見ている。砂と水が全部混ざると、リカは思い出したように泣きはじめた。

　家庭で過ごしていた子どもが園に入園して間もなくは、園の意味がまだわからず不安になる子どもも多い。事例9の保育者は、うさぎのお面をつけたり砂場に誘ったりと、園が楽しい場所であることを伝えたり、保育者が園での心の拠り所となるように接したりしている。リカが砂と水が混ざっているのを見ているときに泣きやんでいた。リカにとって砂と水が混ざることが何かしら心を惹かれるものであったのだろう。また、事例9の園では登園するとスモックに着替えることになっているが、入園してしばらくは制服のまま遊ぶことになっており、生活のなかでしなくてはいけないことを少し減らしている。

　これまでとは違う場所に来る不安を抱えたり戸惑ったりしながらも、少しずつ心惹かれるものと出会い、保育者を心の拠り所としながら、園生活という新しい生活がはじまっていく。環境移行における不安が少しでも和らぎ、新しい生活の楽しさや喜びへとつながっていくよう、保育者があたたかく子どもの心に寄り添っていくことが大切である。

## （2） 生活における場面間の移行

　子どもたちが経験する環境の変化や移行は、子どもにとって節目となるようなものだけではない。1日の生活のなかにも、家庭と保育所とのあいだを移行する登園・降園や、活動から活動の移行である片付け場面など、小さな環境の変化や移行もある。

　園生活での移行は、多くの場合おとなが計画した流れのなかで起きる。子どもの生活リズムや集団生活の流れを意識したうえでデイリープログラムや保育の計画がつくられていても、子どもにはその日その時の思いやタイミングがある。そのため、例えば片付ける時間だと理解していてももっと遊びたいから片付けたくないなど、子どもの思いが生活の流れと沿わず、子どもの中で小さな葛藤が時に起きることもある。

---

**事例 10**

　4歳児のアミとカイは砂場でまだ遊びたいのか、ほとんどの子どもたちが保育室に入ってもまだ砂場で遊んでいる。保育室からは「お話はじめるよー」という保育者の呼びかけが聞こえる。カイは「やだー」と言うと、持っていたシャベルを置いて、保育室に戻っていった。アミはカイが走っていくのを見てから砂場全体をちらっと見て、少し考えるような表情をした。そして、アミは砂場に残っていた道具から、自分が使っていたシャベルを探し出し、遊びのなかで掘った小さな穴をそっと埋めはじめた。何度か砂を穴の中に入れ、穴が砂で埋まると、アミは最後にシャベルの背で埋めたところをとんとんとんと3回叩いた。アミは立ち上がると、シャベルを道具箱の中に入れ、保育室に向かっていった。

---

　保育所では、遊びから食事、食事から午睡など、1日の生活のなかで何度か片付けの場面がある。片付け場面は、生活における移行場面のうち、最も子どもの葛藤が起きやすい場面だろう。事例のように、まだ遊びたいけれど遊びを中断して部屋に戻らなくてはいけない、物をもとに戻さなくてはいけないなど

の葛藤が起きることもある。

　事例10のアミは、保育者の声でクラスの仲間がすでに違う活動をはじめようとしていることに気づきながらも、まだ自分の遊びを終えたくない気持ちでいる。しかし、一緒に遊んでいたカイが部屋に入ってしまうとアミは遊びを続けるのをやめている。この園では砂場での片付けの際に掘ったら埋めるというようなルールはない。それでもアミが自分が使っていたシャベルで砂を穴に埋め、最後に埋めたところを3回叩いたようすからは、アミが自分なりに気持ちに区切りをつけ、切り替えようとしていたことがうかがえる。

　環境の移行や変化は、卒園から入学などの環境移行、生活の場面から場面への移行と変化が大きなものから小さなものまであるが、子どもが見通しをもち安心して、自ら次の環境へとむかうことができるように支えていくようにしたい。

## 🕐 学習のふりかえり

**1** 子どもを理解する視点には主に、発達をとらえる視点と、子どもの思いや経験をとらえる視点があり、その両方をふまえることが大切である。

**2** 子どもは生活や遊びのなかで多様な経験をして、そこから多くのことを学ぶ。生活や遊びをとおした子どもの経験をとらえる視点をもつことが必要である。

**3** 園生活では、仲間同士や集団などでの経験をとおして、子ども相互の関わりや協同が育っていく。

**4** 保育において環境は、子どもが育つうえでの重要なものである。子どもは多様な環境と関わるとともに、環境と環境の間を移行しながら育っていく。

**参考文献：**

1. 文部科学省『幼稚園教育指導資料第3集　幼児理解と評価　平成22年7月改訂』ぎょうせい、2010年。
2. 新 保育士養成講座編纂委員会編『新 保育士養成講座　保育の心理学』第6巻、全国社会福祉協議会、2011年。
3. 秋田喜代美『知をそだてる保育－遊びでそだつ子どものかしこさ』ひかりのくに、2000年。
4. J. ホイジンガ、高橋英夫訳『ホモ・ルーデンス』中央公論社、1973年。
5. 小川博久『「遊び」の探究－大人は子どもの遊びにどうかかわりうるか』スペース新社保育研究室編、生活ジャーナル、2001年、46頁。
6. 小川博久『遊び保育論』萌文書林、2010年。
7. L.S. ヴィゴツキー 、紫田義松訳『思考と言語』新読書社、2001年。
8. 津守真『子どもの世界をどうみるか 行為とその意味』NHK出版、1987年。
9. 鯨岡峻・鯨岡和子『よくわかる保育心理学』ミネルヴァ書房、2004年。
10. 鯨岡峻『ひとがひとをわかるということ－間主観性と相互主体性』ミネルヴァ書房、2006年。
11. 鯨岡峻『保育・主体として育てる営み』ミネルヴァ書房、2010年。
12. N. ノディングス、立山善康ら訳『ケアリング 倫理と道徳の教育－女性の観点から』晃洋書房、1997年。
13. 高山静子『環境構成の理論と実践』エイデル研究所、2014年。
14. 高山静子『学びを支える保育環境づくり：幼稚園・保育園・認定こども園の環境構成』小学館、2017年。
15. 柴崎正行『子どもが生き生きする保育環境の構成』小学館、1997年。
16. 秋田喜代美・小田豊・芦田宏・鈴木正敏・門田理世・野口貴子・箕輪潤子・淀川裕美『子どもの経験から振り返る保育プロセス－明日のより良い保育のために実践事例集』財団法人こども未来財団「保育プロセスの質」研究プロジェクト、2011年。
17. 丸山愛子「対人葛藤場面における幼児の社会的認知と社会的問題解決方略に関する発達的研究」『教育心理学研究』日本教育心理学会、第47巻4号、1999年、451～461頁。
18. 砂上史子・秋田喜代美・増田時枝・箕輪潤子・中坪史典・安見克夫「幼稚園の片付けにおける実践知：戸外と室内の片付け場面に対する語りの比較」『発達心理学研究』日本発達心理学会、第23巻第3号、2012年、252～263頁。
19. 箕輪潤子・秋田喜代美・安見克夫・増田時枝・中坪史典・砂上史子「時間に制約のある片付け場面における保育者の援助と意図」『保育学研究』日本保育学会、第55巻第1号、2017年、6～18頁。
20. Weisberg, D., Hirsh-Pasek, K., Golinkoff, R.（2013）'GuidedPlay; Where curricular goals meet a Playful Pedagogy', *Mind, Brainand Education*, Vol.7, Issue 2, pp.104-112.

第 5 章

# 子どもを
# 理解する方法

学習のポイント

　保育は、子どもの姿から指導計画を作成し、計画に基づいて実践を行い、保育後には計画に基づいた実践を振り返り、自己評価を行う。そして、省察・評価のなかで浮かびあがってきた改善点を次の指導計画に反映させるという循環的な過程を繰り返すことでよりよい保育へとつなげていく。その循環的な過程の常に中心にあるのが、子どもを理解することである。本章では、子どもの理解のための多様な方法、あり方について考える。

# 観察

## 1 保育における観察の意味

　子どもを観察することは、子どもを視界に入れているという意味ではない。子どもを観察する、見るということは、子どもの行為や表情をよく見る・子どもの声に耳を傾ける・雰囲気や感情などを感じ取るなどをとおして、その子の実態や心情を読み取ることである。

　保育における観察の意味は、子どもの実態の把握と心情の受容にある。観察をとおして読み取った一人ひとりやクラスの子どもの実態をふまえて子どもたちへの援助や保育環境の構成などを行うことが、子どもの発達に必要な経験や育ちにつながる。

　子どもの実態を把握するために観察することは、健康状態や安全、発達や成長、子どもの興味・関心、試行錯誤や工夫する様子など多岐にわたる。

　まず、健康状態や安全の把握のための観察については、子どもが保育所で生活するうえで欠かすことができないものである。保育所保育指針解説（以下、保育指針解説）には次のように記載されている。

---

保育所保育指針解説　第 2 章　保育の内容
1　乳児保育に関わるねらい及び内容
⑶　保育の実施に関わる配慮事項

（前略）
　一人一人の発育及び発達の状態、通常の健康状態をよく把握した上で、常に心身の状態を細かく観察し、疾病や異常は早く発見し、速やかに適切な対応を行うことが必要である。観察に当たっては、機嫌・顔色・皮膚の状態・体温・泣き声・全身症状など様々な視点から、複数の職員の目で

---

行うことも大切である。

子どもの心身の状態を、登園時の視診や保護者との情報共有等で把握することに加え、1日の生活の中での表情や動きの様子に目を配り、少しでも気になることがあれば他の保育者と共有し確認していくことが必要である。また、遊びや活動・園外保育時の身体の動かし方、物の使い方などの様子（危険の予測と安全な環境の確保）、食事・補食時の食材の大きさと食べ方や咀嚼の様子（誤飲などの予防）、睡眠時の睡眠チェックや呼吸チェック（窒息等の予防）、プールや沐浴など水を使った活動時の監視（事故防止）などについて、一人ひとりの保育者が意識しながら観察する。同時に、保育者間で情報の共有と確認を行うようにする。子どもの心身の状態についてさまざまな視点から細かく観察し、子どもが心身ともに健康で安全に生活することができるよう、環境や子どもとの関わりにおいて配慮する。

次に、発達や成長の過程、子どもの興味関心、試行錯誤や工夫などへの取り組み等の理解や把握も、子ども一人ひとりの健やかな成長・発達を支えていくうえで、とても重要である。子どもの表情、視線の先、身体や指先などの動きを観察したり、つぶやきや他児とのやりとりに耳を傾けたりする中で、その子どもの発達や育ちの過程、心の動きなどを読み取り、子どもとの関わりや援助、指導計画や環境構成に生かす。

## 2 子どもを観察するということ

子どもを観察する視点、見る視点としては、「目の前のありのままの姿をとらえる」「観点をもって見る」「変容や成長の過程を見る」「人や物との関係性をとらえる」などがあげられる。

まず、「子どものありのままの姿をとらえる」ということは、保育者がもつ「この子はこういう子だ」という印象や思い込みなどを一度横に置き、目の前にいる一人のその子がしていることや見ているものを、よしあしの価値判断をせず見ることであり、その子の思いを感じ取ることでもある。

> 「子どもがいたずらをしている。その一生懸命さに引きつけられて、止めるのを忘れている人。気がついて止めてみたが、またすぐに始めた。そんなに面白いのか、なるほど、子どもとしてはさぞ面白かろうと、識らず識らず引きつけられて、ほほえみながら、叱るのをも忘れている人。
>
> 　実際的には、直ぐに止めなければ困る。教育的には素より叱らなければためにならぬ。しかも、それよりも先ず、取り敢えず、子どもの今、その今の心もちに引きつけられる人である[*1]」

　上記は、倉橋惣三の著書『育ての心』の「ひきつけられて」という文章の一部である。教育をする、子どもを育てるという視点から見れば、いたずらをすることはよくないことという価値判断となり、当然いたずらをやめさせたり、なぜいたずらをしてはいけないかを伝えたりすることになるだろう。しかし、この文章に書かれている保育者は、よしあしの判断で子どもを見るのではなく、ただありのままにその子を見てその子の心持ちを感じていたのではないだろうか。この文章では、いたずらのおもしろさに無意識に引きつけられている、子どもを見る保育者の様子が描かれているが、意識的に「ありのまま」に見ることによって見えてくる子どもの思いがあり、その思いが見えてくると関わりや援助のあり方も異なるものとなってゆくのではないだろうか。もちろん、安全や教育的な判断でその場ではありのままに見られないこともある。しかし、保育を振り返る際にあらためてその子どもの様子を思い出し、ありのままにその子の思いを感じ取ってみることが、一人ひとりの子どもの思いに沿った保育へとつながっていくと考えられる。

　次に「観点をもって見る」とは、その観点・視点によってより詳しく細やかに子どもの実態をとらえるということである。例えば、積み木で遊ぶ子どもたちの姿を見るとする。観点をもたないときには「AちゃんとBちゃんが協力して積み木を積んで遊んでいる」という見え方だったのが、「子ども同士がどのように関わっているのか」という観点をもつことで「Aちゃんは Bちゃんが積み木を積む様子をよく見てから、自分がど

こにどの積み木を置こうかと考えて積んでいる。BちゃんはAちゃんに『大きなおうちにしようね』と、作るものの大きさのイメージを言葉や身振りで伝えている」のように、一人ひとりがどのように人と関わっているかが具体的に見えてくる。

そして、「変容や成長の過程を見る」ことは、子どもの中に育ちつつあること、これまでの経験と今の経験のつながりなどをとらえることである。発達段階の基準に照らし合わせたり他の子どもと比較したりして、できる・できないということを見るだけではない。今、その子がどのような興味・関心や思いをもち、そこに向かおうとしているのかということや、興味・関心がどのように次の子どもの思いや行動につながっているのかを考えてみることで、育ちや変化が見えてくる。

また、子どもの「人や物との関係性をとらえる」ことは、子どもが人や物とどのような関係を結んでいるのかを意識しながら子どもを見ることである。佐伯(2001)は、個人内の変化や個人の認知構造の変化として発達をとらえるのではなく、子どもが生きている社会、世界、共同体、そこでの人々との営み、活動などとの「関係」のありようの総体の変容として発達をとらえる必要性を述べている。同じ子どもでも誰といるのか、どこでするのか、などによってその子のありようは変わる。その子の興味・関心がどこに向き、人や物や場とどのように関わり、そこから何を感じ、思い、考えているのかを読み取ろうとすることが大切である。

### ━ 事例　黒いのっておもしろい（2歳児）━

　4月中旬、Aちゃんが影を見て「黒いのある（これなんでいるの？）」と言った。保育者は、「本当だね、黒いのあるね！」とAちゃんに声をかける。歩いたり走ったりして「黒い」のが自分についてくることに気づき、何度も見ていた。

　5月上旬になると、「黒いのあった（まだいるの？）」とAちゃんが再び黒いのに気づき、黒いのを追いかけて走っていると、保育者が「ほんとだね。また黒いのあったね！」と声をかける。そして、影踏みをして遊んでいて日陰にはいったときに、突然自分の黒いのがなくなったことに気づくと「黒いのないなった（な

くなった)」、影がまた出てくると「黒いの出てきた」とつぶやく。また、園庭にできている影を見て「あっち黒いのない」と、地面の真ん中に1本の線があることに気づく。Ａちゃんは、黒いのが現れたり消えたりすることを不思議に思い、身体を左右にゆらしている。

　この事例からは、4月には影を発見し何度も見ていたＡちゃんが、5月になると影を追いかけてみたり、踏んで遊んでみたり、身体をゆらすと影が動くことを試してみたりと、影と出合い不思議に感じているようすから、なんでだろう？　と影に関わってみようとするようすへとＡちゃんの変化を読みとることができる。子どもの言葉だけでなく、視線、身体の動きに細やかに目を向けることで、その子の心情や環境との関わりの変化に気づく。そして、保育者はＡちゃんの小さなつぶやきに耳を傾け、影（黒いもの）へのＡちゃんの思い（不思議さやおもしろさ）に共感している。

　5月の保育者の「また黒いのあったね」という「また」という言葉は、4月にＡちゃんが影に興味をもっていたことを覚えていて、その記憶とつながったからこそ出てきたものだろう。その子の思いや環境との関わり・変化に対して意識を向けることで、保育者の、子どもへの言葉のかけ方など関わり方が変わり、育ちつつあること・育っていることの読み取りも変わってくる。

　また、保育者が子どものことを意識して見る、観察するということは、どのような目で子どもを見るかによって見えてくる子どもの姿が変わるということである。また、子どもにとっては保育者から見られているということでもあり、どのような目で見られるのかによって、子どもの安心感が変わり、言動に影響する。子どもを見るということは、保育者が意識していなくとも子どもに何らかのメッセージを送っていることを自覚しておく必要がある。

　子どものよさをとらえようとする、子どものしていることについて同じ目線で見てみようとする、子どもと一緒にやってみて子どもの思いを感じようとする、そういった保育者のあたたかいまなざしによって、子どもは安心して園での生活を送り、

自分のやりたいことに取り組んでいくことができる。子どもを見るということは、子どもの理解、子どもの姿をとらえるということだけでなく、子どもへの関わりのひとつである。

# 第2節 記録

## 1 記録の意義

　記録を取ることには、①保育を振り返ること、②園内外で情報を共有すること、という2つの意義がある。

　保育をしている時は目の前の子どもと関わるなかでさまざまなことを感じるが、保育を終えて記録を書くことにより、自分の保育や子どもの姿を冷静に振り返ることができる。ここに、保育を振り返る意義がある。記録を書いたり、記録を日々積み重ねたりするなかで、「あの子にはこういう思いがあったのではないだろうか」などと考える。そのことによりその時に気づかなかった子どもの姿や思い、体験の意味に気づいたり、自分の保育（設定したねらい・内容、環境の構成、関わり）が子どもにとってどうだったのかを考え直したりすることができる。そのことが、次の保育の計画を考えるうえでの参考になるのである。

　また、記録を取ることを重ねていくと、自分がどのような目で子どもを見ているかに気がつくこともある。例えば、特定の子どもによく目を向けている一方で、あまり目を向けていない子どもがいることに気がつくこともあるだろう。また、特定の子どもの様子に対して否定的にとらえてしまっていることに気づくこともあるかもしれない。そういった気づきによって、自分の子どもを見る目を変えたり、保育観や保育方法を見直したりすることができる。

　園内外の情報共有という点では、職員間の連携と、家庭や地域の関連機関との連携においても記録は大きな役割を果たす。例えば、園内研修等で記録をもとにした事例を持ち寄って、事例の子どもの姿や保育について保育者間で話し合うこと（本章

第4節参照)で、子どもの見方や保育のあり方を広げたり深めたりすることができる。また、ヒヤリ・ハットの記録などは、クラス内にとどめず園全体で共有し再発防止のための対策を取ることで、園の保育者が全体で事故防止への意識をもつことにつながる。各園からヒヤリ・ハットの事例を集め事例集を作成している自治体もある。

　記録は、子ども一人ひとりの育ちを家庭や地域の関連機関とつなぐ役割も果たしている。例えば、連絡帳は家庭と保育所での24時間の子どもの生活をつなぐ記録であり、特に乳児の場合は睡眠時間や食事の量や回数など生命の保持に関わる重要なものとなっている。また、保育所児童保育要録は、保育所での子どもの育ちを小学校へとつなぐための記録で、小学校の教員が指導をする際に、保育所にいた時の子どもの様子や保育者との関わりを参考にする。保育所と小学校との接続が重視される中で、重要な役割を果たしている。

## 2　さまざまな記録

### (1)　目的と記録

　保育所にはさまざまな記録がある。大きく分けて、保育実践の記録、保育運営上の記録、家庭や地域との連携のための記録である（表5-1）。保育の記録については、目的に沿ったさまざまな種類や媒体での記録がある。その特徴を知り効果的に記録を使い分けることが大事である。

　記録には、遊びや活動、生活場面における子どもの様子や状況を事例として記録する「エピソード記録」、子どもの活動や様子を時系列で書く「時系列記録」、室内や屋外の環境図を中心にどこで誰が何をしていたのかを記録する「環境図記録」、写真に子どもの姿や育ちについての言葉を添えて記録する「ポートフォリオ（個人の育ちの記録）」「ドキュメンテーション（子どもたちの遊びや活動の記録）」などがある。

　また、週案や日案など指導計画の中に子どもの様子や保育の反省を記入する欄を設けて、そこに記録するという方法もある。記録の方法、分量などは各園や保育者によって異なるが、記録

表5-1　保育所における記録の目的と種類

| 記録の目的 | 記録の種類(例) |
|---|---|
| A 保育実践の記録 | 保育日誌 |
| | 保育観察記録 |
| | 何を：行動描写、行動観察、チェックリスト |
| | どのように：写真・ビデオ・ポートフォリオ・ドキュメンテーション等 |
| | 事例(ケース記録)　気になる子、家庭環境 |
| B 保育運営上の記録 | 児童表、発達記録、出席簿、家庭調査台帳、保育所児童保育要録 |
| | 健康記録、健康診断記録、身体計測記録、アレルギー除去食記録、給食記録 |
| | 避難訓練記録、事故発生記録、ヒヤリハット記録、乳幼児突然死症候群記録等等 |
| C 家庭や地域との連携のための記録 | 連絡帳、子育て支援記録 |

作成：秋田

をすることは保育の省察や評価ともつながるものであることをふまえ、工夫をしながら記録をしていくことが大切である。

　特に、ほかの保育者や地域の関連機関などとの連携に生かす記録は、それを読む可能性がある人にとってわかりやすく、かつ役立つように記録する。例えば、小学校就学時に送付する保育所児童保育要録は、一人の子どものよさや全体像が伝わるよう工夫して記すことや、保育者がその子の育ちの過程を踏まえて行った援助・支援について記すことなどが求められる。特に本節では、主に保育実践の記録に焦点をあててみよう。

## (2)　記録の方法と媒体の特徴

### ❶記録する時の心がまえ

　文書での記録では、記録を書くことそのものが振り返りになり、事象の理解が深まるという特徴がある。また、後で読み直すことができ、保育中に気づかなかったことに気づき理解を深められるということがある。日々の保育は流れていく。それを心にとどめておきたいと思っても忘れてしまう。だからこそ、記録を取ることは、それによって時間の流れを心の中にとどめて後で振り返るようにするということである。保育者一人ひと

りがある出来事について、ある子どもや子ども同士の関係など
で気になったことや気づいたこと、うれしかったことを記録する
ことで、後で自ら振り返ることができる。

　この場面を記録にしておこうと思えば、その場面をていねい
に見て記述するということが必要になる。その時に、正確にと
らえているだろうか、忘れてしまって書き漏らすことがあるの
ではないか、と心配になる人もいるかもしれない。これは自分
の主観でよいのかと思う人がいるかもしれない。観て記録する
ことは、今、目の前に起こっている子どもの行動をどう見るか、
幼児の行動をどのようなものとして私が引き受けるか、という
ことを意味する。視力・聴力・触感覚など、感覚器官を通じて
受け止めるものすべて、感受性やそれらを言葉としてとらえな
おすための過去の体験や既得の知識のすべてを用いて、それを
記録するということになる。心動かされたことを、まずはメモ
しておき、そこから事例として記録する作業が必要である。こ
のメモから記録を書くことそのものが振り返りになり、事象の
理解が深まりやすいという特徴がある。記録を時系列に並べる
ことで、子どもの変化を発見することができる。

## ❷記録の書き方

　大事なことは長さではなく、後で振り返ったときにわかるよ
うに、できるだけ具体的であること、いつのどんな時間にどこ
で誰と誰の間の関係で起こったのか、その前にどんな背景や文
脈があったのかという、人・モノ・コトの関係を記しておくこ
とである。子どもの名前やどのような出来事があったのか、そ
の時どのような言葉が出たのかをできるだけつぶさに記すこ
と、保育者が勝手にまとめてしまわず、できるだけ具体的に書
くことが大事である。また、記録者側の思いや考察と実際の出
来事の事実とを分けて書くことでほかの人が読んでもわかるよ
うになる。

　例えば、以下の３つの文は同じ砂場で遊んでいる子どもを見
たときの記述である。どれが子どもの姿や遊びの状況がよく伝
わってくるだろうか。

| 例1 | 子どもたちは砂や水を使って遊んでいた。 |
|---|---|
| 例2 | AとBは遊び方を考えあい、砂を掘ったり固めたりして、山や川、海に見立て遊んでいた。 |
| 例3 | Aは山を崩れにくく固めるために、さらさらした質の砂に水を少し入れてしっとりさせて固めて「これなら大丈夫」と言っている。そのわきではBはその水を流しながら「これは川だ！」と言いながら溝を掘り、2人で遊びをひろげていった。 |

　状況が読めるのは例3の記述だということがわかる。エピソードの記録が書けるようになるためには、先輩やテキスト等の保育記録を仲間と読み合ってみて何が読み取れるかを語り合ったり、また自分でも短いものでよいので書いたりするなどの経験を積むことが大切である。

　同じビデオを見てどんなふうに記録できるかを、1つの場面で書いたりするとよいだろう。記録は、流れで生じている出来事の中から切り取る、選択する行為である。言動をすべて列挙すればよいのではなく、記述者にとって大切と思われることを選んで記録することが大切でもある。どこからどこまでを書くかは記録者の意図によるのである。子どもが活動や遊びの中でどのようなことを経験していたのか、保育者はどのような意図や思いをもち関わったのかなど、経験の意味や保育の意図、判断についても記録をしておくことが大切である。

## ❸記録の書式の工夫

　エピソードや実践事例を書くための記録用紙をどのような書式にするかということでも、何を書くかが決まってくる。観察の視点を書き入れることで書きやすくなるということも生まれる。

　ある園では「①昨日までの遊びの様子から　②子どもの「これやってみたい」「やってみたい」ということばやしぐさがでてくる保育者のかかわりから　③子どものどのようなつぶやきが出てきたのか」といった点を観察の視点とする事例記録用紙を準備していた。しかし、ある時から意識的に「①昨日までの遊びの様子から　②子どもは面白さや楽しさをどこにみつけどう感じているのか　③「これ、やってみたい」ということばやしぐさが出てくる保育者のかかわりから　④子どものどのようなつぶやきが出てきたのか」と、観察の視点を追加・変更して子どもの心情をどう読み取ったかを書くようにした。これに

よって、保育者側がよかれと思っていたことだけではなく、子どもの心の動きや感情に目を向けることで、より子どもに寄り添っていくとはどのようなことかを意識した記録を書けるようになっている。

　またある園では、子どもの気づきをメモや付箋に書くということをしている。どんな気づきなのかという観点をあらかじめもって子どもを見ることで、子どものさまざまな気づきを見る目が細かくなっている。記録用紙の書式に観点が埋め込まれていることで、何に目を向けるかを誰もが意識することができる。

### ❹ビデオや写真による記録

　ビデオによる記録は再現性があり、何度も繰り返して見ることで細かな点まで気づくことができる、情報が多いので普段は見過ごしていること（焦点を当てた事象の周辺にあるもの・起きていること）に気づくことができる、といった特徴がある。子どもの言動や表情、声のトーンの変化もわかるので、その子がどのような思いでそれをしているのかなど、ていねいに子どもの姿を読み取ることにつながりやすい。また、複数の保育者の目で見ると、見る者による視点の違いが明確になり理解が広がるということもあるだろう。

　一方で、映っていないところで何が起きているのかがわからないので想像に頼らざるを得ないという点や、実際の画面で見えない部分を見る側が自分で暗黙のうちに想定すること、編集されていないビデオの場合、慣れないうちは視点をもって見ないと起こっていることが理解しづらいという点もある。

　写真による記録についても、ビデオと同様に、情報が多く普段は見過ごしていることに気づきやすいことが特徴である。また、写真で切り取られた瞬間だけでなく、その前後の動き、写っている人の心情や、物が置かれた背景などについて暗黙のうちに想像することになる。

　例えば、写真 5-1 にはたくさんの落ち葉が写っているが、これらは子どもが集めてきたものなのか、木から落ちて葉が集まったところに子どもが遊びに来たのかなど、落ち葉のある背景をいろいろと想像できる。また、型の中に入っているものをよく見ると、葉ではなく野菜や葉が細かく刻まれたものが入っており、ここでままごとをしていたのだろうか、この野菜は手

写真 5-1　写真による記録

出典：箕輪

でちぎったのか道具で切ったのかどちらだろうなど、子どもの
遊びの様子について思い浮かべてみることもできる。

　また、写真等は撮影した時には記録者にも気づかなかったこ
とや写真間のつながりを発見することもある。ある特定の子ど
もについての記録をしていたが、その傍らに映っている子ども
の様子を読み取ることからその両者の関係や、あるいはその子
どもたちの違いやそれぞれのあり方を考えることもある。同じ
写真を見て保育者同士で語り合うことで、視点の違いを交流し
て子どもの理解を広げ、見ていない場でもイメージを共有しや
すくなる。また、子どもの表情や環境をよく見て、子どもの思
いや環境を構成した保育者の意図について考えることで次の環
境構成など保育に生かすことができる。

　一方で、瞬間を切り取るため、状況については写真だけで判
断することは難しく、文字や話による補足が必要になることが
ある。写っている人物や環境から背景を予測しようとしないと、
何をしているのかという事実を語るだけ、写っていることのよ
しあしを判断するだけになってしまうこともある。

　写真による記録でも、上記のような一時点の場所の写真、子
どもが夢中になって遊んでいるなど、ある特定の出来事の場面
の写真、一連の時間を追って活動や子ども、環境構成の変化を
記録した写真、また全体の風景を取った写真など、記録のあり
方はいろいろである。また、誰の目線でどのような視点でとら
えていたのかということによってその記録のもつ意味も変わっ
てくる。特に負の感情が生じる場面などでは、倫理的な配慮が
記録においても必要である。

## （3）　実際の記録例
∙∙∙∙∙∙∙∙∙∙∙∙∙∙∙∙∙∙∙∙∙∙∙∙∙∙∙∙∙∙∙∙∙∙∙∙∙∙∙∙∙∙∙∙∙∙∙∙∙∙∙∙∙∙∙∙∙∙∙∙∙∙∙∙∙∙∙∙∙∙∙∙∙∙∙∙∙∙∙∙∙∙∙∙∙∙∙∙∙∙∙∙

### ❶１つのエピソードに目を向けて

　図5-1は５歳児のおすしやさんごっこでの出来事を記録した事例である。

　保育者が事例として最初に書いたのは事例の真ん中の部分である。そして、この記録を見ながらそこで保育者自身が大事にしたのはどんなものだったのかを後で振り返って書いたのが左側の援助の部分である。下部の考察を読むと、保育者は子どもの育ちとともにそれだけではなく、この記録を読み返して、子どもたちを認める言葉はかけたけれど、もう少し２人の協力でできたことにも触れたらよかったと、自分の行動を事後に振り返っていることがわかる。また、この園では子どもたちの夢中になった遊びの姿の中にどのような意味ある体験がなされたのかを振り返ろうとしている。そのために右側にその領域を記している。

　日頃からトラブルになることが多いＫとＮという２人の子どもについて、１つの事例を通して２人の子どもそれぞれに育ちが見られた姿をとらえ、関係性の変化を読み取り記録することで、子ども同士がどのようにして協同し、言葉によって与え合っていくのかを読み取ることができる。さまざまな年齢や時期の事例を読み取ることによって同じクラスの中でもその子らしさやその言動からとらえたり、その時期の子どもによく見られる姿と環境・保育者との関わりを理解したり、自分のクセに気づいたりすることができる。保育ではさまざまな関係の網の目を記録している。その時に大事になるのは、子どもの思いや保育者の意図である。

### ❷環境を記録する

　エピソードは出来事の流れを示すのに対し、保育では環境の構成がとても大事である。どのような場でどのような活動がなされたことで、子どもが物や人といかに関わったのか、また室内や戸外のどこで誰がどのように活動をしていたか、どのように活動が発展していったかがわかる記録が望ましい。

　図5-2は同じ小麦粉粘土遊びでも、どのように環境構成に配慮したか、３歳児と５歳児の遊びの場合で違いが読み込める

## 図 5-1　おすしやさんごっこ（1学期の事例）

> お寿司がうまく滑るレールを作るために、一緒に考えたり協力したりする。

| 援助<br>（計画・実際） | 事例 | 遊びの中の学び |
|---|---|---|
| | 〈背景〉<br>　KとNは仲が良く、普段から一緒に鬼ごっこや積み木をして遊ぶ姿が見られる。しかし時にKが一方的に進めようとしたり、互いに意見を受け入れられず、トラブルになることがあった。 | Ⓐ<br>KとNは一緒に積み木でレールを作ったり、画用紙でお寿司を作ったりする。<br>「環境」 |
| ①中型積み木で遊ぶ空間を広くあけておく。<br>「遊具・用具等の構成」 | 〈6月7日〉<br>　雨が降っていた日である。KとNは、朝の支度を終えてすぐに①中型積み木で遊び始めた。Ⓐ回転ずしのレールに見立てて、四角い積み木の上に板を4枚乗せてつなげていく。更にKとNは「お寿司をつくろう」とエビやサーモン、アイスを画用紙や折り紙で作った。<br>　KとNは完成した寿司とアイスをレール上に並べ、手で持って滑らせてみる。板のつなぎ目の部分には隙間があるため、画用紙が引っ掛かってしまってうまく進まない。Ⓑ「どうしよう」とKが困っていると、Nは近くの友達がカプラ（薄く小さい木の板）で遊んでいるところを見て、「これ使えばいいんじゃない？」と提案する。Kは「そうしよう」と、Nと一緒にカプラを使って隙間を埋めようとしていく。その間②保育者は少し離れた場で様子を見ていた。隙間は三角形に近い形であったため、Ⓒカプラを色々な向きで置いたり、板を動かしたりしてピッタリと隙間を埋めようと試行錯誤する姿が見られた。ⒹKが「板に沿って並べていくといいよ。」というと、Nは「でもここに隙間ができるから、こうした方がいいと思う」と板の隙間が狭いところからカプラを並べていく。Kはそれを見て、「いいね。じゃあ、ここもこうしよう」と他の隙間も並びかえていた。<br>　すべての隙間を埋め終え、Kは端に並べてあったお寿司をレールで滑らせ始める。Ⓔお寿司は上手く滑り、KもNも嬉しそうな表情を見せた。<br>　保育者が「なんだか楽しそうなお店だね。何屋さんなの？」と聞くと、KとNは「回転寿司！」と大きな声で言う。③保育者が「そっか。このレールが、お寿司が流れるところなんだ！楽しそう」というと、「先生も食べていいよ」とKが言う。Kが「じゃあぼくが店員さんね。へい、いらっしゃい」と言ったため、Nと保育者は座る。ⒻNが「エビー丁」と注文すると、Kが「はいお待ち」とレールの上を滑らせてエビを運んでくる。保育者も「おいしそう！たまご一丁」と頼み、お寿司やさんごっこを楽しんだ。 | Ⓑ<br>KとNはお寿司がすべらず困ったが、Nは近くの友達の遊びから閃いて、隙間を埋める方法を提案する。<br>「人間関係」<br>「環境」「言葉」<br><br>Ⓒ<br>隙間なくカプラをおくために色々な方法を試す。<br>「環境」<br><br>Ⓓ<br>Kは自分なりの考えをNに伝えたが、それに対するNの意見を受け止め、取り入れる。<br>「環境」<br><br>Ⓔ<br>KとNは上手く滑った事が嬉しい。<br>「人間関係」 |
| ②しばしばトラブルの起こる二人であったが、協力して進めようとする姿が見られたため、少し離れた場で見守った。<br>「子ども同士」 | | |
| ③KとNだけで作ったレールを認める言葉をかけることで、自信につなげる。<br>「有能感・自信」 | | Ⓕ<br>Kが寿司屋らしい口調で話したことをきっかけに、Nや保育者もその雰囲気に合わせた口調で遊ぶ。<br>「言葉」「表現」<br>「人間関係」 |

| 考察 |
|---|
| 　KとNはお寿司やさんごっこをする中で、イメージを実現するために紙の種類や積み木の形を選んで作ったり、友達が使っているのを見て、カプラを使おうと思いついたりする様子があった。KとNのこれまでの遊びの経験の積み重ねや、周囲の状況に気付く、Nの視野の広さが感じられる。また、KとNはそれぞれも試行錯誤しながら隙間を埋める方法を考えていた。根気よく物事に取り組んだことで達成できたという成功体験を積むことが、さらなる意欲につながっていくであろう。<br>　KとNが目的に向かって2人で進めていく姿がみられたため、保育者は少し離れた場で見守るようにした。③ではレールについて認める言葉をかけただけであったため、2人が協力してできたことにも触れるべきであったと反省する。今後も保育者は幼児同士で遊びを進める過程を丁寧に捉えつつ、必要に応じて保育者も遊びに加わり、幼児が人との関わり方や、相手のよさに気付く機会を保障していく必要があるだろう。 |

出典：『三重大学教育学部附属幼稚園紀要』第28集、54頁を一部改変。

第5章

子どもを理解する方法

### 図5-2 実習生Hの記録例

①小麦粉粘土遊び（3歳児）

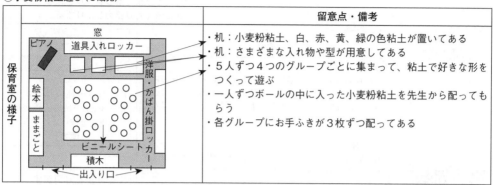

| 保育室の様子 | 留意点・備考 |
|---|---|
| | ・机：小麦粉粘土、白、赤、黄、緑の色粘土が置いてある<br>・机：さまざまな入れ物や型が用意してある<br>・5人ずつ4つのグループごとに集まって、粘土で好きな形をつくって遊ぶ<br>・一人ずつボールの中に入った小麦粉粘土を先生から配ってもらう<br>・各グループにお手ふきが3枚ずつ配ってある |

②小麦粉粘土遊び（5歳児）

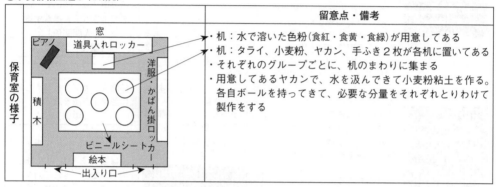

| 保育室の様子 | 留意点・備考 |
|---|---|
| | ・机：水で溶いた色粉（食紅・食黄・食緑）が用意してある<br>・机：タライ、小麦粉、ヤカン、手ふき2枚が各机に置いてある<br>・それぞれのグループごとに、机のまわりに集まる<br>・用意してあるヤカンで、水を汲んできて小麦粉粘土を作る。各自ボールを持ってきて、必要な分量をそれぞれとりわけて製作をする |

出典：植原邦子『やさしく学べる 保育実践ポートフォリオ』ミネルヴァ書房、2005年、63頁。

環境図となっている。素材（机上の○の部分）を描き、いくつくらい何をどこにどのように出しておくのかを書いておくことで、それがどのように使われたかをとらえることもできる。3歳児と5歳児でどのように環境構成や素材の出し方が違うか、その違いは何なのかをこの図から読み取ることができるだろう。これは活動前の計画の図であるが、空間をこのように図示することで誰がどのように関わったか、その動線やその後この机や素材に何を足していったのかなども書き込むことができる。

　図や写真を活用し空間のレイアウト等を記録することも子どもの活動を振り返る別の視点を与えてくれる。

### ❸時間とともに展開を記録する

　子どもたちの遊びや暮らしの活動は週案や日案などの計画通りではないからこそ、実際にどのように展開したのかを時間を追って記すことが意味をもっている。特に、子どもたちが協同

図5-3 運動会ドキュメンテーション

# ばら金目指して☆彡

平成29年9月27日(水)

**ばら金計画 始動っ…!!**

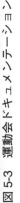

【1】雨が降ったこの日は、ばら組にてったくさんの発見があった一日となりました！遊戯室であそぶまでの時間、7日に切っていた段ボールを紙テープでつないで合わせ、籠を作りました。色であんなにけんかしていたみんなですが、色づけはそれぞれの色が混ざり合い、ばら組らしい色合いになりました。

完成した籠で玉入れをすると…

**9月1日(金)** クラス対抗の玉入れについて、初めてみんなで話をしました。段ボールで作る！！！とひとつの話題に盛り上がりすぎて、話が進まず。結論は4日にもう一度話し合い、段ボールとテープを使って作ることに。

**9月5日(火)** 段ボールを用意し、箱の形にすることに。見本の大きさを確認しながら、「じゃない？」と言いながら、みんなで「こうする？」と試行錯誤。

**9月6日(水)** 雨が降ったため、遊戯室にて玉入れの練習。5分経っても なかなか玉が入らない…。それでも みんなで入れようと気持ち十分な みんなでした。ベランダに置いておいた籠がびしょ濡れ…。今度はベランダに保管せずに再チャレンジして作りました。

**9月7日(木)** 横90cm、縦60cm、高さ30cmの箱のサイズをみんなで確認し合い、籠作りに再挑戦！初めは、みんなでやる気も十分だったけど、事件勃発！紙テープの色を何色にするか、言い合いになり…。けんかが勃発…。気持ちがバラバラになっていくみんな。たいくつになりつつ、紙テープのことは、一時休戦。

はさみを使って段ボールを切っていく中で、力いっぱいに切っても なかなか進んでいかず、はさみでは段ボールを切ることが大変だと気付いた子どもたちでした。また、棚の長さを利用して、切った段ボールの長さを何度も確認し、「ぴったりや！」と笑顔がこぼれたり、「次は…」と友だちと一緒に考え合ったりする姿が浮かびました。

ここ切るから、持つの手伝って！！

あ〜お！！
めり！！
ピンク！
60cmや！
いいよ♪
がんばれ！
かたい〜

テープつなげて！
テープいっぱいつけたんよ！
玉が入らない！？
底が入らないから作らなきゃ！
完成したら！？

ねぇ、見て！いっぱい入るようになったよ！
底ある！！
綱完成！！
時間に立てて
テープでとめよう！
みんなで持って玉入れして！！

遊戯室にて

**9月12日(火)** 【2】遊戯室からばら組に帰ってきた後、作った籠をとめるようにして、みんな「う〜ん…」と頭を悩ませている様子。大徳学園内で何か良いものはないかと探しに園内を見に行きました。しかし、子どもたちにとって良いものは見つからず、ふれあいルームでアイディアを出しあいました。「段ボールを積み重ねれば出来るかな？」という意見が出ると、「積み木みたい！」という話になり、段ボールでつくって に重ねることになりました。また、「新聞紙を丸めてつくって籠に入れると長い棒になる！」という意見が出て、段ボールグループと新聞紙グループに分かれて作ることになりました。

積み木を高くしちゃう…

みんなでかっこいいのを作って〜…

ばら組がんばれ！
みんなが大好きなすいいを なずけてくれることを 子も応援しています。

段ボール持ってくるよ〜
長いね〜よ〜
ここ押さえるんやよ
こうやって作るんやよ
あとは籠をつけるだけ〜！
おいしいおいしょよ 一緒に運ぶんだよ！
ほら、つきさんも 一緒に運んでよ！

ドアの高さより こっち側にちょっとやるの？

新聞紙を丸めて
テープでとめる！
新聞紙ボール
段ボールドーム
段ボールカゴ

第5章 子どもを理解する方法

出典：金沢市大徳学園

115

しどのように活動が進むか、子どもがどのような経験をしたかを示す記録は、ドキュメンテーションと呼ばれることもある。

　ある保育園では、運動会に子どもたちが使う道具を自分たちで作り出すということを行っている。そのクラスの園だよりとして、子どもたちの活動がどのように展開をしていったのかを日付とともに写真と短い記述でその流れがわかるように記されている（図5-3）。保育者は、これを見ることで活動の振り返りから次の見通しを持つことができると同時に、保護者と流れを共有することができるだろう。そしてそれは、子どもたちにとってもアルバムともなる記録である。

　必ずしも長い記録だけではなくても、活動のポイントをつなぐことで、子どもの思いや展開を読み取ることができるだろう。そしてこうした流れの記録は記録して終わりではなく、それが次の指導計画や保育の全体的な計画の見直しにもつながるのである。

## 第3節　省察・評価

　保育指針解説「第1章　総則」「3　保育の計画」には、次のように記載されている。

保育所保育指針解説　第1章　総則
3　保育の計画
⑷　保育内容等の評価
　保育士等は、保育の計画や保育の記録を通して、自らの保育実践を振り返り、自己評価することを通して、その専門性の向上や保育実践の改善に努めなければならない。

　保育は、子どもの姿から指導計画を作成し、計画に基づいて実践（環境の構成と子どもへの援助等）を行い、その実践を振り

返り、自己評価を行う。そして、省察・評価のなかで浮かびあがってきた改善点を次の指導計画に反映させる。つまり、保育は子どもを直接保育することだけでなく、保育の計画、実践、評価、改善などを含めた循環的な過程も含めたものなのである。

ドナルド・ショーン（Donald, A, Schön）は、教育や看護職などの専門家が何らかの行為をする際には、行為が行われている最中にも、自分がしている行為について振り返り洞察しており（行為の中の省察/reflection-in-action）、そのことが専門性を支えていると指摘している。保育の場合であれば、例えば保育をしている最中にも「この子たちの遊びがもっと展開していくには、どのような道具を出したらいいだろう」などと考えたり、午睡中や保育が終わった後に「あの道具を出したから子ども同士で協力する遊びが展開したのだろうけれども、違う道具を出していたらどのような経験ができたのだろう」などと考えたりする。保育時間中だけでなく保育時間後を含め、また時間がたった後に自らの保育を省察することも行為の中の省察には含まれる。

保育時間中は子どもと関わることや次の活動等への見通しをもつことに集中していて、振り返ることが難しいことも多い。時間がたってから省察することで、保育における援助の根拠となる子どもの理解や状況の把握が深まったり、視点が広がったりする。

保育における省察・評価は、子ども一人ひとりの心の動きや発達、育ちの過程を理解するとともに、実践を振り返り、よりよい保育を行うためのものである。これまでの子どもの姿（興味・関心や思い、育ちの過程等）をふまえて作成した指導計画のねらいや内容と、実際の遊びや活動、生活の中で見られた子どもの姿を照らし合わせ、子どもの経験がその子にとってどのようなものだったのか、どのように育ちにつながっていくのかなどを考えていく。

特に評価の際には、発達にはその現れ方も過程にも個人差があることなどをふまえ、できる・できないという結果だけではなく、内にある思いや意欲など子ども自身の願いやそこに向かう姿を重視して、とらえていく。また、保育者と子どもの関係、子ども同士の関係、子どもと場や物との関係など、子どもが環境とどのように関わりをもっているのかを考えていくことも大

切である。

　さらに、気になる子どもの言動がある場合は、その子どもに問題や原因を見出すだけでなく、その子のよさはどこにあるのかを考えてみることが大切である。そして、その子の気になる言動が自分の視点や価値観によってそう見えているのではないのか、環境によって作り出されているのではないか（物的な環境や生活のあり方を変えることで問題が問題ではなくなるのではないか）など、気になっている視点とは異なる視点からも振り返ってみる。そのことにより、気になる姿とは違う姿が見えてきたり次につながる援助について考えることができたりする。また、園での生活だけでなく、家庭や地域社会での生活、保護者や地域の人たちとの関わりなどにも目を向け、家庭と園のつながりをとらえていくことも、子どもの姿を多面的に見ていくうえで重要である。

　なお、省察は重要だが、自分ができなかったことや保育においてうまくいかなかったことへの反省をあげることではないことを意識しておきたい。例えば、「遊びをうまく発展させることができなかった」とか「もっと子どもたちに声をかけていけばよかった」という抽象的な反省で止まってしまうと、自分のできていない部分を責めるだけになったり次につながらなかったりする可能性が高い。また、うまくいかなかった原因を、なんとなく子どもや保護者のせいにしてしまい、子どもや保護者を変えようとする方向に向かってしまうこともある。

　省察で重要なのは、子どもにとってどうだったのかという視点と、次につなげるにはどうしたらいいのかという視点である。また、できるだけ具体的に振り返ることが重要である。例えば、「子どもにとってどうだったのか（自分はうまくいかなかったと思っているが、子どもの経験としてはどうだったのだろうか）」「なぜ・どうしてそうなったのだろうか」「他にどのような手立てができた（できる）だろうか」「次につなげるためには、どのようなこと（空間や物、保育者間の連携などの資源）が必要だろうか」などを問うてみることなどができるだろう。

　また、できなかった・うまくいかなかったことだけでなく、よかった・うまくいったと思うことや、あまり印象として残っていないようなことについても意識的に振り返ってみることで、あまり気づいていなかった子どもの姿に気づいたり、保育

をよりよくしていくためのヒントに出会ったりするなど、気づいていなかった、考えていなかったようなことに気づくことができる。

　できるだけ広い視野をもち、具体的に省察していくための方法として、記録(本章第2節)や職員間の対話(本章第4節)など、さまざまな方法を試していくことも重要である。記録や対話などをとおした省察は、自分の中にある抽象的なイメージやすぐには言葉になりにくい心持ちを、いったん自分の中から出して対象化し、俯瞰することにつながる。また、記録や対話などは人に伝えること、人に理解してもらうことを前提としているため、できるだけ具体的に書く・話すということが意識され、そのことで自分の気づきや思考がより深まる。そして、得た気づきを次の保育へと生かしていくことがとても重要である。子どもの実態の理解・保育の省察と評価に基づいて、保育の内容を改善することを意識し、次の指導計画に反映させていくこととなる。保育のねらいと内容、環境構成、子どもへの援助など、とらえた子どもの姿や自分の保育の省察に基づいて保育をよりよいものへとつなげていくことが大切である。また、保育に関わる園の保育者全体で子どもの思いや経験、育ちを共有し、より深い子どもの理解と園の保育の質の向上へとつなげていくことが求められるのである。

# 第4節

# 職員間の対話

## 1 職員間の対話と子どもの理解

　保育者は、一人ひとりが自分なりの子どもの見方をもっている。子どもの姿をより深くとらえ、保育を見直していくためには、自分がどのような子どもの見方をしているのかを知るとともに、視野を広げ多様な視点をもつことが必要である。そのためには、保育者間で子どもの姿や保育について語り合い、ほかの保育者の子どもの見方を知ることが大切である。

第5章

子どもを理解する方法

119

保育所保育指針(以下、「保育指針」)には次のように記載され、保育所内で保育者同士が学び合うことの必要性が示されている。

---

保育所保育指針　第5章　職員の資質向上

3　職場の研修等

⑴　職場における研修

　職員が日々の保育実践を通じて、必要な知識及び技術の修得、維持及び向上を図るとともに、保育の課題等への共通理解や協働性を高め、保育所全体としての保育の質の向上を図っていくためには、日常的に職員同士が主体的に学び合う姿勢と環境が重要であり、職場内での研修の充実が図られなければならない。

---

　職場において、保育者間で対話しながら自分たちの保育のあり方をよりよいものにしていくための取り組みは、園内研修やOJT(On the Job Training：現職研修)、園内研究などともよばれている。

　保育について語り合うことの意義は、第一に、保育者自身が保育における見方・認識を再構築することにある。自らの、子どもへの見方・関わり方の特徴を省察しとらえ直し、より深めること、意識的でなかったことを意識し認識を再構築することなどである。そうすることで、実践を変容させたり保育を探求したりすることへとつなげていく。第二に、園全体でコミュニケーションを図り、ともに育ち合うことである。コミュニケーションをとおして知や視点が共有されること、ほかの保育者との関係の中で自分の保育の特徴を知ること、共感性を基盤として対話をすることによって、保育を省みる力を高めることなどがあげられる。

## 事例

　ある保育所では、1年間をとおして園の近くにある公園での遊びについて保育者一人ひとりが記録をとり、お互いに読み合ったうえで感想や疑問を話し合っ

たり、その事例と関連する場面について語り合ったりしている。これを続けているうちに、新たな視点を得たり自分の保育を振り返ったりすることができる。さらに、ほかの保育者の子どもをとらえる感性や保育への思いなどに触れることで個々の保育者のよさに気づくうちに、「ほかの保育者の話をもっと聴きたい、みんなで話し合いたい」という風土が醸成されていった。

また、全員が同じ公園での遊びの事例を集めていくうちに、同じ場でも年齢によって遊び方や子ども同士の関わり方が異なることや、どの年齢の子どもにも共通して興味をもつ対象があることなどに気づいていき、子どもの育ちがつながっていることが保育者間で共有できた。

子どもの姿を語り合うことは、多くの目で子どもの姿をとらえ、その視点や解釈を重ね合うことだといえる。保育実践の個別・具体的な場面に基づいて相互に語ることで、園の中に対話が生まれるとともに、保育者はいろいろな気づきや解釈を得られ、そのことが子どもを深く見るということにつながっていく。

## 2 複数の目で子どもの姿をとらえ 対話するための方法と工夫

前述したように、複数の目で子どもの姿をとらえ、対話していくための方法には、保育の事例をもち寄って話し合う事例検討会や保育カンファレンス、保育を公開して感想を話し合う研究保育、テーマを決め園全体や小グループごとに保育実践についての研究を継続的に行う園内研究などがある。園によっては、健康や安全、保護者対応、保育技術などについて園内で学び合うことや、外部研修を受けた保育者が研修報告をして話し合うこともある。

保育を語り合うことで子どもの見方・理解を深め、保育につなげていくためには、各園の状況によって話し合い方を工夫することが必要になる。まず、保育所の場合は、研修時間の確保が課題になることが多い。シフトの関係や、午睡中でも保育室

に必ず保育者がいる必要があるため、全員で話し合うことが難しい状況にある。しかし、話し合いや園内研修に出る保育者を交代したり、事務所など保育者が集まる場所に模造紙や写真を掲示して付箋にコメントを書いて貼ったり、研修という形でなくても意識して子どものことについて話をしたりするなど、少しでも話し合いをしようとすることが大切である。

そして、複数の人の視点や考えから学び合うためには、経験年数や立場、とらえ方の違いを超えて発言の対等性が保たれていることが大切である。また、相手の話を傾聴することや、具体的に話をすること、保育実践とのつながり・循環性を意識することが、対話を深めていくことにつながる。自園や自分の保育に直結するからこそ、保育者一人ひとりが我が事として取り組む必要がある。

# 第5節 保護者との情報の共有

## 1 保護者との情報共有の重要性

家庭と保育所が情報共有を通して子どもを理解し合うことは、家庭の生活と保育所との生活の連続性を確保するうえで欠かすことができない。子どもの多様な経験を保障し、子どもの豊かな育ちへとつなげていくためには、保育者が子どもの思いや経験、育ちなどを理解するとともに、保護者とそれを共有、理解し合うことが必要である。保育指針の第4章には、次のように記載されている。

---

保育所保育指針　第4章　子育て支援

（略）

　子どもの育ちを家庭と連携して支援していくとともに、保護者及び地域が有する子育てを自ら実践する力の向上に

---

資するよう（後略）。

　保護者と保育所の相互理解は、子どもの行為の背景を保育者が理解し保育における環境構成や援助に生かす、子育ての悩みや負担感をもつ保護者自身が子どもの行為の意味を知って関わりを変容させることを支える、子育てと子どもが育つ喜びを味わいともに喜ぶこと、につながる。

　保育者から見て子どもの気になる行為の背景に家庭の状況があると考えられる場合や、保護者が子育ての悩みや負担感をもっていることが明らかな場合は、家庭での子どもの様子について聞き、保育所での子どもの姿とあわせて子どもの心情を理解し、保育のなかでの配慮や援助につなげていくことが必要である。

　ただし、保育者が家庭での子どもの様子を尋ねる場合、どのような情報が必要なのかを精査することや、尋ね方をよく考えることが必要になる。なぜなら、例えば「最近○○ちゃんが午前中眠そうにしていることが多いのですが、何時頃寝ていますか？」という質問が、＜子どもが園で楽しく過ごせるよう、早く寝かせてください＞という意味合いに受け取られるなど、質問が保護者の負担となることもあるからである。

　また、悩みや不安に寄り添うことに加え、日々の保育におけるエピソードを通してその子の思いやよさを伝えていくなど、保護者が子どもに対してそれまでとは異なる見方ができるようにすることが、保護者自身が子育てを振り返ったり立ち止まったりして考えたり、子育てについての自己決定をするきっかけになることもある。

　子どもの姿や育ちを保護者と伝え合うことは、子育てや子どもが育つことを保護者とともに喜ぶことにもつながる。園の中で子どもがどのように過ごし育っているのか、保育者の想像以上に保護者からは見えにくいと言われている。

　例えば、保護者にとって子どもの成長を感じられる行事である運動会について考えてみると、子ども自身が家庭で運動会を楽しみにしていることや、普段の練習の様子を伝えることはあっても、園での練習の過程やそこで育っていることについては、保育者が伝えなければ保護者には見えてこない。そのため、

園での子どもの様子や保育の意図・過程をていねいに伝えることが大切になる。

　具体的には、当日の子どもの成果や達成感に大きな期待をもつ保護者がいる場合には、運動会に向けてがんばっている子どもの葛藤や緊張、練習の中での育ちなどを伝えることで、保護者がそれまでとは異なる視点で子どものことを見ることにつながる可能性がある。次は、ある園でのお便りの例である。

ある園での運動会前のお便り
　「おうちの方に見てもらうことを楽しみにしていますが、当日は緊張したり恥ずかしがったりしてなかなか動けないこともあるかもしれません。どうぞあたたかく見守ってください」

　上記のように書き、当日の子どもの姿の見通しや、その意味を伝えている。

　また、子どもがこれまでの日々の生活や遊びの中で身体を動かす楽しさを感じてきた体験が運動会につながっていることや、友達や仲間との関係性の中で育っていることなどを伝えることで、育ちのつながりと広がりの視点を保護者に伝えることができる。

ある園での運動会後のお便り
　「リレーのルールがわからなくて２回走ってしまうなど困ることが出てきました。はじめの頃はそのことで友達を責めたり思い通りにならず戸惑ったりする様子が見られました。（中略）その一つ一つの出来事を友達や先生が一緒に思いを出し合って解決していきます。そうすることによって、相手の気持ちに気がついたり、自分の行動について考えたりする様子が見られるようになってきました」

　上記のお便りは、子どものネガティブな姿をあえて伝えなが

ら、子どもが成長していった過程を解説している。

　例えば、お便りに関して、保育者が子どもの姿を保護者に伝えることで、保護者が子どもの育ちの過程やその子どもの行為の意味に目を向けるようになり、子どもをより豊かな目で見ることができるようになると、子育ての楽しさはさらに広がっていくのである。

## 2　情報共有のためのさまざまな方法と工夫

保育指針第4章には次のように記されている。

---

保育所保育指針　第4章　子育て支援
 2　保育所を利用している保護者に対する子育て支援
⑴　保護者との相互理解
　日常の保育に関連した様々な機会を活用し子どもの日々の様子の伝達や収集、保育所保育の意図の説明などを通じて、保護者との相互理解を図るよう努めること。

---

　保護者との情報共有のための方法やツールにはさまざまなものがあり、どのようなことを、どのように、どのような手段で伝えるかを各保育所が工夫しながら保護者との相互理解を図っている。そのための方法やツールは大きく分けて、①登降園時の伝達・懇談会や面談など保育者と保護者が直接顔を合わせ対面で行われるもの、②連絡帳やお便り（園便り・クラス便り）などの紙媒体による配布物、③登降園時に子どもの様子を伝えたり、急なお知らせを行ったりする際の掲示物、などがある。ほかにも、④Webサイトやアプリ、SNSといった新しいツールの活用も増加している。

　①対面での直接的な対話は、最も重要な情報共有の機会として位置付けられている。具体的には、登降園時の伝達や個人面談・保護者会（懇談会）・立ち話・電話などがある。個の子どもの健康状態や家庭・園での様子を保護者と伝え合う時や、園の考え方を保護者全員に伝え理解してもらいたい時などに、行われている。対面での対話では、保育者側が伝えようとする前に

保護者の話に耳を傾け、話を聞いてもらえるような信頼関係を築くことや、相手や話の内容に応じて伝え方を工夫する、伝えたいことを明確にしておくことが大切になる。

　②紙媒体の配布物は、お知らせやお願いなどや、保管して見返してほしいことなどがある時に使われる。具体的には、園便り・クラス便りなど園から保護者に一方向で配布するもの、連絡帳など双方向でやりとりするもの、アンケートなど保護者の意見や考えを書いて戻してもらうものなどがある。特にお便りは多くの園で発行・配布されていて、園やクラスの保護者全体に伝えたいことが記載され、保護者にとっても対面に次いで子育ての参考にされていると言われる。外国人の保護者にも理解してもらいやすいことや、地域や小学校、行政等に配布して地域とのつながりをもてることなども、紙媒体のよさといえる。保管することで何度も読める媒体だからこそ、園の保育の意図や子どもの育ちの過程を、誤解が生じないようにわかりやすく伝える工夫が重要である。

　③掲示物は、登降園時に子どもの活動や様子を見てもらうことができるため、短時間で伝えたいことや急なお知らせがある時、できるだけ多くの保護者に見てもらいたいことがある時に使われる。ホワイトボードの板書のほか、写真やドキュメンテーション（クラスの子どもたちがどのように育っているのか、何を経験しているのかなどの記録）、ポートフォリオ（個人の育ちの記録）、週案、アンケートの結果や回答などが掲示されている。掲示物はぱっと見てわかりやすく読みやすいことや、そのなかでも伝えたいことが伝わるように、要点をまとめてレイアウトを工夫することが求められる。

　④WebサイトやアプリなどICTを用いた情報共有は、いつでもどこでも見ることができる特性を生かして使われている。例えばWebサイトは、園の案内、園へのアクセス、入園に関する情報などが掲載され、園の外部の不特定多数の人（地域や未就園の保護者、園児の祖父母など）に、園の保育を知ってもらうための情報発信に使用されている。スマートフォンのアプリやメールの場合は、不特定多数に向けて発信されるWebサイトとは対象的に園内の保護者との事務的な伝達に使用されていることが多く、保護者が情報を一括管理できるよさがある。一方で、ICTを用いた情報共有では、写真などの個人情報など

の管理、不特定多数の人が見る可能性があるからこそ、伝えたいことをどのように伝えるかを明確に意識しておくことなどが求められている。

　対面での直接的な情報共有・コミュニケーションをとおして信頼関係を構築すること、伝える目的によりツールを選択し組み合わせること、伝えたいことを明確に伝えることや理解してもらうことを意識すること、などの工夫をすることが重要である。保護者に子どもの育ちを伝え、また、保護者から家庭での子どもの姿を伝えてもらうことで、相互理解が行われる。それによって、保育者も家庭と園での子どもの姿をつなぎ、保育をとらえ直していくことにつながるのである。

　また、保育者が、子どもが「砂遊びをした」という活動の内容だけでなく、「砂場で穴を掘っているうちに、砂が固くてだんだん掘りにくくなってきたことに気づき、道具や手の動かし方を変えたり水を入れたりと、砂を柔らかくしようと工夫していました」など、子どもの内にある思いや経験、子ども同士の関係性、子どもの世界を保護者に伝えようと意識することが必要である。これが保育者自身の子どもを見る目を豊かにし、子どもの理解をより深いものにしていく。

**1** 子どもを多面的な視点で見ることが、一人ひとりの子どもについての理解につながる。

**2** 記録を取り、その過程で省察や評価を行うことによって、保育中には見えなかった子どもの姿や保育のあり方をとらえることができ、よりよい保育へとつながる。

**3** 職員間で対話をすることが、省察を促し、保育や子どもの見方の再構築につながり、子どもの理解を深めていく。

**4** 保護者との情報共有をとおして、保護者と保育者がともに子どもの理解を深め、保育所と家庭における生活の連続性や子どもの発達や経験の連続性を保障する。

引用文献：
＊1. 倉橋惣三『育ての心(上)』フレーベル館、2008 年、36 頁。

参考文献：
2. 高嶋景子・砂上史子・森上史朗 編『子ども理解と援助』ミネルヴァ書房、2011 年。
3. 秋田喜代美「「保育」研究と「授業」研究─観る・記録する・物語る研究─」日本教育方法学会編『日本の授業研究 下巻 授業研究の方法と形態』学文社、2009 年。
4. 秋田喜代美「園のくらしを育む(7) 日本の保育文化(1) 運動会」日本幼稚園協会『幼児の教育』第 109 巻第 1 号、2010 年。
5. 松山益代、秋田喜代美 監『参加型園内研修のすすめ─学び合いの「場づくり」─』ぎょうせい、2011 年。
6. 岸井慶子「園内研修」日本保育学会 編『保育学講座 4 保育者を生きる：専門性と養成』東京大学出版会、2016 年。
7. 木全晃子「実践者による保育カンファレンスの再考─保育カンファレンスの位置づけと共に深まる実践者の省察」『人間文化創成科学論叢』第 11 巻、お茶の水女子大学大学院人間文化創成科学研究科、2008 年。
8. Little,J.W. 1982 Norms of collegiality and experimentation:Workplace of conditions of school success.American Educational Reserch Journal,19(3),325-340.
9. 森上史朗「カンファレンスによって保育を開く」『発達』第 68 号、ミネルヴァ書房、1996 年。
10. 中坪史典・秋田喜代美・箕輪潤子ほか「保育カンファレンスにおける

談話スタイルとその規定要因」『保育学研究』第 50 巻第 1 号、日本保育学会、2012 年。

11. 中坪史典・秋田喜代美・箕輪潤子ほか「保育者はどのような保育カンファレンスが自己の専門的成長に繋がると捉えているのか」『乳幼児教育学研究』第 23 号、日本乳幼児教育学会、2015 年。

12. 中坪史典「保育実践と省察」日本保育学会　編『保育学講座 4　保育者を生きる：専門性と養成』東京大学出版会、2016 年。

13. 大阪府幼児教育センター『園内研修のすすめ方 Vol.2 ─子どもの姿を中心とした園内研修』2019 年。→大阪府教育センター HP

14. 岡　健「園内研修が活性化する 3 つのポイント（インタビュー）」『これからの幼児教育』ベネッセ次世代教育研究所、2013 年。

15. 中央教育審議会「これからの学校教育を担う教員の資質能力の向上について〜学び合い，高め合う教員育成コミュニティの構築に向けて〜（答申）」2015 年。

16. 若林紀乃・杉村伸一郎「保育カンファレンスにおける知の再構築」『広島大学大学院教育学研究科紀要　第三部　教育人間科学関連領域』第 54 号、2006 年。

17. ベネッセ教育総合研究所「園での経験と幼児の成長に関する調査」2016 年。

18. 箕輪潤子・秋田喜代美・中坪史典ほか「幼稚園はお便りを通して何をどのように保護者に伝えているのか：運動会のお便りの分析を通して」武蔵野大学教職研究センター　編『武蔵野教育学論集』第 5 号、武蔵野大学教育学研究所、2018 年。

19. 箕輪潤子「保護者と伝え合うためのコミュニケーションシステム」幼児教育研究部会　編『野間教育研究所紀要』第 62 号、野間教育研究所、2020 年。

20. 辻谷真知子・秋田喜代美・砂上史子・高木恭子・中坪史典・箕輪潤子(2017)「幼稚園ホームページの記述スタイル：子どもの姿を描く、常設の項目と更新する項目に着目して」国際幼児教育学会　編『国際幼児教育研究』第 24 号、国際幼児教育学会、2017 年。

21. ドナルド・ショーン、佐藤学・秋田喜代美訳『専門家の知恵─反省的実践家は行為しながら考える』ゆみる出版、2001 年。

# 第 6 章

# 子どもの精神保健と
# その課題

**学習のポイント**

　「子どもの精神保健とその課題」では、子どもの心の健康を守るために必要なこととして、子どもの心に影響を与えると思われる現代社会の特徴と、子どものころに見られやすい心の問題について理解を深める。

①子どもの生活・生育環境は時代とともに大きく変化している。家庭、地域社会、福祉サービス、メディアなど、最近の子どもの環境について理解する。

②子どもの心の問題を、発達、ことば、摂食、排泄、睡眠、習癖、その他に分け、どのような問題が見られるか、その原因や対応はどうしたらいいかを理解する。

# 子どもの生活・生育環境と その影響

## 1 家庭環境の変化

### (1) 家族形態の変化

　子どもの生育環境として最も大きな影響を及ぼすものは家庭であるが、家族の形態は時代とともに変化しつつある。産業構造が第一次産業中心の時代から第二次産業や第三次産業中心の時代に移行するにつれて、家族形態も祖父母も同居する大家族から親子のみで構成される核家族に変化してきた。近年では子どものいる世帯そのものが少なくなりつつあるが、子どものいる世帯のみで世帯構造の割合をみると、近年ますます三世代世帯の割合が減少し、親子のみで構成される核家族世帯の割合が増加していることがわかる（図6-1）。

　さらに核家族世帯のなかでも、ひとり親と未婚の子のみの世帯の数が増加しつつあることも特筆すべきである。昭和35

図6-1　子どものいる世帯の世帯構造割合の推移

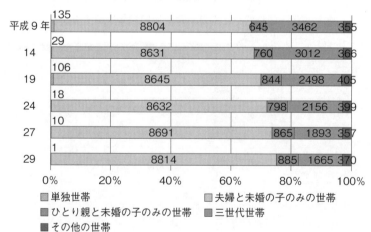

※グラフ内数字は世帯数。

出典：厚生労働省「国民生活基礎調査」をもとに森作成。

(1960)年に 0.74 であった離婚率(人口千人当たりの離婚件数)は、平成 19(2007)年には 2.02 になっており、子どものいる夫婦の離婚も増えている。子どもの家族はどんどん小さくなっているといえる。

## (2) 女性の社会参加の増大

平成 11(1999)年に**男女共同参画社会基本法**が制定され、男性も女性も、意欲に応じて、あらゆる分野で活躍できる社会の実現にむけてさまざまな施策が行われてきたこともあり、女性の社会参加が増大している。女性の就業率の推移を見ると、男女雇用機会均等法が施行された昭和 61(1986)年は 53.1％であったものが、平成 28(2016)年は 66.0％となっており、最近 30 年の間に 12.9 ポイント上昇している。子育て期にあたる 25 ～ 44 歳の女性の就業率について見ても、昭和 61 年に 57.1％であったものが平成 28 年に 72.7％となり、15.6 ポイント上昇したことになる(平成 29 年版男女共同参画白書)。

個人としての生きがいや自己実現をめざして仕事を続けるという女性が増加したと考えると、女性の社会参加それ自体は非常に好ましいことである。その一方で、女性の社会参加は子どもの生活・生育環境に大きな影響を及ぼすといえる。育児・介護休業法の制定・改正など、仕事と育児の両立を推進するための取り組みがさまざまになされているとはいえ、まだまだ仕事と育児を両立させることは困難である。子どもが親と一緒に過ごしたいと思っても、親子が一緒にふれあうことができる時間は限定的とならざるを得ない。また、親は仕事のストレスと育児のストレスの両方を受けることになり、その負担感は大きくなっている。

## (3) 少子化

結婚率の低下、晩婚化による出生にともなう身体的な負担の増大、子育てに必要な経済的負担の増大など、さまざまな要因が影響して少子化が進んでいる。人口動態統計によると、平成 29(2017)年に生まれた子どもの出生数は前年よりも 3 万人余り少ない 94 万 6065 人となり、過去最少記録を更新している。

**男女共同参画
社会基本法**
男女が対等な立場で社会のあらゆる分野の活動に参画できることをめざして、平成 11 年に制定された法律である。この法律により、国や地方公共団体には、積極的改善措置を含む施策の総合的な策定と実施が義務付けられた。

また、1人の女性が生涯に産む子どもの数にあたる合計特殊出生率は 1.43 と 2 年連続で低下している。

　少子化という現象も、子どもの生活・生育環境に大きな影響を及ぼすといえる。1家族当たりの子どもの数が減少することで、親の子どもに対する思いが1人の子どもに集中するようになり、親が子どもに過剰な期待を抱き過ぎたり、濃密な関係性をもつようになったりすることが見られる。また、きょうだいが少なくなることで、きょうだい間の相互作用も減り、子どもの体験する心理的葛藤も少なくなるといえる。年長の子どもが年少のきょうだいを世話するという経験も少なくなっている。また、家庭内の問題ではなく、本来であれば次項目の地域環境の問題であるが、少子化により、近所に同世代の子どもが少なくなることから、近所の子ども同士で一緒に遊ぶという体験も少なくなっている。

## 2　地域の変化

### (1)　都市化と過疎化

　第一次産業から第二次および第三次産業に産業構造が変化することで、家族のあり方だけではなく、地域社会のあり方も変化した。大きな会社や工場、商店など就労先の多い都市部に人口がますます集中する一方で、地方からは人口が流出して過疎化が進むという現象が起きている。

　都市部では、限られた空間に多くの人口が集まることから、1人当たりの居住面積も狭くなるとともに、多くの世帯が1つの建物に集まる集合住宅化や、さらに住宅の高層化などが進んでいる。こうした環境にあっては、子どもたちの活動も制限されることになる。屋外環境についても、子どもが自由に遊べる広い空間の確保はむずかしく、道路なども交通量が多いことから危険も多く存在する。

　一方、過疎化の進む地方では、少子化の影響もあいまって、近隣に一緒に遊べる子どもがおらず、活動が家庭内にとどまってしまうことがある。保育所や学校などでも子どもが少ないことから、集団遊びがむずかしくなるところも見られる。

## (2)　地域社会からの疎遠化

　都市化された社会では、勤務先や住宅事情等で居住地を決めることが多く、その地域に長く住み続けるという定住性が弱い。一人ひとりの仕事も異なり、生活スタイルもさまざまであることから、地域社会の連帯感が形成されにくい。近所付き合いも少なく、お互いに疎遠な関係であることが多い。内閣府による「社会意識に関する世論調査」によれば、近所付き合いの程度を聞いたところ「よく付き合っている」と回答した者の割合は、昭和50(1975)年には大都市では35.9％、町村では68.3％であり、平成30(2018)年には大都市では12.9％、町村では24.9％となっており、都市部ほど近所付き合いが少ないこと、都市部も郡部もいずれも時代とともに近所付き合いが少なくなっていることが示されている。

　旧来の農村社会では、近隣のものが皆、顔見知りであり、何でも協力しあう共同社会であったことから、子育てについても地域社会全体で行うという風潮が自然とあった。しかし、都市化された現代社会では、こうしたことが少なくなっている。核家族化により世代間の交流というタテの協力関係が弱まると同時に、都市化によりヨコの協力関係も弱まり、子どもも子育てをする親も、孤立化しているといえる。

## 3　子どものための施設

## (1)　保育所・幼稚園・認定こども園等

　保育所や幼稚園などは、家庭に次いで子どもたちが長時間生活する場所であり、子どもの生活・生育環境として重要である。家庭においては、子どもにとっての人間関係は家族という限られた関係性だけであったものが、保育所や幼稚園などに通うことで、保育者の先生との関係や友だち関係など、さまざまな人間関係が繰り広げられることになる。特に世帯の人数が小規模化している現代社会において、人間関係の形成に大きな役割を果たしているといえる。保育所や幼稚園などでは、保育所保育指針(以下、保育指針)や幼稚園教育要領(以下、教育要領)など

に基づいて、「健康」「人間関係」「環境」「言葉」「表現」という5つの領域にわたって、多様な経験を積むことができる。

保育所などの利用は年々増加している。厚生労働省による「保育所等関連状況取りまとめ」によると、認定こども園などを含む保育所等利用者数は平成30(2018)年で約260万人となっている。利用者数は年々増加しており、平成23(2011)年の約250万人から比べても10万人も増加している。保育所等利用率は、全体で見ても44.1%、1、2歳児のみでみると47.0%となっており、ほぼ2人に1人の割合で保育所などを利用していることになる。

保育所や幼稚園以外にも、**子育て支援センターやつどいの広場**、子育てサークルなど、さまざまな子育て支援のサービスが増え、家庭以外の子どもの居場所ができている。こうした場は、子育て中の親の孤立化を防ぐだけでなく、子ども自身にとっても、さまざまな経験の機会を得ることができるという意味で重要である。

## 4 メディアの進化

### (1) テレビ・ビデオ

旧来、子どもの生活に影響を与えるといわれているメディアとして、テレビがあげられる。NHKによる「幼児視聴率調査」によると、2〜6歳の幼児のテレビ視聴時間は、平成30(2018)年の調査では週平均1日当たり1時間39分であり、平成10(1998)年の2時間43分から漸減傾向にあるものの、一定のテレビ視聴がなされているといえる。さらに、録画番組や市販のDVD等の視聴についても、1週間に少しでも視聴した幼児の割合は平成30(2018)年で83.2%で、1日当たりの平均再生時間は57分であった。小さいころからテレビやビデオが身近な存在となっていることがわかる。

テレビなどの視聴が子どもの発達に及ぼす影響については、いまだに議論の分かれるところである。直接的に体験できないさまざまな情報にふれることができる、視覚的でわかりやすいなど、さまざまなメリットが考えられる。一方で、子どもの発

**子育て支援センター**
子育て中の親等に対して子育てなどに関する相談や援助をしたり、子育て親子の交流の場を提供したりするなど、地域の子育て支援を専門的に行う拠点のことである。地域子育て支援センター事業としてはじまり、地域子育て支援拠点事業として引き継がれている。

**つどいの広場**
子育て支援サービスの一つで、子育て中の親子が気軽に集い、打ち解けた雰囲気のなかで相互に交流できる場を提供するものである。平成14(2002)年につどいの広場事業が国庫補助事業として創設され、平成19(2007)年以降は、地域子育て支援拠点事業のひろば型として展開されている。

達への悪影響を示唆する意見も多く、日本小児科医会は2004年に「『子どもとメディア』の問題に対する提言」として、テレビなどの長時間視聴は「親子が顔をあわせ一緒に遊ぶ時間を奪い、言葉や心の発達を妨げ」るため、2歳までの子どもにはテレビやビデオの視聴を控えようという提言をしている。

## (2)　パソコン・スマホ・モバイル端末

　総務省の「通信利用動向調査」によると、パソコンを保有している世帯は、平成8(1996)年の段階では22.3％であったのが、平成21(2009)年には87.2％にまで増加し、その後、少しずつ減少傾向にある。パソコン保有率が近年減少しているのは、パソコンに替わってスマートフォンの保有が増大しているためで、スマートフォンの保有率は平成22(2010)年に9.7％であったものが、平成30(2018)年には79.2％にまで増加している。ほとんどの家庭にパソコンまたはスマートフォンが行き渡っているといえる。また、スマートフォンの個人保有率を見てみると、6～12歳が32.9％、13～19歳が83.8％となっており、子どもでも多くのものがスマートフォンを個人保有している。さらに、スマートフォンを含む何らかのモバイル端末を個人保有しているものは、6～12歳で46.1％、13～19歳で87.4％となっており、さらに保有率は高くなる。

　同調査によると、インターネットの利用率も年を追うごとに増加しており、平成8(1996)年の段階では6.9％であったものが、平成29(2017)年には80.9％であった。年齢別に見ると、平成29(2017)年には6～12歳の子どもでも73.6％の者が、13～19歳の子どもに至っては96.9％の者がインターネットを利用している。

　パソコンやスマートフォンは非常に有用な情報機器であるが、子どもの育ちの点から考えると、いろいろな問題点もあげられる。パソコンやスマートフォンには依存傾向が見られることがいわれており、四六時中、画面に熱中することで、対面での直接的なコミュニケーションなどの時間が少なくなってしまう。インターネット上でのSNSなどを使用したコミュニケーションは、匿名性をもった交流になりがちなため、表面的で希薄なコミュニケーションとなったり、過激で自己中心的なコ

ミュニケーションとなったりすることが多い。また、インターネットを使うと、世界中の無数の情報が簡単に手に入ってしまうため、子どもが悪影響な情報を目にする場合もある。さらに、固定されたパソコンの場合、特定の場所でしか使用できないのに対し、スマートフォンをはじめとするモバイル端末は、いつでもどこでも利用できるという特徴があり、このことは親の監督が十分に行き渡らないという点で、大きな問題ともいえる。

## 第2節 子どもの心の健康に関わる問題

### 1　発達の問題

### (1)　精神遅滞

　幼児期から全般的に精神の発達が遅れた状態を精神遅滞または知的障害という。一般に、標準化された知能検査で測定された知能指数が70より低いことが精神遅滞の判定の目安とされるが、知能指数は絶対的な基準ではなく、家庭や学校、保育所など、社会生活のなかでどの程度適応が困難かで判断される。適応の度合いによって、軽度・中等度・重度・最重度の4段階に分けられる。また、子どもによっては言語的な遅れが目立つ子どももいれば、運動機能の遅れが目立つ子どももいて、臨床像はさまざまである。

　精神遅滞の原因もさまざまである。**ダウン症**などの染色体異常、**フェニルケトン尿症**などのような遺伝性の代謝異常、先天性風疹症候群などのように胎生期でのウイルス感染、周産期や出生後に生じる脳損傷や低酸素性脳症など、さまざまな疾病が原因となって精神遅滞となることがわかっている。また、原因が特定できずに精神遅滞となるものも多い。

**ダウン症**
　21番染色体に過剰な染色体が1本あることで生じる疾患で、最初の報告者であるダウン医師の名前から命名されている。筋肉の緊張が低く、知的発達に遅れがあることが多い。両目の間隔が広い、低く扁平な鼻、小さい耳など特有な顔立ちをもち、心臓等の内臓の形態異常をともなうことも少なくない。

**フェニルケトン尿症**
　フェニルアラニンというアミノ酸が代謝されずに体内にたまる病気である。フェニルアラニンの蓄積が体内のアミノ酸のバランスを乱し、子どもの脳の成熟に悪影響を与えるために、知的発達の遅れにつながることがある。

## (2)　自閉スペクトラム症

　自閉スペクトラム症（ASD〔Autism Spectrum Disorder〕） とは、先天的な原因から、社会的コミュニケーションの障害や興味や行動の限定という特徴が現れる発達障害である。これまで広汎性発達障害とよばれていた自閉症やアスペルガー症候群などを包含する疾病概念である。自閉症やアスペルガー症候群などは、互いの境界線を引くことが極めてむずかしいことから、一連の連続体（スペクトラム）としての障害ととらえるようになった。

　社会的コミュニケーション障害の症状として、人の気持ちを理解することが苦手であり、うまく対人関係を築くことがむずかしく、ひとりでいることが多いことなどがあげられる。話しことばの発達が遅く、相手の言ったことばのオウム返し、「てにをは」など助詞の誤用や、状況にそぐわないことばの使用など特徴的なことばの使用が見られることもある。また、興味や行動の限定の症状として、特定の物事に強い興味をもち、強いこだわりを示したり、特定の行動を繰り返したり、特定の領域に関する膨大な知識をもったりするなどの特徴をあげることができる。そのほか、特定の刺激に対して過敏な一方で別の刺激に対しては鈍感であるなど感覚の偏りが見られることもある。また、知的障害を合併している人もいれば、知的な障害はまったく見られない人もおり、なかには高い知能や特異な才能をもつ人もいる。

　原因は、まだよくわかっていないが、先天的な脳機能の違いが原因であると考えられている。当初は母子関係のあり方で生じるという考えもあったが、現在では育て方によるものではないと考えられている。その特性を理解し、関わり方を工夫しながら適切な行動を増やしていくことで、社会に適応できるようにしていくことが求められる。

## (3)　注意欠如・多動症（ADHD）

　低年齢のころから注意の欠如（不注意）、多動性、衝動性を症状とする発達障害を注意欠如・多動症 という。注意の欠如（不注意）とは、活動をしていてもそれに集中できず、別のことに注

　第 7 章 160 頁参照。

　第 7 章 161 頁参照。

子どもの精神保健とその課題

意がむいてしまったり、結果的にケアレスミスが多くなったりする状態のことである。多動症の症状は、落ち着きがなく動き回っている、じっと座っていることができず座っていても絶えず体の一部が動いている、などがあげられる。また、衝動性の症状としては、自分の順番を待つことができない、相手の話を最後まで聞かずに次の行動をはじめてしまう、といったこともある。すべての者がこれらすべての症状を呈するとは限らず、不注意の症状が主に現れる不注意優勢型、多動性や衝動性の症状が主に現れる多動性・衝動性優勢型、両方の症状が見られる混合型など、さまざまなタイプに分類される。年齢によっても状態像が変化することもあり、幼少期は多動傾向が目立っていた子どもが、年齢があがるにつれて多動傾向はおさまるが、逆に注意力や集中力の欠如や、感情的な衝動性が目立つようになることも多い。

　注意欠如・多動症の原因は、はっきりとはわかっていないが、脳内の**神経伝達物質**の異常により起こるとされている。特に、**ドーパミン・トランスポーター**が過剰にはたらくことによりドーパミン量が減少して、行動の抑制がきかなくなるのではないかと考えられている。一見、自分勝手でわがままな子どもに見えるが、決してそうではなく、いけないと頭でわかっていてもうまく行動を抑制できず、つい行動してしまうということが多い。

　注意欠如・多動症であることによって、学業などに専念できないことから、学業不振に陥るリスクをもっている。また、周囲から叱られたり注意を受けたりすることが多いことから、自己評価が低くなることが多く、そのことが原因で後に**反抗挑戦性障害**を引き起こすリスクもある。その子どもの行動特性を正しく理解し、活動に集中しやすい工夫をするとともに、よいことを褒めて自己評価を高めるような関わりが求められる。

## 2　ことばの問題

### (1)　構音障害

　喉（のど）から口までの呼気の通路の形を変えるなどすることで、出

された音声に変化を与えて、さまざまな言語音をつくり出すことを構音という。音のなかには発音しやすい音と発音しにくい音があり、比較的発音しやすい音は、ア行、カ行、パ行、バ行、マ行、ワ行などの音である。それゆえ、「ママ」「パパ」「ブーブー」「ワンワン」など小さい子どもがよく使うことばには、これらの音で構成されているものが多い。一方で、「サ行」や「ラ行」などの音は発音しづらく、子どもが小さいうちはうまく発音できないことが多い。例えば、「おさるさん」を「おたるたん」と言ったり、「おしっこ」を「おちっこ」と言ってしまうなど、サ行がタ行に置き換わって発音されることは非常に多い。また、「りんご」を「いんご」と言ったり、「だっこ」を「あっこ」と言うなど、最初の子音を脱落させてしまう誤りもある。

　こうした発音の誤りは、発達とともに徐々に消失してゆくが、年齢不相応に構音がうまくできずに発音の誤りが見られることがあり、これを構音障害という。構音障害には、口や喉などの形態上の異常により生じる器質性構音障害、口や喉などの運動機能の異常により生じる運動障害性構音障害、はっきりした医学的な原因の認められない機能性構音障害などがある。小学校にあがっても状態が改善されない場合は、何らかの治療が求められる。

## (2) 吃音（きつおん）

　ことばを話す際に、同じ音や単語を反復したり、特定の音をのばしたり、途中でことばに詰まったりするなどして、著しく発話の流暢（りゅうちょう）さが障害されている状態を吃音という。発話の出だしのところでその音を繰り返してしまうことが多い。二次的な症状として、吃音の状態を気にすることから、話すことを避けて無口になったり、吃音になりやすいことばを避けるために回りくどい言い方が習慣化されたりすることもある。吃音の症状は、主に発話が盛んになる2歳ごろから小学校低学年の間に頻繁に見られる。まれに成人まで症状が持続することも見られるが、多くの場合、特別な治療や訓練をしなくても年齢があがるにつれて自然に治っていく。一般に男児のほうが女児よりも3〜4倍多いといわれている。

　原因は必ずしも1つとは限らず、構音器官の未成熟が原因で

起こったり、ほかの子どもの吃音を真似しているうちに吃音が習慣化されてしまったりするなど、いろいろな場合が考えられる。話すことに対する心理的な不安や緊張から生じる場合も考えられる。吃音の子どもには、慌てずにゆっくりと話しをすることを習慣づけたり、会話を楽しいものと意識化させたりすることが必要である。吃音を意識することで不安や緊張がさらに高まり、悪循環的に吃音が悪化することもあるので、周囲のおとなは、発音をいちいち指摘したりして吃音を意識させるようなことをしない配慮も必要である。

## (3) 緘黙（かんもく）

　ことばの発達そのものには遅れはなく、発声器官にも異常が見られないにもかかわらず、ことばを発せず他者とおしゃべりができなくなる症状を緘黙という。相手や場面にかかわらず症状が見られる全緘黙と、特定の相手や場面で症状が見られる選択性緘黙に分けられる。多くの場合、家族や親しい友だちの前では普通にしゃべれるのに、保育所・学校やあまり知らない人の前ではしゃべれなくなるという選択性緘黙の形で見られる。緘黙の程度も、声は出さないが首振りなどの形で意思を表出する場合、首振りなどもあまり示さない場合、ささやくように小さな声になる場合や、簡単なあいさつなど決まったことばだけなら話せる場合など、いろいろである。

　緘黙は、幼児期の外傷体験や家族内の問題など、心理的な原因が大きいと考えられている。他者に対して自分の内面を表現することを拒否している場合が多い。無理にことばを促そうとせず、ことばを使わなくてもいい遊びをするなかで、自己を表現したり、相互の関わりをしたりするようにする。豊かな自己表現をともなう遊びが苦手であることも多く、その場合は、表現活動の少ない遊びから、徐々に豊かな自己表現を必要とする遊びへ発展していけるとよい。

## 3 摂食の問題

### (1) 食べ過ぎと単純性肥満

　運動量に比して食べる量が多いことが理由で体重が標準的な値よりも 20％以上多い場合を単純性肥満という。

　食べるという行為には心理的な要因が大きく影響しており、ストレスを抱えていたり、愛情不足によるさびしさをもっていたりする場合などに食べ物を口にすることでまぎらわすということは、おとなでも子どもでも見られることである。しつけの問題として適切な食習慣が形成されておらず、肥満に至ることもある。

　子どもの肥満はおとなになってからの肥満につながることが多く、将来さまざまな生活習慣病になりやすいという身体的なリスクだけでなく、友だちからのからかいやいじめにつながりやすいという社会的なリスクもある。子どもの食習慣に気を配ることは大切である。

### (2) 異食

　幼い子どもに見られる摂食障害として、食べ物としてふさわしくないものを食べる、異食がある。異食の対象は、土、髪の毛、小石、紙、布などさまざまである。たいていは害のないものを食べることが多いが、ガラス、くぎ、ピンなど、危険なものを飲み込むこともある。異食を繰り返すことにより、栄養不足や腸閉塞、中毒などを引き起こすこともあり、致命的になることもある。異食を引き起こす原因はさまざまである。ストレスが原因で起こることが多く、抜毛症の者が抜いた毛を口にすることから異食に移行することも多い。**ネグレクト**で栄養や愛情が不足することで生じることもある。精神遅滞が原因で起こることもある。異食の対象を口にできないように環境調整したり、**行動療法**的な関わりで行動を修正することが行われる。

**ネグレクト**
子どもに食事を与えない、不潔なままにしておく、泣いていても無視する、病気やけがになっても治療を受けさせないなど、子どもにとって必要な養育を養育者が放棄することである。児童虐待の一つとされ、子どもの発達に悪影響を与えるといわれる。

**行動療法**
条件付けなどの実験によって構築されてきた学習理論に基づく心理療法の総称である。環境の刺激を操作することで、行動（身体内の反応を含む）を変容させる。新しい行動を形成するシェーピング法や、不安や恐怖の低減を図る系統的脱感作法など、さまざまな技法がある。

## （2）　過食および拒食

　思春期以降に見られる摂食障害として、神経性やせ症と神経性過食症があげられる。神経性やせ症は、体重増加を恐れることから食べ物をほとんどとらず、やせ細ってしまうものである。自己のボディーイメージに歪みが見られ、明らかにやせているにもかかわらずその認識がもてず、食事をとろうとしない。かつては神経性食欲不振症とよばれていたが、必ずしも食欲を感じないわけではないため、近年では神経性やせ症と称されている。

　神経性過食症は、食のコントロールができずに、過度な大食いが見られるものである。大量の食事をとるものの、神経性やせ症と同様に体重や体型を非常に気にしており、過食による体重増加を防ぐために、自ら嘔吐したり、下剤を使って排便を促したりする。過食と嘔吐のバランスにより体重は正常範囲であることも多く、周囲には気づかれにくい。神経性やせ症の状態から、反動で過食に移行することも多い。

　神経性やせ症も神経性過食症も、いずれも対人関係や家族関係に問題を抱えていることが多く、自己評価が低いことが多い。栄養状態を改善させると同時に、認知的な歪みをなくし自己評価を高める関わりが求められる。

## 4　排泄の問題

## （1）　遺尿症

　一般に３〜４歳ごろになると、トイレでの排泄ができるようになり、おむつがとれるようになる。近年はおむつがとれる時期が遅くなる傾向が見られるが、それでも、多くの者が４歳ごろには排泄習慣を獲得するようになる。多くの者が排泄習慣を獲得する年齢になっても、尿をもらしてしまうことを遺尿症、便をもらしてしまうことを遺糞症という。

　遺尿は、昼間起きている間に尿をもらしてしまう昼間遺尿として起こる場合もあるが、多くの場合、おねしょとよばれ、夜寝ている間におもらしをしてしまう夜尿として見られる。また、

遺尿のなかには、排泄習慣がなかなか確立せず常におもらしを
し続けている場合もあれば、いったん排泄習慣が確立した後に
再びおもらしをするようになる場合もあり、前者を一次性遺尿、
後者を二次性遺尿という。

　遺尿の原因としてはさまざまなことがあげられる。そもそも
トイレでの排泄はしつけにより形成される生活習慣であり、ト
イレットトレーニングの不足としておもらしをしてしまうこと
もある。尿をためるための膀胱機能の未成熟や、尿の量を調節
する神経内分泌機能の障害など、おもらしをしやすい身体的な
原因が存在することもある。そのほか、心理的な葛藤が要因で
遺尿が生じることもあり、例えば弟や妹が生まれることで**退行**、
いわゆる赤ちゃん返りを起こし、おもらしがはじまるというこ
とも多い。排泄に失敗することで羞恥心や罪の意識を引き起こ
し、再び失敗するのではないかと不安や緊張感を強め遺尿を起
こしやすくなることもある。

　水分摂取量を調整したり、排尿のタイミングを調整したりす
るなど生活指導をとおして排尿の訓練が行われる。おもらしが
なかったときはご褒美をあたえるなど、行動療法的なアプロー
チも有効である。身体的な原因がある場合は、膀胱の収縮を調
整する薬や利尿作用を抑える薬など薬物療法が有効なこともあ
る。

## (2)　遺糞症

　一定の年齢になっても便をもらしてしまう遺糞症は、遺尿よ
りも出現率は少なく、およそ1％程度の出現率といわれる。遺
尿の場合と同様に、いったん排便習慣の自立が見られたかどう
かにより、一次性遺糞症と二次性遺糞症に分けられる。遺糞の
なかには、下着の中に無意識的にもらしてしまう場合もあれば、
トイレ以外の場所で意図的に排便をするような場合もある。便
秘をともない、固い便塊の隙間から軟便がもれ、下着を汚して
しまうタイプもある。原因も、トイレットレーニングが適切に
なされなかったことに起因する場合もあれば、背景に情緒的な
問題を抱えている場合も多い。昼間遺尿や夜尿などが併存して
いることも多く、注意欠如・多動症や反抗挑戦性障害などに合
併する例も見られる。

**退行**
　防衛機制の一種。自分
にとって受け入れがたい
状況におかれたとき、自
分の心を守るために作用
する無意識的な自我のは
たらきのことを防衛機制
という。退行とは、現在
の発達状況より、もっと
未発達な段階に戻り、そ
の発達段階での行動様式
をとること。

第6章

子どもの精神保健とその課題

145

便秘をともなう場合は便秘に対する治療や生活指導がまずは大切である。叱責されることで子どもが劣等感を高め、排泄に対する不安や緊張を引き起こす悪循環となることも多い。安心して排便できる環境を確保することで、排便に対する不安をなくしてあげることも大事である。毎日の排泄の記録をし、行動療法的なアプローチも有効である。

## 5　睡眠の問題

### (1)　夜驚症

夜驚症とは、子どもが睡眠中に突然泣いたり叫んだりする症状で、強い恐怖反応や発汗、心悸亢進といった**自律神経症状**をともなう。入眠後数時間で起こることが多く、たいていは数分でおさまる。症状が出ているときに周囲から声をかけても反応せず、翌朝にもそのときのことは覚えていない。ノンレム睡眠の際に出現し、いわゆる怖い夢を見て目覚めたものとは異なるとされる。脳の睡眠中枢の未成熟が原因と考えられており、幼児期から小学校低学年時に多く見られるが、成長とともに自然に消失することが一般的である。昼間に怖いことや興奮するようなことなど感情を刺激するような体験があったときに出現しやすいとされているが、特段、治療が必要というわけではなく、おさまるのを見守ってあげればよい。

### (2)　睡眠時遊行症

睡眠時遊行症とは、睡眠時に突然起き上がり歩き回る症状で、一般に夢遊病ともいわれる。周囲から話しかけてもほとんど反応せず、目を覚まさせることはむずかしく、目を覚ましてからもその間のことは覚えていない。夜驚症と似ているが、激しい**自律神経症状**は見られない。成長とともに自然に消失することが一般的であり、特段、治療が必要というわけではなく、症状が出た際にけがをしないようにおさまるのを見守る対応が求められる。

**自律神経症状**
心臓、肺、胃腸、汗腺などさまざまな内臓器官は、自律神経がバランスをとりながら調整しているが、こうした自律神経のはたらきがうまくいかないことで生じる身体症状の総称のことをいう。例えば、動悸、息苦しさ、下痢、吐気、発汗、頭重感などがあげられる。

## (1)　指しゃぶり

　乳児は生後2〜4か月になると手指を口にもっていき吸うようになる。さらに、5〜6か月には手でいろいろな物をつかみ、それを口に入れてしゃぶることも見られるようになる。こうした行為は、目と手の協調運動やいろいろな物の特徴を学習するために大切な役割を果たしていると考えられている。また、気持ちを落ち着かせるための役割もあると考えられている。1歳を過ぎ、つかまり立ちや伝い歩きなどをはじめるようになり、さらに手でおもちゃを持って遊ぶようになると、指しゃぶりは減少するようになる。

　しかし、1〜2歳を過ぎても何らかの理由で指しゃぶりが見られることもある。特に、寝る前や何もすることがなく退屈なときなどに見られることが多いが、不安や寂しいときに見られることもある。歯並びが悪くなるなどの理由から早い時期にやめさせるべきであるという考えもあるが、子どもにとっては気持ちを落ち着かせる意味もあり、幼児期ならそのままにしておいてよいと考えられている。指しゃぶりをやめさせるには、厳しく叱責するよりも、手をやさしく握ってあげたり、何か別の活動に誘ってあげることが望ましい。

## (2)　爪噛み

　爪噛みも、子どもによく見られる癖であり、指しゃぶりと同様に気持ちを落ち着かせる意味があるとされる。子どもの内面にいらいら感があり、何らかのストレスが内在していると考えられる場合が多い。指しゃぶりよりも大きな子どもで見られることが多く、おとなになっても見られることがある。爪を噛むことで爪が短くなり、指先の皮膚を傷つけてしまうリスクもある。爪噛みをしているときには、指しゃぶりと同様に、厳しく叱責するのではなく、手をやさしくとったり、何か別の活動に誘ってあげることが望ましい。

### (3)　性器いじり

　3〜5歳ごろの幼児には、性器の部分に手をやったり何かに性器の部分を押し付けたりするようすが見られる。さらに男児の場合は性器を引っ張ったりいじったりする姿もよく見られる。おとなの快感とは異なるが、幼児でも性器を刺激することで一定の快感や安心感が得られるため、習慣化することもある。一般的には自然に消失することが多く、心配する必要はない。やめさせるためには、叱ったりせず、何らかの別の活動に誘ってあげることが望まれる。不潔さからのかゆみや不快感がきっかけで性器いじりをすることもあり、清潔さを保つことも大切である。

### (4)　抜毛症

　自分の体毛を引き抜くことが癖になり常態化している状態を抜毛症という。抜毛がひどいと、結果として、毛のない部分が体表に生じてしまう場合もある。抜毛の対象となる体毛として最も多いのは髪の毛であり、眉毛や睫毛などが対象となることも多い。また、自分の体毛ではなく、ペットや人形の毛、じゅうたんやセーターの毛などが対象となることもある。まれに抜いた毛を食べてしまうこともあり、異食症を合併することもある。男児よりも女児に多く見られ、幼児期だけでなく思春期までいろいろな年齢で見られる。

　抜毛の見られる子どもには、親から十分な愛情が得られなかったり、家族関係に問題を抱えているなど養育環境上に問題があったりする場合が多い。否定的な自己像をもっていたりすることも多く、子どもに愛情を与えながら、肯定的な自己像を強めていく関わりが大切である。

## 7　その他の問題

### (1)　チック

　自分の意図とは関係なく、突発的に体の筋肉が素早く動くこ

とをチックという。瞬きを繰り返したり、顔をしかめたり、首をかしげたり、肩を回したりなど、明らかに外から身体の動きが見えるようなものがあり、こうしたものを運動チックという。一方で、口腔や鼻腔、喉などの筋肉を動かすことで声や音を出すものもあり、こうしたものを音声チックという。また、単一の動きのみを繰り返す単純性チックもあれば、いろいろな動きの組み合わせから構成される複雑性チックが見られることもある。多種類の運動チックと１つ以上の音声チックが１年以上にわたって続く場合、トゥレット障害とよぶ。

原因ははっきりしていないが、同一家系内で見られることも多く、遺伝的因子があると考えられている。また、大脳基底核のドーパミン神経系の発達障害が原因と考えられている。一方で、環境的因子も影響しており、ストレスによって症状が強くなるともいわれている。チックの子どもに対しては、干渉や抑制、禁止などを減らして、受容的に対応するのが望ましい。

## (2) 愛着障害

子どもは、母親や父親など自分の養育をしてくれるおとなに対して、特別の信頼感と愛情を抱くようになり、このような特別の感情を愛着とよぶ。乳幼児期の初期において養育者との間で安定した愛着が形成されることは、その後の発達にとって重要であると考えられている。養育者との間で強い絆が形成されることで、その関係を基盤とし、新しい対象を探索し、適切な関係を築けるようになっていく。こうした愛着関係は、養育者の養育が不適切であったり不安定であったりするとうまく形成されないことがあり、これを愛着障害という。

愛着障害は、抑制型（反応性愛着障害）と脱抑制型（脱抑制性社交障害）とよばれる、相反する２つのタイプに分けられる。抑制型は、見知らぬ他者を極端に恐れ、他者に対して警戒的で強く緊張を示し、他者に近づくことや他者からふれられたりすることを嫌がる。逆に脱抑制型は、誰でもかまわず馴れ馴れしい行動をとり、はじめて会った人にも平気で近づいていくことができる。これらいずれかの特徴を示す者もいれば、両方の特徴を時期によって交代しながら示すこともある。

こうした愛着障害に対しては、子どものニーズに沿ったケア

を行いながら、安心で安全な関係性を築いていく関わりが求められる。

## (3) 登園しぶり

幼稚園や保育所に行く際に、泣いたりぐずったりして行きしぶることが見られる。こうした登園しぶりは、はじめて幼稚園や保育所に通いはじめたときに見られることもあれば、これまで順調に通園していたのにある日突然、行きしぶるようになることもある。

通いはじめのころに見られる登園しぶりには、分離不安が影響していると考えられる。親に対して一定の愛着を示している子どもは、親がいない場面に対して一定の不安を感じることは自然なことであり、こうした不安を分離不安という。これまで親と一緒に生活していた子どもが、「親と離れたくない」という気持ちから登園を嫌がるのである。こうした登園しぶりは、個人差も大きいが、何日か通園し続けて園の環境や保育者などに慣れ親しむことで、徐々に登園しぶりを示さなくなる。

幼稚園や保育所では集団生活のため、自分の思いどおりにいかないことも多い。「先生が怖い」とか「友だちとの関わり方がわからない」など、さまざまな不安を抱えて登園しぶりを起こすこともある。そんなときは、子どもの話をゆっくりと聞いてあげることが大切である。また、家庭での生活リズムと園での生活リズムがずれることにより子どもがストレスを感じていることもあり、生活リズムを規則正しく整えてあげることが効果的なこともある。

そのほかにも、弟や妹が生まれたことで「赤ちゃん返り」により親に対する甘えが増大し、登園しぶりを起こすこともあるし、家庭内の不和が原因で子どもの不安が増大し、登園しぶりを起こすこともある。

**学習のふりかえり**

**1** 子どもを取り巻く環境は年々変化しているが、子どもの生活・生育環境は子どもの育ちや心の問題に影響を及ぼすと考えられる。

......

**2** 心の問題には、生まれもった子どもの特性としてとらえるべきものもあり、その特性に合わせた保育を考えることも大切である。

......

**3** 心の問題には、発達過程の流れで自然に出てくるものも多く、発達過程を理解し、子どもの育ちをゆっくり見守ることも大切である。

......

**4** 心の問題には、人間関係を含む生育環境によるストレスなどが影響していることもあり、子どもの気持ちに寄り添う関わりが大切である。

**参考文献：**

1. American Psychiatric Association 原著『DSM-5 精神疾患の診断・統計マニュアル』高橋三郎・大野裕監訳、医学書院、2014 年。
2. 内閣府「社会意識に関する世論調査」2019 年。
3. 厚生労働省「保育所等関連状況取りまとめ」2019 年。
4. NHK 放送文化研究所「幼児のテレビ視聴と録画番組・DVD の利用状況 ～ 2018 年 6 月『幼児視聴率調査』から～」2018 年。
5. 「子どもとメディア」対策委員会「『子どもとメディア』の問題に対する提言」日本小児科医会、2004 年。
6. 総務省「通信利用動向調査」2019 年。

第6章

子どもの精神保健とその課題

151

# 第 **7** 章
## 子どもの理解に基づく発達援助

**学習のポイント**

　「子どもの理解に基づく発達援助」では、子どもは、多様な社会文化的な背景のなかで生まれ育つ存在であり、それぞれが独自の特別なニーズをもつ存在であることを理解するために、以下の点について学習する。

①発達の課題、個性、援助についてのとらえ方を学ぶことが、保育における発達援助に役立つことを理解する。

②特別な配慮の必要な子どもを理解することのむずかしさを理解し、子どものみに着目するのではなくその背景にも着目する必要性を学ぶ。

③特別な配慮の必要な子どもの保育にあたっては、他機関と連携しつつも、何よりも園全体で検討すること、研修を重ねていくことの重要性を理解する。

④乳児から幼児への連続性、園と家庭との連続性、園から小学校さらにはその先への連続性について検討する際の留意点を学ぶ。

# 発達の課題に応じた援助と関わり

## 1　発達の課題のとらえ方

　乳幼児期は発達の著しい時期であることに誰も異論はないであろうが、この時期あるいは児童期・青年期にある者のみが発達しているわけではない。生涯発達心理学の考え方をとるなら、成人期や中年期・高齢期にある者もすべて発達する存在であり、その時期の特徴を反映した発達の課題がある。

注1・・・・・・・・・・・・・・
第 10 章 221 頁参照。

　生涯発達心理学の代表的な発達理論としては、1959 年にエリクソン（Erikson, E.H.）の提唱した心理社会的発達段階論[注1] をあげることができる（表 7-1）。この発達段階論の特徴は、①社会的対人関係や文化的要因との相互作用をとおして人格が発達していく過程を描いていること、②乳幼児期から高齢期に至る人生を 8 段階に分けて、各段階に克服すべき発達の課題を設定したこと、③避けることのできない心理社会的危機を経験しながら発達が進んでいくと考えたこと、の 3 点にまとめられる。

　上記の特徴のなかでも、3 点目は、発達の課題を考えるうえで重要である。例えば、第 2 段階の幼児前期（自律性の獲得が課題）において、子どもは、第 1 段階の乳児期とは異なり、周囲の

表 7-1　エリクソンの心理社会的発達段階

| 発達段階 | | 心理・社会的危機 | | |
|---|---|---|---|---|
| 第 1 段階 | （乳児期） | 信頼 | 対 | 不信 |
| 第 2 段階 | （幼児前期） | 自律性 | 対 | 恥・疑惑 |
| 第 3 段階 | （幼児後期） | 自主性 | 対 | 罪悪感 |
| 第 4 段階 | （児童期） | 勤勉性 | 対 | 劣等感 |
| 第 5 段階 | （思春期・青年期） | 同一性 | 対 | 同一性混乱・拡散 |
| 第 6 段階 | （成人前期） | 親密性 | 対 | 孤立 |
| 第 7 段階 | （成人後期・中年期） | 世代性 | 対 | 停滞 |
| 第 8 段階 | （老年期） | 統合性 | 対 | 絶望感 |

注：エリクソンは、各段階に年齢を対応付けていないが、この表では理解のしやすさを考えて、日本での大まかな対応時期を（　）に記載した。

出典：エリク・H・エリクソン『アイデンティティとライフサイクル』西平直・中島由恵訳、誠信書房、2011 年をもとに藤崎作成。

おとなから、排泄（はいせつ）のしつけをはじめとするさまざまなはたらきかけを受けはじめる。このとき、子どもは「外から与えられる枠組みを自己の内部に受身的に取り入れるのではなく、主体的に取り入れて、外部と内部の調和を図る」という課題に取り組む。身体や神経系の成熟を基礎として、子どもは自分で自分の身体をコントロールできるようになり、このことを背景に自分でやりたいという気持ちが生じてくる。そして、自分でできると喜びや満足を感じるのであるが、自分でやりたいという気持ちの高まりは、時として、外から枠組みを与える親への反抗的な行動をとらせる。子どもは親が嫌いで反抗しているわけではないのだが、子どもの発達の課題への取り組みが、親子ともに厄介な日々の葛藤を招くことになり、親からは反抗期（あるいはいやいや期）と呼ばれる時期となる。こうした親子の葛藤をとおして、それまで親と一体化していた子どもに自意識が生まれ、枠組みをうまく取り入れられない場合には恥を感じる。一方で、おとなの側のはたらきかけに一貫性がないと、子どもにとって何を取り入れればよいのかわからないこととなり、疑惑を生む。

　通常、発達というと、建設的に進んでいくものととらえられ、「昨日できなかったことが今日はできるようになる」と考えられがちであるが、決してそうではなく、本人の中で、あるいは、本人と周囲との間で葛藤を含みこみつつ進行していく過程であるとの理解が重要である。そして、こうした心理社会的危機をはらんでいるのは、乳幼児期のみではなく、高齢期までに至るすべての段階に当てはまる。例えば、子どもという次世代を育てるという保育の仕事は、エリクソンの発達段階論に当てはめるならば、第7段階の**世代性**の獲得となろうが、この段階についても、自己にこだわる**停滞**との葛藤がある。子どもだけではなく、保育者の側も発達の課題をもつということの理解は、保育を行ううえでの大事な出発点であろう。また、保育者のみでなく、保護者も世代性の獲得を課題としており、「親としての発達」を課題としている。保育所保育指針（以下、保育指針）には、在園児および地域の保護者にむけての子育て支援が明記されているが、園は、子どものみでなく保育者も**保護者も育つ場**といえる。

**世代性**
自分以外の人やものに関心をむけ、何ものかを生み育て、さらに次世代へと継承していく営みをさす。典型的には自分の子どもを育てることとなろうが、それだけに限定されるのではなく、広く次世代、さらには、物や思想をつくり育てることも含まれる。原語のgenerativityはエリクソンの造語であり、世代性のほか、生殖性・生産性・創造と育成など、多様な訳がなされてきている。

**停滞**
世代性とは逆に、あらゆるエネルギーが自分自身だけにむかって完結してしまうため、発展していかないこと。

**保護者も育つ**
鯨岡（2016）は、その関係発達論において、子どもからおとなへの発達を、〈育てられる者〉から〈育てる者〉への世代間循環の視点から論じている。そのなかで、「〈育てられる者〉の発達のあるところには、必ず〈育てる者〉の発達もあること、つまり、各世代の生涯発達過程が少なくとも3世代で同時進行する」（鯨岡峻『関係の中で人は生きる―「接面」の人間学に向けて』ミネルヴァ書房、2016年、30頁）と述べ、子ども・親・親の親の発達が同時進行するとしている。保育士は、子どもを〈育てる者〉の一員として、3者の育ちに関わり、そして、3者の育ちに並行して自身も発達するのだろう。

## 2 個性のとらえ方

保育のなかで、発達の課題を考えるときに戸惑うのは、個性をどのように考えるかということであろう。ことばの獲得は比較的早いが運動面での発達はゆっくり、また、その逆の子どもがいる。**ごっこ遊び**が好きな子ども、**構成遊び**が好きな子ども、運動遊びが好きな子どもがいる。こうした諸特徴が子どもの個性を形づくっている。

個性の考え方を知能について検討したものとして、1999年にガードナー（Gardner, H.）が提唱した多重知能という知能観が参考になる。これは、人の知能に一般的知能と呼ばれるような「すべての活動に共通する知能」を想定するのではなく、少なくとも8つの異なった知能の存在を考える（表7-2）。今日の学校では、言語的知能や論理―数学的知能が重視されがちだが、子どもの得意な種類の知能を発揮すると考えれば、遠足の経験をまとめて他者に伝える際に、お話をしてもよし、絵に描いてもよし、歌をつくってもよし、身体的パフォーマンスもよし、というように多様な表現が可能になる。

一方で、個性や多様性ではなく、経験不足や障害ゆえにそうした特徴が見られるのかもしれない、ということには留意しなくてはならない。個性や多様性であるのか、経験不足や障害から「それしかできない」のかを検討する際の1つの視点は、子どもが主体的に活動しているかどうかであろう。主体的に活動するとは、子どもがただ自分の好きなように振る舞うことではない。いくつかの選択肢の中から、子ども自身が願いや思い、

**ごっこ遊び**
　象徴遊びとも呼ばれ、あるものを別のものに見立てることが特徴である。見立てられるのは、〈物（例：積み木を豆腐とする）〉〈状況（例：現実には昼であるが、夜だとする）〉〈役割（例：現実には3歳児だが、おかあさんだとする）〉などである。こうした見立てを用いつつ、「晩ごはんをつくる」などの〈動作のプラン〉が実行される。

**構成遊び**
　積み木、ブロック、粘土、紙などで、物の形をつくりあげていく遊びである。素材の形や色からイメージが広がって構成される場合もあるし、先に特定の構成したい物のイメージがある場合もある。遊びをとおして、手先の巧緻性が獲得されるという側面もある。

表7-2　ガードナーの提唱する多重知能

| 言語的知能 | 話しことばや書きことばの知覚や生産、学習 |
|---|---|
| 論理―数学的知能 | 数や因果・抽象化・論理的関係の使用や理解 |
| 空間的知能 | 視覚的・空間的情報の知覚とその情報の使用、イメージとしての再現 |
| 音楽的知能 | 音による意味の創造・交流・理解 |
| 身体的知能 | 体を使っての問題解決や創造（例：スポーツやダンスなど） |
| 個人間知能 | 他者理解や他者についての知識の社会での使用 |
| 個人内知能 | 自分についての理解 |
| 博物的知能 | 自然界についての理解と自然界でうまくやっていくこと |

出典：ハワード・ガードナー『MI：個性を生かす多重知能の理論』松村暢隆訳、新曜社、2001年をもとに藤崎作成。

目的を選び取ることが必要であり、加えて、活動できるだけの
スキルをもっていなくてはならない。

　子ども自身が選び取っているのかどうかという視点をもつと
き、「いつも同じことをしているから、それがお気に入りであ
り、主体的に取り組んでいる活動である」というとらえ方を吟
味する必要がある。その活動しか知らず、仕方なく取り組み続
けているのかもしれない。活動に変化があるのか、他の遊びの
楽しさも知っているなかで、確かにその遊びを選んでいるのか、
などについて吟味しなくてはならない。

　また、活動できるだけのスキルが必要であると考えるとき、
子どもが保育者に「○○を描いて」と言ってきたり、友だちの
まねをして絵を描いたりすること等への対応をあらためて検討
する必要が出てくる。こうした場合、「自分でやってごらん。好
きなように描いていいよ」と促すことが多い。しかし、自分が
イメージしたことを描くためには、描くスキルがなくてはなら
ない。描きたいものはあるが、それを描き表わすためのスキル
がともなっていないとき、子どもは周囲のおとなに代わりに描
くことを求めたり、周囲の子どもの描き方をまねしたりせざる
を得ない。こうした場合は、「好きなように」というはげましで
はなく、スキル獲得への具体的な援助を行うこととなる。

## 3　援助についての考え方

　浜田は、「いま私たちのまわりには、低学力論争等をはじめと
して、『発達』を個体能力の単位でしか考えない議論が横行して
います。そして、その背景には、この世界を牛耳っている個体
単位の経済制度や生活現実があります。しかし、人は単に個体
で生きているのではありません。発達もまた共に生きる共同の
かたちの中ではじめて機能するものです」[*2]と述べる。子ども
の発達の課題を考えることは、それに関わる周囲の人々との関
係性の課題を考えることであり、保育者としては、自身の保育
の取り組みと絡めて子どもの姿をとらえることが求められる。
以下では、自身の保育の取り組みを振り返る視点として、発達
と保育・教育との関係のあり方についての3つの考え方を紹介
する。

　1つの考えは、「保育者や教師の仕事は、成熟によって一定の

**学習準備性**
**（レディネス：**
**readiness）**
学習への態度や準備の整った状態のこと。ゲゼルは成熟的要因を重視したが、積極的なはたらきかけや経験を豊かに与えることにより、レディネスを形成していこうとする考え方もある。

注2・・・・・・・・・・・・・・・
　第3章158頁参照。

注3・・・・・・・・・・・・・・・
　第1章16頁、第7章164頁参照。

**シェマ・同化・調節**
　シェマとは行動を可能にする下書きであり、外界へのはたらきかけの様式である。例えば、目の前にいる動物に対して、自分がすでにもっているイメージ（シェマの一種）と照らし合わせて「ワンワン」と言うとき、子どもは同化を行ったことになる。それに対して、自分のもつイメージに収まりきらない動物を目の前にしたときには、自分のシェマの修正（すなわち調節）を行わざるを得ず、例えば「ゾウ」という新たなカテゴリを獲得する。

注4・・・・・・・・・・・・・・・
　第1章19頁参照。

学習準備性（レディネス）ができたところで、それにふさわしい課題を与えることである」というゲゼル（Gesell, A.）らの考え方である。この考え方では、保育・教育が成熟を越えることはできないことになる。

　それに対して、1934年に教育の能動的役割を唱えるのはヴィゴツキー（Vygotsky, L.S.）である。彼は、子どもの発達を2つの水準でとらえる。1つは「発達の現在の水準」であり、子どもが独力でどれほどの課題を解くことができるかで定義される。2つ目は、ひとりでは達成することができないが、他者の援助により解決が可能になる水準である。そして、2つの水準のずれの範囲を「発達の最近接領域」[注2]と呼んだ。この範囲は、他者の援助を受けつつ、のちには、それを独力での解決にまで発展させていく可能性をもった範囲である。保育や教育が影響を与え得る部分は発達の最近接領域であろう。ただし、問題となるのは、いかにして各々の子どもの発達の最近接領域を見つけ出すのか、という点である。これには、知的な発達、ことばの発達、感情の発達などの各領域の理論に基づいて考える、ということのほか、さまざまな発達の個性をもつ子ども同士が関わることにより、結果として相互に発達の最近接領域に影響を与えあう、ということが考えられる。対人関係の力を育てるという視点のみでなく、互いに発達の最近接領域にはたらきかけあう、という点からも子ども同士の関わりをいかに育てていくのかが、保育の重要なポイントとなる。

　他方、保育や教育の役割を認めつつも、子どもの能動性に注目するのがピアジェ（Piaget, J.）[注3]である。ピアジェによれば、子どもは自分のもつ**シェマ**（動作パターンやイメージや概念等）を使って外界を取り入れようとする（**同化**）。この際、容易に同化されるばかりであれば、シェマの**調節**すなわち発達は生じない。かといって、あまりに新奇であり、調節し得ないような状況におかれるばかりでは、知的発達はなされない。発達段階を想定してちょうど同化と調節のバランスがとれるように環境を設定する必要性が強調される[注4]。

　ふだんは当然のこととして意識することが少ない「援助の仕方についての考え方」であり、また、上記3種が混在しているのが実際であろう。しかし、目の前の子どもの発達の課題を援助する際には、「このような場面で、このような子どもには、こ

のような援助をするのがよい」というようないわゆるハウツーとしてとらえるのではなく、自分の、あるいは自分の所属する保育所における発達と保育との関係についての考え方を意識化し、吟味しなくてはならない。

# 第2節 特別な配慮を要する子どもの理解と援助

## 1 特別な配慮を要する子どもとはどのような子どもなのか

　発達障害者支援法の施行・改正(厚生労働省、2016)および特別支援教育開始以来、学校の通常学級において、特別な配慮が必要な子どもがいることは、当然のことと理解され、さまざまな配慮の取り組みがなされるようになってきた。そして、それと並行して、あるいは、それ以前から保育の場では、特別な配慮を要する子どもの保育が取り組まれてきた。ただし、乳幼児期の子どもが対象という点からは、どのように配慮するかという援助の仕方を検討する以前に、そもそも特別な配慮を要する子どもなのかどうか、という子ども理解がまず問題となることが多いように思われる。そのため、保育の場では、特別な配慮を要する子どもかどうかわからない、しかし「気になる」という戸惑いの表現として、長らく「気になる子ども」という用語が流布してきた(藤崎・木原〈2010〉、藤崎・西本・浜谷・常田〈1992〉)。そこでまず、特別な配慮を要する子どもとはどのような子どもなのかを整理する。

　特別な配慮を要する子ども、と一口に言っても、さまざまな特徴をもつ子どもが含まれる。1つは、ダウン症[注5]や脳性まひ等発達の初期に障害名や診断名がはっきりする子どもである。こうした子どもについては、障害ゆえの特徴が比較的はっきりとしており、保育者が子ども理解に戸惑うことは少ない。そして、統合保育の長い歴史のなかで、必要に応じて外部の専門家との連携もとりつつ、保育の積み重ねがなされてきた。

注5・・・・・・・・・・・・・・・・
　第6章138頁の重要語句
参照。

それに対して、保育者が悩むのは、気になる姿が多々見られるものの、一方で気にならない姿もあり、全体として、「気にしたほうがよいのか、気にする必要がないのか」悩む子どもの理解である。担任・担当保育者が悩んでいても、日頃の関わりの少ない他クラスの保育者からは、「気になる姿はあまり見られないけれど」と共通理解が得られなかったり、保護者が心配していなかったりしていて、他クラス保育者や保護者との共通理解がむずかしいということも特徴的である。発達障害者支援法の施行以降、最近ではこうした子どもについて、「発達障害ではないか」と保育者同士で語りあうことが増えてきたようだが、そうした用語を当てはめてみても、目の前の子ども理解が進み、すっきりと子ども像が描けるわけではない。近年は、社会一般においても、**自閉スペクトラム症（Autism Spectrum Disorder：ASD）、学習障害（Specific Learning Disorder）、注意欠如・多動症（Attention Deficit/Hyperactivity Disorder：ADHD）**等の発達障害について広く知られるようになった。以前に比べて保護者も「わが子が発達障害ではないか」ととらえるようになってきており、保育者の助言を受けて、専門家・専門機関をたずねることが増えてきている。しかし、発達障害については、乳児期に診断がなされることはむずかしく、幼児期においても、個人差の範囲なのか、それとも障害を想定したほうがよいのかについては診断がむずかしい。したがって、診断がなされているかどうかには関わりなく、どのような気になり方をしているのかを、園全体で詳細に検討していくことが必要である。なお、保護者に対しても気になるという場合には、被虐待児の存在があり得る。子どものようすを日々観察することができる立場にある保育士の役割は大きい。

さらに、近年、グローバル化を反映して、海外からの帰国児や母語が日本語ではない子どもが増えてきている。こうした子どもについては、まず、ことばの問題、コミュニケーションの問題、そして、文化によっては、食べ物の問題がクローズアップされる。しかし、子どもを取り巻く文化の問題と考えたとき、検討するべきことは、子どもについての考え方（子ども観）や子育てについての考え方（子育て観）、そして保育観にも関わる問題となる。保育者自身が、自らの子ども観や子育て観・保育観をとらえ直すことも含めて、園全体で保護者とも話しあいなが

自閉スペクトラム症
（Autism Spectrum Disorder：ASD）
　自閉症スペクトラム障害とも訳されている。2013年のアメリカ精神医学会による診断基準（DSM-5）での診断名である。歴史的には、自閉症、広汎性発達障害、アスペルガー症候群、高機能自閉症など、多様な障害名が用いられてきた。社会的コミュニケーションおよび対人的相互反応の障害と、行動・興味・活動の限定された反復的な様式を主な特徴とする。これらの特徴は、発達早期から存在する。第6章139頁参照。

学習障害
（Specific Learning Disorder）
　知的能力全体としては問題がないにもかかわらず、そして、その困難を対象とした介入が提供されているにもかかわらず、聞く・話す・読む・書く・計算する・推論するなどの能力のうち、特定のものの習得と使用に著しい困難を示す。環境的な要因では説明されない。

ら、保育をつくりあげていかなくてはならない。その際に、日本の文化に合わせてもらうという発想ではなく、違いを認め、互いに尊重するという視点をもつことにより、日本の中にもさまざまな文化・価値観があるということも含めて、保育のグローバル化・多様化が図られていくのだろう。

## 2 特別な配慮を要する子どもの理解に向けて

　特別な配慮を要する子どものなかでも、発達障害が想定される子どもについては、活動や場面によって子どもの姿が異なるという特徴がある。気になる姿が見られることもあれば、見られないこともある、ということは、周囲の人々との相互作用のなかに、あるいは子どもの取り組む活動のなかに、子どもの特徴が表れてくるということを意味する。このことを、世界保健機関(WHO)が2001年に提案した「**国際生活機能分類**」というモデル(図7-1)に基づいて整理する。このモデルは、同じくWHOが1980年に提案した障害をとらえるためのモデル「国際障害分類」の改定版であるが、障害に限定したとらえ方ではなく、すべての人の生活をとらえる枠組みとして提案された。

　国際生活機能分類の特徴の1つは、人々の生活のありようが社会・文化的状況と密接に絡んでいることを示すために、背景因子として個人因子と環境因子を設定していることである。個人因子には、該当児・者の年齢、人種、ジェンダーとしての性別、教育歴、個性や性格類型等が含まれる。一方、環境因子には、物的・社会的・態度的環境が含まれ、家庭や学校、職場等の個人的レベルと、コミュニケーションや交通のサービス、人々の態度、公式・非公式なサービス、制度・政策等の社会的レベ

注意欠如・多動症
(Attention Deficit/
Hyperactivity
Disorder：ADHD)
不注意および/または多動性―衝動性により、社会的および学業的あるいは職業的活動に悪影響が及んでいる。保育の場では、多動性―衝動性の特徴をもつ子どもに注目がなされやすいが、注意を集中することがむずかしい不注意型の子どもへの配慮も不可欠である。第6章139頁参照。

第7章

子どもの理解に基づく発達援助

国際生活機能分類
　このモデルでは、人の生活を3つの次元と背景因子からとらえる。3つの次元は、心身機能・身体構造(身体系の生理的または心理的機能、器官・肢体とその構成部分などの解剖学的部分)、活動(個人による課題または行為の遂行)、参加(健康状態、心身機能・構造、活動、背景因子に関連した、生活状況への個人の関与)からなる。そして、各次元における障害や困難・問題は、機能障害・活動制限・参加制約とよばれる。(背景因子については本文参照)

図7-1　ICF(国際生活機能分類)モデル

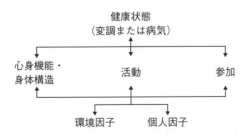

出典：世界保健機関(WHO)『国際生活機能分類(ICF)－国際障害分類改定版』
障害者福祉研究会編、中央法規出版、2002年。

ルに分けて考えられる。

　こうした背景因子を含めたとらえ方は、2016 年に改正された発達障害者支援法第 2 条における発達障害児・者の定義にも反映されている。定義では、「この法律において『発達障害者』とは、発達障害がある者であって発達障害及び社会的障壁により日常生活又は社会生活に制限を受けるものをいい、『発達障害児』とは、発達障害者のうち 18 歳未満のものをいう」とされている。そして、社会的障壁は「発達障害がある者にとって日常生活又は社会生活を営む上で障壁となるような社会における事物、制度、慣行、観念その他一切のものをいう」と定義されている。障害があることのみでなく、社会的障壁により制限を受ける児・者を、発達障害児・者とするとらえ方である。保育は環境因子の中の個人的レベルに該当する。目の前の子どもの姿を、自園の保育の特徴も含めたさまざまな環境因子と絡めながら検討しつつ、保育の取り組みを行わなければならない。

## 3　特別な配慮を要する子どもへの援助

　発達障害者支援法では、発達支援について「発達障害者に対し、その心理機能の適正な発達を支援し、及び円滑な社会生活を促進するため行う個々の発達障害者の特性に対応した医療的、福祉的及び教育的援助をいう」と定義している。「個々の発達障害者の特性に対応した」という指摘は、個々の子どもについてていねいに特徴を整理したうえで、保育していくことの必要性を述べているといえる。

　障害のある子どもの保育においては、関係機関との連携が重要であることは言うまでもない。しかし一方で、医療機関等で診断名がついたからといって、自動的に目の前の子どもの特徴が整理されるわけではない。また、療育機関での取り組みがそのまま保育の場で取り組むべきことでもない。各機関がそれぞれの役割を果たしつつ連携して子どもと保護者を支援するなかで、保育の場としての保育所の役割を果たす必要がある。

　園における子どもの姿は、他機関からの情報を参照しつつ、保育者が整理するべきものであろう。また、個別の指導計画は、療育機関で行っているものをそのまま用いることはできない。園における個別の指導計画は、クラスの指導計画のなかに位置

づいていることが必要である。ただし、このことは、クラス全体と同じことをするということではない。クラス全体の保育の計画のなかで、他児と同様に参加できるのはどこか、どのような援助を行えば参加可能になるのか、参加がむずかしい場合にどのようにするのか。他児との関わりをどのように育てていくのか、他児の該当児についての理解をどのように育てていくのか。こうしたことがらは、クラス内だけで議論し、共有されているのみでなく、園全体で議論し、共有されている必要がある。

　なお、特別な配慮を要する子どもへの援助を考える際に、弱いところや苦手なところにのみ注目して保育の取り組みを計画するのは適切ではない。考えてみれば、障害のない人も、子どものみでなくおとなも、弱いところや苦手なところを抱えつつ折り合いをつけつつ、強みを生かして生活している。本章第1節で紹介した多重知能の理論をふまえるなら、好きなことや得意なことへの着目が不可欠である。

　特別な配慮を必要とする子どもの保育については、すでにさまざまな実践が積み重ねられており、関連学会などや保育研修会などで実践が報告されてきている。学会などや研修会などに参加することは、特別な配慮を必要とする子どもの保育についての手がかりが得られるのみならず、幅広い保育の専門性向上につながる契機となる。積極的に参加し、園を越えた保育者同士のネットワークを構築していくことも課題となろう。

# 第3節 発達の連続性と就学への支援

## 1 発達の連続性

　発達理論のなかには、発達段階を設定しているものが多い。発達段階においては、各段階は非連続な特徴をもつと考える。その代表であるピアジェ(1936)の知能の発達段階論においては、シェマの非連続的な特徴に着目して発達段階を大きく4つに分けている。確かに、乳児期と幼児期、さらには、児童期、

そしてそれ以降は、各々独自の特徴をもっている。しかし、一方で、一人ひとりの子どもを日々育てていく過程においては、段階の移行は、家庭においても保育所においても、日々の生活経験が積み重なってひと連なりとなった連続性のなかで進行していくものとしてとらえられよう。このことから、保育においては、乳児保育の取り組みの特徴、3 歳以上児の保育の特徴をそれぞれに押さえつつ、乳児保育から幼児期の保育への連続性に留意することが求められる。

　また、園で生活する子どもは、当然のことながら園のみではなく、家庭と園という 2 つの場で生活しており、2 つの場の独自性とともに、連続性も重要となる。家庭と園とは、異なる生活の場であり、どちらの特徴も子どもにとって重要であるが、同時に、日々 2 つの場を行き来する子どもにとっては、両者の連続性が図られることが必要であり、このことは、家庭と園との連携の重要性につながり、両者がともに子どもにとっての発達の場となる。

　そして、もう 1 つの連続性として、近年重要視されているのが保育と就学後の教育との連続性である。近年、小学 1 年生がうまく学校生活に適応できない、学習の場に参加できない状況を小 1 プロブレムと呼んで、その改善を図るための取り組みが、保育所や幼稚園で、小学校で、あるいはその両者が協力して行われている。以下では、就学への支援を検討するにあたって、保育所・保育士と学校・教師間の連携という視点からではなく、子どもへの発達援助としての就学への支援という視点から検討する。

## 2　就学後の生活と学び

　就学に際して、保護者が生活面で最も留意して取り組むのが、学校生活にむけた生活リズムの形成であろう。保護者の勤務時間の都合に合わせて早寝早起き傾向の生活リズムが形成されている場合は問題ないが、起床時間が遅い子どもの場合は、年長児クラスに進級したころから、就学にむけての生活リズム形成に取り組むことになる。もっとも、子どもの生活リズムは、家族全員の生活リズムと絡まっているため、一朝一夕に変えることはむずかしく、保護者を悩ませる。このほかにも、保護者は、

給食を意識して好き嫌いを改善したいとか、ひとりでの通学を意識して一緒に外出する際にも信号に従い道の端を歩くようにとか、さまざまなことに留意しつつ、年長児クラスを過ごす。

　学びについては、読み書き、計算ができることが保護者の第一の関心のようである。保育のなかでも、さまざまな活動のなかで、文字や数字への関心を育てることが取り組まれる。ただし、あらためて、学校における学びの特徴を整理してみると、読み書きや計算ができることを超えた学びの特徴があることに気がつく。

　岡本は 1985 年に、学校生活の開始とともに、子どもは幼児期の一次的ことばとは異なる二次的ことばの使用を求められると指摘した。一次的ことばは、具体的なことがらについて、いま・ここという状況の文脈に頼りながら、親しい人との直接対話の形で展開する言語活動である。それに対して、二次的ことばは、①あることがらについて、それが実際に起こる現実場面を離れたところで、間接的にそれについてことばで表現することが求められるために、ことばのみによって作られる文脈に頼るしかなく、②自分と直接交渉のない未知の不特定多数の人たちへ向けて、さらには、抽象化された聞き手一般を想定して、ことばを用いることが求められ、③自分の側からの一方向的伝達として行われ、話の筋は自分で調整していかねばならず、さらには、④書きことばが加わる、という特徴をもつという。

　①の「それが実際に起こる現実場面を離れて」ということに関しては、表出だけではなく理解においても重要である。例えば、「たろうくんがみかんを 3 個持っています。そこへはなこちゃんがやってきて 2 個みかんをくれました。たろうくんは全部でみかんを何個持っていますか？」という問題を考えるとわかりやすいだろう。この問題においては、$3 + 2 = 5$ がわかっているだけでは十分ではなく、いま・目の前にいないたろうとはなこを思い描き、さらにその手にみかんを持たせ、みかんを移動させなくてはならない。いま・目の前にないことについて思い描けない子どもは、たとえ、計算ができても、授業の内容を理解できないことになる。

　②の「自分と直接交渉のない未知の不特定多数の人たちへ向けて」というのはイメージしにくいかもしれない。これは、小学校の授業場面で、小さな声で発言する子どもに対して、「小さ

な声だとみんなに聞こえないよ」と注意する教師の対応を思い描くとわかりやすいだろう。この教師の発話からは、教師自身は発話者の子どもの声が聞き取れているにもかかわらず（つまり、教師—発話者間ではやりとりが成立し得るにもかかわらず）、クラス全体に聞こえるように発言することを促していることがわかる。大勢の子どもに対して1人の教師という形態の授業においては、そこでの1人の子どもと教師のやりとりは、一対一のやりとりではなく、クラスの子どもの代表と教師とのやりとりである。それゆえに、「みんなに」というのは、特定の○○ちゃんにむけてではなく、クラス全体という抽象化された相手にむけて発言するのである。

　一方、発言していない子どもの側にも、二次的ことばの使用が求められる。発言している子どもの内容を聞いて、「自分と同じ答えだ」「自分とは異なる答えだ」と照らし合わせ、そして、教師の「合っている」「間違っている」という評価を受けて、自分の考えが合っているか、間違っているのかを理解しなくてはならない。代表としての子どもの発言と自分の考えとを照らし合わせつつ、頭の中で教師と対話しなくてはならない。こうした頭の中での対話ができない子どもは、自分が指名されているときは楽しく学びに参加できるが、自分が指名されていないとつまらなくなって離席し立ち歩いてしまうだろう。

## 3　就学への支援：あらためて保育のなかでの育ちを考える

　前項で述べた二次的ことばの特徴は、実は、小学校以降の授業のみに特徴的なものではない。①の「それが実際に起こる現実場面を離れて」と「ことばによりつくられる文脈に頼る」という点は、園の絵本の読み聞かせ場面でも重要である。子どもは、絵を手がかりにしつつも、いま・目の前にない内容を頭に思い描きつつ、絵本の内容を楽しむ。③の「一方向的な伝達における話の筋の調整」についても、例えば園の給食時の子どもの話を聞いてみれば、すでにその力を発揮していることがわかる。給食を食べながら、休みの日の経験を披露する子どもは、自分だけが経験しており、友だちは知らない話を、友だちにもわかるように話さなくてはならない。こうした経験報告は、保

育活動のなかでも取り組まれる。クラス全員の前で休みの日の経験を発表する活動は、自分の側からの一方向的な取り組みとして話の筋を構成しなくてはならない。こうした一方向的な報告の力は、短期間で獲得できるものではなく、保育の場において、保育者の援助のもと、友だちとのつながりの深まりを背景として長い時間をかけて取り組まれるものである（藤崎1982、1997）。そして、こうした取り組みは、子どもを話し手としてだけではなく、聞き手としても育てる。年中児クラス後半から年長児クラスになると、聞き手の側の子どもも、適切な質問をして、該当児の報告構成を助けるようになる（例えば、「ラムネ買ったの」という報告に対して、「飲むラムネ？　食べるラムネ？」とたずねる。）。就学への支援ということは、小学校教育の先取りをすることではなく、保育者が取り組む日々の保育のなかで、友だちとの関係性を育みつつ、幼児期の遊びと生活を充実させ、それが小学校の生活と学びへとつながっていくということと考えられる。

　また、近年は、小学校生活のみを視野に入れるのではなく、成人期までを視野に入れて、**乳幼児期に育むべき力**についての検討もなされている。そうしたなかで、注目されているのが、社会情動的スキルあるいは非認知的能力[注6]とよばれる忍耐力や自己制御、社交性、自尊心などである。経済協力開発機構（OECD）（2015）の報告書『社会情動的スキル―学びに向かう力』の序文には、「子どもや青年期の若者が現代の社会で成功を収めるには、バランスのとれた認知的スキルと社会情動的スキルが必要である。学力テストや成績で測定されるものを含めた認知的スキルは、個人が教育や労働市場で成功し、成果を収める結果に影響する可能性が高いことがわかっている。また、健康、社会的・政治的参加、そして信頼といったより広義の意味での子どもの将来も予測する。次に、忍耐力、自己制御、社交性、自尊心といった社会情動的スキルは、健康面での成果、主観的**ウェルビーイング**の向上、問題行動を起こす可能性の減少など、多くの社会進歩の指標に影響を及ぼすことがわかっている。認知的スキルと社会情動的スキルは相互に作用し、高め合い、学校内外を問わず子どもに成功をもたらす。」[*3]と述べられている。

　ここでの忍耐力や自己制御は、いやなことを無理にでも我慢

**乳幼児期に育むべき力**
　ノーベル賞受賞者である経済学者ヘックマン（Heckman, J.J.、2013）は、その著書『幼児教育の経済学』の中で、「①人生で成功するかどうかは、認知的スキルだけでは決まらない、②認知的スキルも社会情動的スキルも幼少期に発達し、その発達は家庭環境によって左右される、③幼少期の介入に力を注ぐ公共政策によって、問題を改善することが可能（11〜12頁）」と示唆し、幼児教育に対する社会的投資の重要性を指摘した。

注6 ・・・・・・・・・・・・・・・・・
第3章60頁参照。

**ウェルビーイング（well-being）**
　幸福感や満足感。本人の感じている主観的幸福感や満足感が高いと、困難な状況にも柔軟に対応できるとされる。

することではない。自分で立てた目標に向けて、注意や意欲を持続させる力のことである。また、社交性は、周囲と協調し、協力しつつ課題に取り組んでいく力である。学校教育のなかでは、ひとりでどれだけのことができるか、ということが重視されがちだが、学校外の生活においては、他者と共に、力を発揮することが重要となる。最近は、学校においても、学び方としてアクティブ・ラーニング<sup>注7</sup> が推奨されている。まさに、保育のなかで、子ども同士の関係をどのように育てていくのか、友だちと共にどのような活動に取り組んでいくのかが、就学への支援としてクローズアップされてくる。

注7・・・・・・・・・・・・・・・・
第3章71頁参照。

　自尊心については、周囲がほめればよいというものではない。自分で自分を信頼することができるということが重要である。第1節で紹介したエリクソンの発達段階論において、児童期の課題は、「勤勉性の獲得」であり、これは学校という場でやっていく力があるという自分への信頼感の獲得である。友だちとうまく関われている、学校での学びで成果をあげている、という自分への信頼感の獲得に取り組む。ただし、この信頼感は、小学校に入学してから重要になるわけではない。例えば、年長児クラスの子どもを見ていると、園の最年長として、誇りをもって行事に取り組んでいることに気がつく。行事にむけて、苦手なことをひとり黙々と練習し、友だちと共に協力して取り組み、仲間のようすも気遣う年長児の姿からは、児童期の課題にすでに取り組みはじめていることが読み取れる。だからこそ、その姿を年下のクラスの子どもはあこがれをもって見つめ、そのまねをしようとする。誇り高き年長児を育てる保育の取り組みが、とりもなおさず、就学およびそのずっと先を見据えた支援といえよう。

## 学習のふりかえり

**1** 子どものみでなく、保育者も保護者も発達の課題を抱えている。子どもを育てることと並行して、保育者も保護者も育つことを理解する。

**2** 特別な配慮を要する子どもについては、子どもの姿を多様な視点から理解したうえで、園全体で援助する必要があることを理解する。

**3** 就学への支援とは、児童期以降の先取りではなく、友だちとの関係性を育みつつ、乳幼児期の遊びと生活を充実させることであると理解する。

**引用文献：**

\*1. 鯨岡　峻『関係の中で人は生きる─「接面」の人間学に向けて』ミネルヴァ書房、2016 年、30 頁。

\*2. 浜田寿美男「『発達、発達』と叫ばれる時代の発達論」『発達』第 34 巻第 134 号、ミネルヴァ書房（2013 年 4 月）、10～11 頁。

\*3. 経済協力開発機構（OECD）編著『社会情動的スキル─学びに向かう力』無藤隆・秋田喜代美監訳、ベネッセ教育総合研究所（企画・制作）、明石書店、2018 年、7 頁。

**参考文献：**

4. Gesell, A. & Thompson, H. (1929) 'Learning and growth in identical infant twins: An experimental study by the method of co-twin control.', *Genetic Psychology Monographs*, Vol.6, pp.1-123.

5. アメリカ精神医学会『DSM-5 精神疾患の分類と診断の手引』日本精神神経学会（日本語版用語監修）、医学書院、2014 年。

6. エリク・H・エリクソン『アイデンティティとライフサイクル』西平直・中島由恵訳、誠信書房、2011 年。

7. 藤崎春代・木原久美子『「気になる」子どもの保育』ミネルヴァ書房、2010 年。

8. 藤崎春代・西本絹子・浜谷直人・常田秀子『保育の中のコミュニケーション：園生活においてちょっと気になる子どもたち』ミネルヴァ書房、1992 年。

9. ハワード・ガードナー『MI：個性を生かす多重知能の理論』松村暢隆訳、新曜社、2001 年。

10. ジェームズ・J・ヘックマン『幼児教育の経済学』古草秀子訳、東洋経済新報社、2015 年。

11. 鯨岡　峻『関係の中で人は生きる─「接面」の人間学に向けて』ミネルヴァ書房、2016 年。

12. 岡本夏木『ことばと発達』岩波新書、1985 年。

13. J・ピアジェ『知能の誕生』谷村覚・浜田寿美男訳、ミネルヴァ書房、1978 年。
14. 世界保健機関 WHO『ICF 国際生活機能分類─国際障害分類改定版』障害者福祉研究会編、中央法規出版、2002 年。
15. ヴィゴツキー『新訳版　思考と言語』柴田義松訳、新読書社、2001 年。
16. 藤崎春代「幼児の報告場面における計画的構成の発達的研究」『教育心理学研究』日本教育心理学会、第 30 巻 1 号（1982 年 3 月）、54〜63 頁。
17. 藤崎春代「保育者は幼児の過去経験物語をどのように援助するのか？」『帝京大学文学部紀要心理学』第 4 巻（1997 年 3 月）、41〜64 頁。

# 家族・家庭の理解

## 学習のポイント

　「家族・家庭の理解」では、子どもとその家族・家庭を包括的にとらえる視点、および家族・家庭を援助する際のベースとなる考え方を学習する。

①産業構造の変化にともない、家族・家庭の意義や機能にも変化が生じていること、個人と同じように家族・家庭も発達することについて理解を深める。

②乳幼児期、児童・青年期の発達と親子関係や家族関係との関連、親子・家族が抱える心理的問題への対応について理解を深める。

③親としての育ち、さらにその育ちを支える子育て支援のあり方について理解を深める。

# 第1節 家族・家庭の意義と機能

## 1 家族・家庭とは

### (1) 家族の定義

家族や家庭ということばは、よく耳にすることばである。例えば、「核家族化が進んでいる」「『男は仕事で女は家庭』という主張をどのように考えるか」「夫婦で、あたたかい家庭を築いていきます」などは、お馴染みのフレーズではないだろうか。

では、「家族とは何か、家族と家庭の違いは何か」と問われるとどうだろう。あらためて考えると、答えることがむずかしく、家族や家庭について、わかっているようでわかっていない部分が多いことに気づく。

「家族とは何か」という問いに対しては、学問的な立場からさまざまな検討がなされており、現段階では、即座に1つの答え(定義)を返すことがむずかしい。家族は、時代によって、国によって、社会状況によって姿を変えるためである。

こうしたむずかしさに対し、「家族現象の普遍的側面、少なくとも現代の先進産業社会における家族現象の普遍性あるいは国際性をも考慮しながらの定義」[*1] として、「家族とは、夫婦・親子・きょうだいなど少数の近親者を主要な成員とし、成員相互の深い感情的かかわりあいで結ばれた、幸福(well-being)追究の集団[注1]である」[*2] が知られている。この定義に従うならば、現代は、近親者(血のつながりの深い人)というだけでは家族とはみなされない、ということである。

### (2) 家族の条件

一般の人は、「家族」にどのような条件が必要と考えているのだろうか。大野(2001年)は、大学生を対象に、血縁の有無、法

注1・・・・・・・・・・・・・・・・
望月(1993)では、この部分を「第一次的な福祉志向の集団」と紹介されているが、森岡(1997)では、「幸福(well-being)追究の集団」と修正されているため、それを使用した。前者については、森岡清美「家族社会学の出発点」『家族社会学〔新版〕』森岡清美(編)、有斐閣双書、1983年、1〜10頁に、後者については、森岡清美「家族とは」『新しい家族社会学 四訂版』森岡清美・望月嵩、培風館、1993年、1〜18頁に背景などの記述がある。

172

表 8-1 「家族らしさ」の 6 次元の合成得点

| 成　分　名 | 平均(SD) |
|---|---|
| 仲の悪さ | 2.97(.64) |
| 非同居の関係 | 3.18(.48) |
| 選択縁的関係 | 2.71(.57) |
| 生計の共有 | 3.76(.31) |
| 生活の独立・不干渉 | 3.50(.49) |
| 血縁者の婚姻関係 | 3.31(.57) |

出典：大野祥子「家族概念の多様性：『家族であること』の条件」
『鶴川女子短期大学研究紀要』鶴川女子短期大学紀要委員会、
第 23 号、2001 年、55 頁。

的な結び付きの有無、仲のよさ、居住形態など、さまざまな条件を入れた人間関係を 92 パターンあげ(例えば、単身赴任だが頻繁に帰ってくる夫とその妻子、愛情がないまま何十年も離婚せずに暮らしている夫婦、愛情こめて育てているペットなど)、それぞれについて、どの程度家族とみなすかを、家族だと思う(4 点)〜家族だと思わない(1 点)で尋ねている。

その結果、親子関係については、親子であること自体が家族と認められる十分条件ととらえられていること、夫婦関係については、法律上の関係よりも一緒に暮らし、行動を共にしているかどうかが重みをもつことが示されている。非血縁・法的結び付きのない関係については、ペットや里親などが家族として広く認識されはじめている現状がうかがえる結果となっている。

では、家族とみなされる際に、どのような条件が鍵となるのだろうか。大野は 2001 年に、血縁・親族・姻戚等の関係について、家族らしさの判断に関する 6 次元として、6 つの成分名を報告している。表 8-1 を合成得点の高い順に並べ替えると、①生計の共有、②生活の独立・不干渉、③血縁者の婚姻関係、④非同居の関係、⑤仲の悪さ、⑥選択縁的関係[注2]、となり、生計を共有していることで家族と見なされるため、最も大きな条件となっていることがわかる。家族は、血がつながっているから、夫婦だから、といった、「形式によって外的に規定される自明の関係ではなく、親密さという情緒的な結びつきがあって初めて成立する内発的な関係と考えられるようになった」[*3]との指摘は、「(1) 家族の定義」で紹介した定義とも重なる。日本における家族の意義や機能が、近親者のみで考えられていた時代

注2・・・・・・・・・・・・・・・・
事実婚のカップルや何十年も一緒に暮らしている者同士など、本人たちの自由意思でいまは一緒にいるが、その意思がなくなればいつでも解消することができる関係。大野祥子「家族概念の多様性：『家族であること』の条件」『鶴川女子短期大学研究紀要』鶴川女子短期大学紀要委員会、23、2001 年、55 頁。

から変わりはじめている現状を読み取ることができるだろう。

### （3）　家庭の定義

　家庭については、家族のような定義のむずかしさはなく、「日常的な情緒的交流の存する生活の場を意味する」[*4] とされることが多い。「家庭崩壊」ということばにあるとおり、情緒的交流がない場合は家庭とはいえない、ということである。

　「家族と家庭の違いは何か」との問いに対して、定義のことばを借りて答えるならば、前者は集団、後者は場、という違いがある。「（2）家族の条件」で紹介した研究をふまえると、現代は、家庭にいる集団＝家族、ととらえる傾向が強まっているといってよいだろう。では、家族や家族の生活の場である家庭は、どのような歴史を経て現在の形になってきたのだろうか。

## 2　家族・家庭の歴史

### （1）　家族形態の変化

国民生活基礎調査
厚生労働行政に必要な基礎資料を得ることを目的とする調査。保健、医療や福祉など、国民生活の基礎的事項について、3年ごとに大規模調査が行われる。

　**国民生活基礎調査**をもとに、家族形態の変化を見ていこう。国民生活基礎調査では、世帯が単位となっている。本調査における世帯とは、「住居及び生計を共にする者の集まり又は独立して住居を維持し、若しくは独立して生計を営む単身者」[*5] である。したがって、調査対象として、1で紹介した定義に当てはまらない集団（近親者で住居・生計を共にしているが、接触はなく仲が悪い集団など）や単身者も含まれるが、形態の変化を大枠でとらえるものとして紹介する。

　図8-1を見ると、1953年時点で約40％を占めていた「6人以上の世帯」は減少し続け、1970年を境に最下位の形態となり、現在では、5人世帯とともに5％程度まで落ち込んでいる。6人以上の世帯にかわり、1965〜1990年にトップとなった「4人世帯」も、1980年後半ごろから減少傾向となり、現在では、「2人世帯」と「1人世帯」が台頭していることがわかる。

**図8-1　世帯人員別にみた世帯数の構成割合の年次推移**

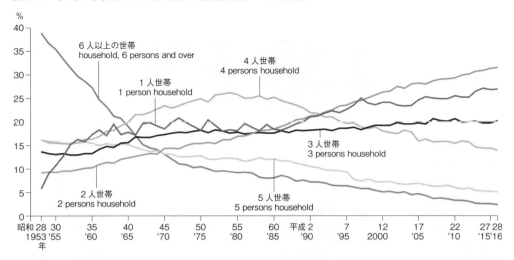

出典：厚生労働省政策統括官『グラフでみる世帯の状況　平成30年　－国民生活基礎調査（平成28年）の結果から－』
厚生労働統計協会、2018年、6頁。

## (2)　家族形態の変化にともなう家族・家庭機能の変化

　6人以上の世帯が、40％から5％程度までに減った背景として、1950年代半ばごろからの日本の産業構造の変化が指摘されている。経済成長の状況下、第一次産業（農業など）への就業が減り、第二次産業（製造業など）、第三次産業（サービス業など）の就業が増えていった。こうした変化が、なぜ家族の規模を縮小させることになるのか。家族の縮小は、家族・家庭の機能にどのような影響を与えたのだろうか。

　この問いを考えるひとつの手がかりとして、ガジチバシイ（Kağitçibaşi, C）による、社会変動―家族―個人の発達モデルをもとに修正補充された日本版を図8-2に示す。柏木は、「まず生業がなにか―農業それも専業か兼業か、商業の規模、雇用労働者それもホワイトカラーかブルーカラーか―で居住地と経済的地位つまり富の水準がほぼ決まる。これらは家族のサイズを決め、拡大家族か核家族か[注3]に分けることになる。これらの変化は、親にとっての子どもの価値とその性による差、親子間の資源の流れなど家族関係の特徴を決める。さらに親子のみならず広く人間関係の特徴や生活（行動）規範などをも規定することになる。しかもこれら諸面は一方向的規定にとどまらず、双方向的に規定しあう」[*5]と説明している。

　図8-2の左半分において、家族で農業に従事する場合は、仕

注3・・・・・・・・・・・・・・・
　核家族は、母－子、父－子、両親（夫－妻）－子、夫－妻（子が潜在しているとみなされる）からなる家族。核家族が他の核家族と結び付くと拡大家族となる。農村では、世帯主夫婦－子に加え、世帯主の父母や世帯主の弟妹などが同居する形態が比較的多く見られる。森岡清美「家族社会学の出発点」『家族社会学〔新版〕』森岡清美（編）、有斐閣双書、1983年、6～7頁。

第8章

家族・家庭の理解

175

## 図 8-2　社会変動―家族―個人の発達モデル

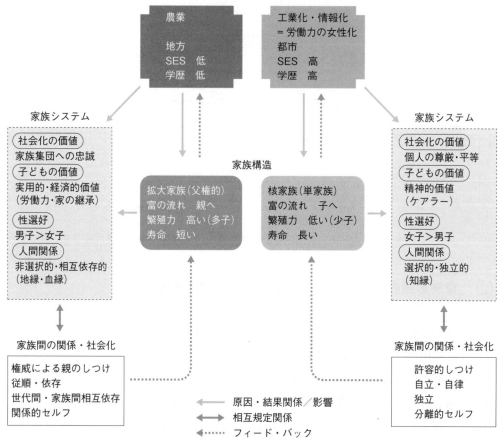

生活条件

| 農業<br><br>地方<br>SES　低<br>学歴　低 | 工業化・情報化<br>＝労働力の女性化<br>都市<br>SES　高<br>学歴　高 |

**家族システム**

- (社会化の価値)
  家族集団への忠誠
- (子どもの価値)
  実用的・経済的価値
  (労働力・家の継承)
- (性選好)
  男子＞女子
- (人間関係)
  非選択的・相互依存的
  (地縁・血縁)

**家族構造**

| 拡大家族(父権的)<br>富の流れ　親へ<br>繁殖力　高い(多子)<br>寿命　短い | 核家族(単家族)<br>富の流れ　子へ<br>繁殖力　低い(少子)<br>寿命　長い |

**家族システム**

- (社会化の価値)
  個人の尊厳・平等
- (子どもの価値)
  精神的価値
  (ケアラー)
- (性選好)
  女子＞男子
- (人間関係)
  選択的・独立的
  (知縁)

**家族間の関係・社会化**

権威による親のしつけ
従順・依存
世代間・家族間相互依存
関係的セルフ

**家族間の関係・社会化**

許容的しつけ
自立・自律
独立
分離的セルフ

原因・結果関係／影響
相互規定関係
フィード・バック

注：SES(socio-economic states：社会経済的地位)

出典：柏木惠子『家族心理学―社会変動・発達・ジェンダーの視点』東京大学出版会、2003 年、42 頁。

事場と家庭が切り離されていないため、家族全員が生産単位となり、ほぼ自給自足の生活を送り、相互に依存しながら、互いの心身のケアをはじめ、子育て(養護と教育)、職業教育、介護が進められる。これが家族の中心的な機能となる。

　一方、図 8-2 の右半分は、仕事場と家庭が切り離されたことによって、大家族でいる必然性がなくなった状況である。家族全員＝生産単位ではなくなり、それぞれが別の職に就く可能性をもった。自給自足の生活や家族全員が同じ職に就く生き方はほぼ見られなくなり、家族規模の縮小が起こり、図 8-2 の左側で当然のように行われていた、自給自足の生活、互いの心身ケア、子育て、職業教育、そして介護といった中心的な機能の維持が困難な状態となっている。仕事場で得た収入は、手づくり

でまかなえない部分の衣料品や食料品の購入にあてられ、機能の外部化が進む。仕事場と家庭が切り離された状態であるため、子育て、職業教育、介護をするには人手も能力も不足し、保育所、各種学校、病院等の施設といった外部の専門機関へ、収入を差し出すことと引き換えに頼らなければやっていけない状況となった。

このように、家族・家庭の機能は、それがどのような状況に置かれているかで大きく異なるため、背景とともに見ていく必要がある。保育所で子育て支援をする際も、こうしたことを理解し、「保育を必要とする」個々の家族・家庭の機能、さらには、彼らにとっての家族・家庭の意義づけを把握しながら必要な支援を考え、進めていくことが大切である。

## 3　家族・家庭の発達

### (1)　家族・家庭特有の発達課題

心理学では、よく個人の発達課題が取りあげられる。例えば、エリクソン(Erikson, E.H.)が、乳児期において基本的信頼対不信という発達課題をあげていることは広く知られている。こうした発達課題が、家族にもあることがわかってきた。

平木は2006年に、カーター(Carter, B.)とマクゴルドリック(McGoldrick, M)による、カップル・家族のライフサイクルと発達課題を、エリクソンやレビンソン(Levinson, D.J.)といった、個人のライフサイクルと発達課題を見い出した研究者の知見と対応させる形で紹介している(表8-2)。

**源家族**から結婚によって新たにつくっていく家族、子どもがいる場合は、その育ちに沿って子どもが独立するまでの家族、子どもが出立(独立)した後の家族、それぞれの段階で、家族・家庭には変化が生じ、前へ進むための発達課題が存在する。

詳細は第2節に譲るが、家族心理学のなかでも特に家族臨床の立場において、この発達課題に照らし合わせて家族や家庭状況をとらえ、今後に向けた心理学的援助が進められることがある。

> **源家族**
> 自分が生まれた時の家族。原家族と表記されることもある。生まれた時の家族は自身で選択できないが、表8-2の右側、Ⅰ段階目「独身の若い大人：(配偶者選択期)」以降は、自身が主体となり家族をつくることが可能となる。自身でつくる家族は、生殖家族と呼ばれる。

表 8-2　個人・カップル・家族のライフサイクルと発達課題

| 個人のライフサイクルと発達課題 | | カップル・家族の<br>ライフサイクルと発達課題 |
| --- | --- | --- |
| Erikson | Levinson | Carter & McGoldrick |
| 1.　乳児期：基本的信頼 vs 不信 | | |
| 2.　幼児期初期：自律性 vs 恥・疑惑 | | |
| 3.　遊戯期：自主性 vs 罪悪感 | | |
| 4.　学童期：勤勉性 vs 劣等感 | | |
| 5.　青年期：同一性確立 vs 拡散 | 1.　成人前期への移行期<br>　　自律性の発達 | |
| 6.　成人前期：親密性 vs 孤立 | 2.　暫定的成人期<br>　　親密さと職業的同一化 | I.　独身の若い大人：（配偶者選択期）<br>　　a.　源家族からの自己分化<br>　　b.　親密な仲間関係の発達<br>　　c.　経済的・職業的自立 |
| 7.　成人期：世代性 vs 停滞 | 3.　30代への移行期<br>　　生活構造の改善・是正 | II.　結合期：（子どものいない時期）<br>　　a.　夫婦システムの形成<br>　　b.　拡大家族とのつき合い<br>　　c.　友人関係の再構成<br>　　d.　子どもを持つ決心 |
| | 4.　定着<br>　　関係の深化<br>　　長期目標の追求 | III.　拡張期：（幼い子どものいる時期）<br>　　a.　親役割への適応（夫婦連合）<br>　　b.　子どもを包含するシステムの調整<br>　　c.　拡大家族との新たな関係の確立 |
| | 5.　人生半ばの変わり目<br>　　抱負と状況との調和 | IV.　拡散期：（青年のいる時期）<br>　　a.　柔軟な家族境界<br>　　b.　中年期の夫婦関係・キャリア問題への適応<br>　　c.　老年期の父母世代のケア |
| | 6.　再安定化<br>　　優先事項の再設定・再整理 | V.　回帰期：（子どもの出立の時期）<br>　　a.　夫婦二人システムの再編成<br>　　b.　成人した子ども・孫との関係<br>　　c.　老父母世代の老化・死への対応 |
| 8.　老年期：統合 vs 絶望 | 7.　老年期<br>　　老い・病気・死への取り組み | VI.　交替期：<br>　　a.　新たな夫婦機能・社会的役割取得<br>　　b.　第二世代の中心的役割取得の支持<br>　　c.　加齢の知恵と経験の統合<br>　　d.　配偶者の死・自己の死への準備 |

（個人は Erikson EH と Levinson DJ を、家族は Carter B & McGoldrick M を一部変更して作成）

出典：平木典子「中年期と家庭問題」『臨床心理学』第 6 巻第 3 号、金剛出版、2006 年、324 頁。

## （2）　発達課題達成の難しさ

　　現代の日本では、表 8-2 における「個人・カップル・家族の
ライフサイクルと発達課題」の「III. 拡張期」の課題達成が、
幼い子どもがいる家族にとって難題となっている。

　　結婚した夫婦において、相手への恋愛感情（愛情）が、夫と妻
とで乖離していることがよく報告される。例えば図 8-3 のよう
に、結婚後は両者に大きな違いはないが、子育て中であること
が予想される夫婦では、夫側の愛情の高さと、妻側のそれとの
差が広がり、15 年以上たった夫婦では、妻側の愛情が結婚まも

## 図8-3　愛情尺度得点の結婚年数による変化

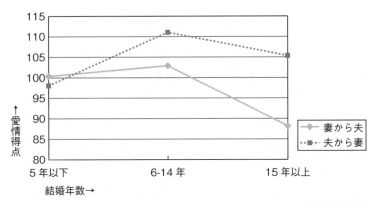

出典：菅原ますみほか「夫婦間の愛情関係に関する研究(1)：愛情尺度作成の試み」『日本発達心
　　　理学会第8回大会発表論文集』日本発達心理学会、1997年、57頁。

## 図8-4　孤独感を感じる状況についての回答

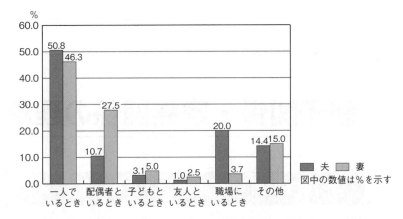

出典：井上清美「家族内部における孤独感と個人化傾向─中年期夫婦に対する調査データから」『家
　　　族社会学研究』日本家族社会学会、第12巻2号、2001年、242頁。

ない時期をはるかに下回る事態となっている。こうした事態の
背景には何があるのだろうか。

　中年期夫婦（対象者構成：夫婦と子どもの核家族約7割、どち
らかの親と同居約3割）に、「あなたが孤独感を感じるのはどの
ようなときですか」と尋ねた結果が図8-4である。両者とも約
半数は「一人でいるとき」と答えているが、二番目に多い回答
をみると、夫側は「職場にいるとき」、妻側は「配偶者といると
き」と違いがある。配偶者といるときの孤独感は、妻が夫の約
3倍となっている。このことから井上は2001年に、中年期夫婦
の孤独感は妻のほうが高いこと、妻の学歴、個人化傾向（夫婦
であっても私は私でありたい）や配偶者への不満足度などが高い
ほど、また、性役割観[注4]が非伝統的であるほど（性別役割に基

注4・・・・・・・・・・・・・・・・
　この研究では、「妻は家事
や育児に専念するのがよ
い」「夫婦は離婚すべきでは
ない」といった項目に対し、
非常にそう思うと答えるこ
とが多い場合は、性役割観
が伝統的、思わないと答え
ることが多い場合は性役割
観が非伝統的、とされてい
る。

づかない対等な夫婦を志向しているほど)孤独感が高いことを明らかにしている。

　井上は2001年に、調査対象者の7割以上が恋愛結婚であると回答している。それにもかかわらず、夫婦間の感情のズレが、妻が夫といるときに孤独感を感じるまでになっているのはなぜだろう。伊藤は2015年に、日本の夫婦が、家族や家庭を維持していくために夫婦の親密性を諦める場合があると指摘している。孤独感の背景に、家族・家庭に対する考え方や、夫婦連合、子どもを包含するシステムの調整への違和感が関わっている可能性が考えられる。このことは、日本で家族・家庭のあり方を議論する際、重要な鍵となるだろう。

　では、日本の子育て環境、親子関係の実際は、どのようになっているのだろうか。第2節では親子関係と家族を取りあげる。

# 親子関係・家族関係の理解

## 1　親子関係・家族関係と子どもの発達

### (1)　乳幼児期

　人生初期において、どのような親子・家族関係が子どもの良好な発達を促すか。この問いに答えるため、発達心理学が中心となって、愛着研究をはじめ、多くの研究が進められてきた。近年は、それらを土台に大規模な縦断的研究が行われるようになってきた。ここでは、アメリカ合衆国 保健社会福祉省国立保健研究所(NIH)と国立子ども人間発達研究所(NICHD)が2006年に発表した、1,000を超える家族の長期追跡研究で明らかにされた知見を紹介しよう。

　まず、「子どもの知的発達と社会性の発達に最も重要で一貫した影響力を持っていたのは、母子のかかわりの良質さ」[*6]であった。母親が子どもに対して感受性豊かで応答的であると、

子どもの**愛着**が安定し、社会的行動が見られ、言語能力の高さ、文字や数に関する学習能力の高さが示された。また、こうした母親の関わりには、母親の抑うつ度の低さやポジティブな性格、さらに、教育歴の高さや家庭の経済状況のよさが関連していることが明らかにされた。

次に、「規則正しい生活が組み立てられて、本や教育的玩具があり、家庭内外の活動（図書館に行ったり、文化的な催し物に参加したりする）に積極的に参加できる家庭の子どもは、社会性においても知的な面でもよりよい発達を示し」[*7]ていたことが報告されている。

これらの知見は、子どもの発達を対象としたさまざまな研究で個々に明らかにされてきたことを、長期追跡によって確認した点で重要である。保育現場にて、特定の子どもの発達が気になる際、目の前の子どものみではなく、親子関係、家族関係にも着目し、研究で明らかにされていた経験を保障するものになっているか、なっていない場合はどのような形で親子や家族への支援ができるか、を含めて包括的に考えていく必要性があることを、我われにあらためて問うてくるデータである。

## (2) 児童・青年期

児童期以降になると、子どもが親子・家族関係について多くを語ることが可能になる。まず、児童・青年期の子どもが、親子・家族関係をどのようにとらえているかを紹介する。

川邊が2014年に発表した小中高に通う子どもを対象とした研究では、児童（小学生）がリビングなどの家族が集まる空間を居場所と感じ、そこへ、「家族とのつながり」や「被受容感」を求めていること、一方、青年（中高生）は、ひとりきりになれる空間を居場所と感じ、そこへ「行動の自由」や「思考・内省」を求めていることが明らかにされている。さらに、児童は、家族関係について青年のように心理的側面でとらえることがむずかしく、家族との物理的距離が心理的距離に深く関連していることが指摘されている。

川邊の研究で明らかにされた青年期の子どもによる親子・家族関係のとらえ方は、表8-2の「個人・カップル・家族のライフサイクルと発達課題」の「IV．拡散期」における「柔軟な家

> **愛着**
> ボウルビー（Bowlby, J）は、特定の対象を安全基地として利用し、安心感を得る行動について、「アタッチメント（愛着）行動」という言葉を用いた。ボウルビー以降も検討が進んでいる。ボウルビー論文は、Bowlby, J.(1958)'The nature of the child's tie to his mother.' International Journal of Psychoanalysis, Vol.39, pp.350-373。愛着研究の概要については、数井みゆき・遠藤利彦（編著）『アタッチメント：生涯にわたる絆』ミネルヴァ書房、2005年。

## 図 8-5　外在的な問題行動の発達プロセス

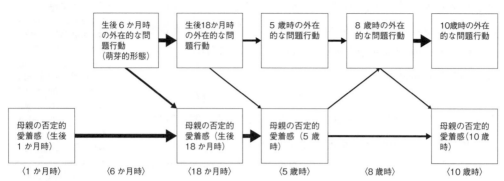

注：矢印は関係が見られた部分で、矢印の太さは関係の強さを示している（一番太い矢印：比較的強い関係あり、二番目に太い矢印：弱い関係あり、細い矢印：一番目や二番目ほどではないが、統計的に意味のある関係あり）。

出典：菅原ますみほか「子どもの問題行動の発達：Externalizing な問題傾向に関する生後 11 年間の縦断研究から」『発達心理学研究』日本発達心理学会、第 10 巻第 1 号、1999 年、39 頁をもとに森野作成。

族境界」という発達課題を想起させる。児童期から青年期へと入っていく過程において、親子・家族関係のあり方を見直すことが重要である。

　親子・家族と子どもの発達との関連について、児童期までであるが、日本で行われ、菅原らが 1999 年に発表した長期追跡研究を紹介する。この研究は、サラリーマン族が多くを占める地域にて、胎児期から出産後 11 年目に至るまでを追い、親子・家族関係が児童期の子どもの問題行動に、どのような関連を示すかを検討したものである。研究結果の一部を図 8-5 に示す。

　図 8-5 の左上の四角、生後 6 か月時の、「気が散りやすい」「かんしゃくを起こしやすい」といった注意欠陥および攻撃的・反抗的な行動傾向（外在的な問題行動）[注5] の萌芽的形態は、その隣の 18 か月時の行動傾向に関連し、最終の 10 歳時まですべて矢印でつながっていることがわかる。つまり、10 歳時の外在的な問題行動は、各時期で関係の強さは異なるものの、生後 6 か月時にまでその起源を遡ることが示唆されているのである。また、母子が互いに与える影響を見ると、6 か月時、18 か月時、8 歳時の子どもの行動は、次の時期の母親の否定的愛着感に影響を与えており、5 歳時における母親の否定的愛着感は、次の時期の子どもの行動傾向に影響を与える結果となっている。

　では、一度このような関係に陥った親子・家族は、その関係性から抜け出せないのだろうか。菅原らは、さらに検討を進めた。生後 6 か月時に外在的問題行動の萌芽的形態を比較的多く

注5……………
　当研究では、生後 6 か月時に示された「外在的な問題行動の萌芽的形態」に関係するものとして、妊娠初期の経済状況（調査登録時の家庭収入の低さ）と、生後 6 か月時の子どもの気質的要因（体内リズムの不規則さや見知らぬ人・場所への恐れの強さなど）があったことが報告されている。

示していた子どものなかから、10歳時にも多くの問題行動を示した子ども23人の親子・家族（グループA）と、10歳時には問題行動をほとんど示さなくなっていた子ども25人の親子・家族（グループB）を比較した結果、子どもが発達初期に外在的な問題行動の萌芽的形態を多く示していたとしても、父親・夫婦関係が鍵となり、問題行動の出現を回避できる可能性が示された。

　具体的には、グループAよりもグループBの父親のほうが10歳時の子どもに対する養育態度があたたかく、過干渉傾向が低いこと、また、夫婦関係では、グループAよりもグループBにおいて出産後6年目における母親の父親に対する信頼感や、11年目における母親の父親に対する愛情が強いことがわかったのである。

　菅原らの研究結果は、表8-2の「個人・カップル・家族のライフサイクルと発達課題」の「Ⅲ. 拡張期」において、夫婦連合、子どもを包含するシステムの調整、という発達課題への取り組みが児童期になると重要な意味をもってくる可能性、さらには家族の発達が子どもの発達に深く関わっている可能性を示している。

## 2 親子・家族が抱える心理的問題への対応

### (1) 家族システム論とは

　日本の親子・家族が抱える心理的問題について、家族の関係性を包括的にとらえ、心理学的援助につなげようとする動きは、1980年代前半に誕生した、「家族心理学」によって大きく進められた。現在、家族内の複数の関係性を包括的に丸ごととらえる理論としては、家族システム論が広く知られている。これは、「家族内の複雑な関係の集合体を扱う認識論的枠組みとして、きわめて汎用性が高い」[*7] とされる。

　家族心理学は、早くからシステム論[注6]を基盤とした理論構築を行ってきたため、各方面へ影響を与えてきた。図8-6から、親子・家族が抱える心理的問題の出現する場が多岐にわたること、家族心理学には、システム論という概念を母体として、各

注6 ⋯⋯⋯⋯⋯⋯
第1章19頁参照。

**図 8-6　家族心理学の統合的役割**

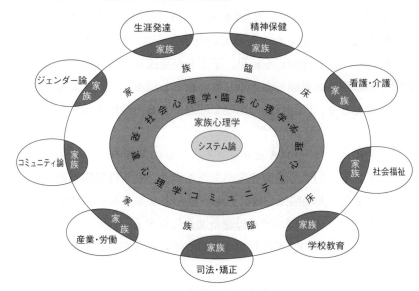

出典：亀口憲治『三訂版　家族心理学特論』放送大学教育振興会、2014 年、19 頁。

専門領域間の橋渡しをする役目が期待されていることがわかる。

　家族システムという概念についての基本的な考え方は、「(1)家族システムの諸部分（夫婦、兄弟など）は、相互に関連しあっている、(2)家族の一部は、他の部分から切り離しては理解できない、(3)諸部分の機能を個別に切り離して理解するだけでは、全体としての家族の機能を十分にとらえることはできない、(4)家族の構造や組織化の程度が、家族の人々の行動を決定する要因となっている。(5)家族内の交流パターンが、家族の人々の行動を形成する」[*8] とされている。

　こうした考え方が採用された背景として、「家族の間で生じる心理的現象や関係の仕組みを解き明かすには、特定の原因と結果を直接的に結ぶ、いわゆる『直接的因果律[注7]』に基盤をおいた思考法では限界」[*9] があり、家族を丸ごととらえる必要があることへの関係者の気づきが大きい。

## (2)　家族臨床における家族システムの組み替え

　家族を丸ごととらえた心理学的援助の 1 つとして、ここでは、家族臨床の事例を紹介する。図 8-7 には、とある 3 世代同居家族が、F 子（長女）の不登校をきっかけに家族療法に取り組んだ結果、家族システムが徐々に変化したようすが示されている。

注7・・・・・・・・・・・・・・・・
亀口（2014）は、直接的因果律を紹介した後、「生活を共にする家族成員の間で生じる問題の解決には、一方向の因果の流れではなく、むしろ原因と結果が相互に影響しあう『相互因果律』の考え方が必要とされる。」と主張する。亀口憲治『三訂版　家族心理学特論』放送大学教育振興会、2014 年、34 頁。

第Ⅰ期には「ペットの犬以外、家族をそばに寄せ付けなかった子ども（F子、中学2年生）」と、「親役割を一手に引き受け、家族を支配している祖母」、そして「祖母のもと、子どもの位置に留まっている両親（共働き）、次女、三女」が、第Ⅱ期以降、ペットやセラピストを媒介とした家族システムの組み換えにより、徐々にそれぞれの発達に合う立ち位置を見い出していくようすがわかる。

この事例におけるF子の苦しみは、家族内の関係性がアンバランスであることに大きく関係しており、彼女のみに焦点をあ

**図8-7　S家の家族システムの治療的変化**

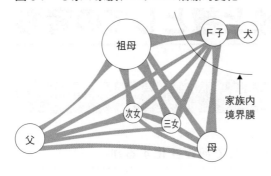

a. 第Ⅰ期・F子を欠いたS家の
　家族システム

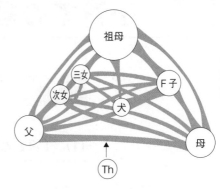

b. 第Ⅱ期・ペットを媒介とした
　家族システムへの治療的接近
　（Thはセラピストを示す）

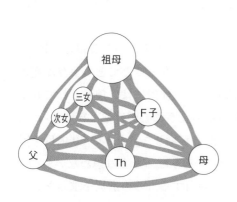

c. 第Ⅲ期・治療者を媒介とした
　家族境界膜の組み換え

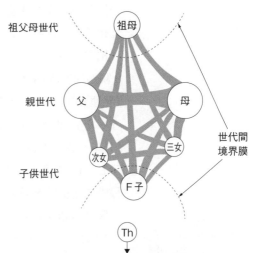

d. 第Ⅳ期・夫婦境界膜の強化に
　よる家族境界膜の再構造化
　（F子の自立と祖母の引退）

出典：亀口憲治『家族心理学特論：システムとしての家族を考える』放送大学教育振興会、2002年、103頁。

てることでは解決に至らないものであった。家族が全員参加する家族療法の場において、祖母、父、母、次女、三女、そしてF子が、それぞれどのような立ち位置で互いにコミュニケーションをとり、どの程度の強さで影響しあっているかを把握したうえで、当家族が最も安定し、それぞれの力を発揮できる形を探し、その形を叶えていく援助をしたことが解決にむかう鍵となっている。

第 **3** 節

# 子育ての経験と親としての育ち

## 1 親の発達とは

### (1) 「親となる」ことで何が変化するか

第2節の2の「(2)家族臨床における家族システムの組み替え」で、「子どもの位置に留まっている両親」が、親としての立ち位置を見い出していったことを紹介した。「親となる」とは、一体どのような状態をさすのだろうか。「親となる」ことで何が変化するのだろうか。

柏木・若松(1994)は、3〜5歳の子どもがいる父親と母親(約8割が核家族)を対象に、彼らが親となることでどのような変化(発達)が生じたのかを調査した。具体的には、「角がとれて丸くなった」「他人の迷惑にならないように心がけるようになった」「日本や世界の将来について関心が増した」などの50項目を提示し、1「そうなった」から4「そうなったとは思わない」の4段階の選択肢を設定し、最も該当するものの選択を求めた。

**因子分析**を行ったところ、表8-3に示す6つのグループ(因子)が現れた。すなわち、柔軟さ、自己抑制、視野の広がり、運命・信仰・伝統の受容、生きがい・存在感、自己の強さという6つである。このように、親になることで多岐にわたる側面において変化が生じると考えられる。

因子分析
多くの項目をいくつかのグループ(因子)に分ける統計的手法。因子に名前をつけて(命名)、まとまりを表す。

表8-3　親となることによる成長・発達（6つのグループの項目例）

| |
|---|
| 第1グループ：柔軟さ |
| 　角がとれて丸くなった。<br>　考え方が柔軟になった。<br>　他人に対して寛大になった。 |
| 第2グループ：自己抑制 |
| 　他人の迷惑にならないように心がけるようになった。<br>　自分のほしいものなどが我慢できるようになった。<br>　他人の立場や気持ちをくみとるようになった。 |
| 第3グループ：視野の広がり |
| 　日本や世界の将来について関心が増した。<br>　環境問題（大気汚染・食品公害など）に関心が増した。<br>　児童福祉や教育問題に関心をもつようになった。 |
| 第4グループ：運命・信仰・伝統の受容 |
| 　物事を運命だと受け入れるようになった。<br>　運や巡りあわせを考えるようになった。<br>　常識やしきたりを考えるようになった。 |
| 第5グループ：生きがい・存在感 |
| 　生きている張りが増した。<br>　長生きしなければと思うようになった。<br>　自分がなくてはならない存在だと思うようになった。 |
| 第6グループ：自己の強さ |
| 　多少他の人と摩擦があっても自分の主張は通すようになった。<br>　自分の立場や考えはちゃんと主張しなければと思うようになった。<br>　物事に積極的になった。 |

出典：柏木恵子・若松素子「『親となる』ことによる人格発達：生涯発達的視点から親を研究する試み」『発達心理学研究』第5巻第1号、日本発達心理学会、1994年、75頁をもとに森野作成。

## (2)　父親の育児・家事参加は何をもたらすか

　核家族や共働きの増加にともない、日本でも父親の育児参加、家事参加への機運が高まってきたが、(1)で見た変化に、父親の育児・家事行動はどのように関連してくるのだろうか。日隈らは1999年に、柏木・若松が1994年に明らかにした6つのグループを代表する28項目を抽出し、1歳半の子どもがいる父親（パートナーの約8割が専業主婦）に、各項目について親となる前と比べて現在はどうかを、「まったく思わない」1点から「とても思う」4点までで配点、得点化したものと、育児行動3種類（子どもに話しかけるなどの「相手行動」、食事をさせるなどの「世話行動」、妻への育児助言などの「精神援助行動」）と炊事などの「家事行動」について、「まったくしない」1点から「いつもする」4点までで配点、得点化したものとの関係を調べた結果が報告されている。

表 8-4　父親の育児家事行動高低群別の親となることによる成長・発達

| | 相手行動 | | 世話行動 | | 精神的援助行動 | | 家事行動 | |
|---|---|---|---|---|---|---|---|---|
| | 高群<br>(67人) | 低群<br>(90人) | 高群<br>(61人) | 低群<br>(93人) | 高群<br>(88人) | 低群<br>(62人) | 高群<br>(64人) | 低群<br>(92人) |
| 第1グループ<br>　柔軟さ | 2.71 | 2.48 | 2.80 ＞ 2.43 | | 2.74 ＞ 2.34 | | 2.62 | 2.55 |
| 第2グループ<br>　自己抑制 | 2.73 ＞ 2.46 | | 2.81 ＞ 2.42 | | 2.69 ＞ 2.41 | | 2.69 | 2.49 |
| 第3グループ<br>　視野の広がり | 3.24 ＞ 2.82 | | 3.35 ＞ 2.76 | | 3.17 ＞ 2.76 | | 3.23 ＞ 2.84 | |
| 第4グループ<br>　運命・信仰・伝統の受容 | 2.50 | 2.31 | 2.70 ＞ 2.18 | | 2.45 | 2.34 | 2.58 ＞ 2.26 | |
| 第5グループ<br>　生きがい・存在感 | 3.30 ＞ 2.85 | | 3.22 ＞ 2.93 | | 3.17 ＞ 2.82 | | 3.23 ＞ 2.91 | |
| 第6グループ<br>　自己の強さ | 2.94 | 2.69 | 2.96 ＞ 2.68 | | 2.88 | 2.68 | 2.91 | 2.71 |

注：表中の＞は、両者の間に統計的に意味のある差が認められたことを意味している。

出典：日隈ふみ子ほか「親としての発達に関する研究：1歳半児をもつ父親の育児家事行動の観点から」『日本助産学会誌』
　　　第12巻第2号、日本助産学会、1999年、61頁をもとに森野作成。

　　父親の育児行動3種類と家事行動の得点それぞれの平均得点以上を高群、平均得点より下を低群として、6つのグループを代表する項目への回答得点を比べた結果が表8-4である。「相手行動」高群の父親と低群の父親では、「自己抑制」「視野の広がり」「生きがい・存在感」で、高群のほうが得点が高かった。「世話行動」高群の父親は、6つのグループすべてで低群の父親よりも得点が高かった。「精神援助行動」高群の父親と低群の父親では、「柔軟さ」「自己抑制」「視野の広がり」「生きがい・存在感」で、「家事行動」高群の父親と低群の父親では、「視野の広がり」「運命・信仰・伝統の受容」「生きがい・存在感」で高群の父親の得点が高く、育児・家事行動を多くしている父親のほうがそうでない父親よりも、親としての自身の変化を感じていた。

　　父親の育児・家事行動は、その行動量が親としての発達につながっていく可能性がある。日隈らの研究では、父親からの自由記述として「育児に参加したくてもその方法が分からない」といった声も寄せられていることから、保育現場において、父親を視野に入れた育児・家事行動についての具体的なアドバイスが、父親の発達を支えるひとつの有効な方法となるかもしれない。

## 2　親の発達を支える

### (1)　子育て支援

　一口に「親」といっても、子育てに対する考え方の違い、子どもへの関わり方の違い、さらには、それらとも関連して、親となる前後でプラスの変化を感じられる親とそうでない親、さまざまな親がいる。保育所は、親の発達をどのようにとらえ、どのような活動で支えていくとよいだろうか。

　これらを考えるひとつの手がかりとして、現在、多種多様な展開が見られる子育て支援に焦点を当ててみよう。2008年に発表された山縣の報告では、主な対象が親か子か、軸足が社会性・地域性にあるか問題性・個別性にあるか、により4種類の分類がなされている（図8-8）。

　本章で繰り返し述べてきたが、家族は、メンバーが互いに影響しあって発達していくシステムである。したがって、主に子どもを対象とした第1、2象限も、親を対象とする第3、4象限と同様に、親の発達を支える活動でもあることに留意しつつ、4種類の子育て支援を進めていく必要がある。

第8章

家族・家庭の理解

図8-8　子育て支援の類型（例）

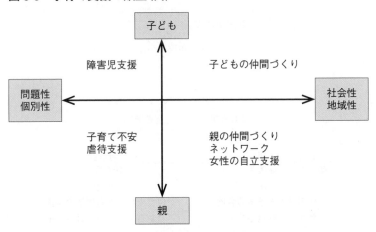

出典：山縣文治「子育て支援の類型と民間活動」『地域の子育て環境づくり』
　　　大日向雅美（編集代表）、ぎょうせい、2008年、72頁。

## （2）　子育て支援に不可欠な視点

・・・・・・・・・・・・・・・・・・・・・・・・・・・・・・・・・・・・・・・・・・・・・・・・・・・・・・・・・・・・・・・・・・・・

　「子育て支援担当者にわが子のことで相談をしたら、その他大勢扱いをされ（この時期は皆さん同じように悩まれますから、そんなものです。あなただけではありませんよ）、嫌だった」という話を耳にすることが少なくない。こうした問題は、なぜ生じるのだろうか。子育て支援に欠かせない視点は何だろうか。

　金田は 2011 年に、親と社会的立場の専門家とは、育てを担う者としての発達の方向性が異なるとしている。図 8-9 のように、親は、「個（目の中に入れても痛くない我が子）」→「一般・社会（子どもを社会へ送り出す、可愛い子には旅をさせよ）」へ進むのに対し、専門家は、「一般・社会（初めて出会う社会の子）」→「個（精根込めてかかわる中で、かけがえのない育ての子）」にむけて進む。そのため、両者は、育てる者としての発達と、関わっている子ども理解の位置が全くの別方向となる。「個に引き寄せた理解者と、社会の一員としての理解者の二方向が 1 人の子どもに保障されてこそ、子どもは人として尊ばれ、また社会の一員として重んぜられていく（児童憲章）ことができる[注8]」*10 のである。

　専門家が、こうした位置関係を理解せずに話をすると、冒頭で紹介した話のような展開になる可能性が高くなる。また、家族システムの考え方をふまえると、図 8-9 の左側を家族、右側

図 8-9　子どもの育ちに不可欠な 2 つの視点（個と社会）とその交差領域

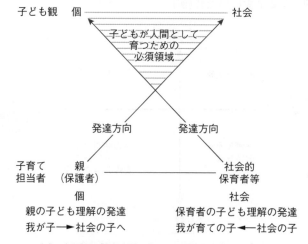

出典：金田利子「育児支援に求められる専門性」『育児のなかでの臨床発達支援』
　　　藤﨑眞知代・大日向雅美（編著）、ミネルヴァ書房、2011 年、36 頁。

を地域社会の各専門家、斜線部分を家族が育つための必須領域としてとらえ直すこともできよう。専門家は、個々の家族の家族システムに沿った理解・支援をしていく方向性を意識しつつ、目の前の家族が、「わが家族を社会へ開く過程」を支えていく必要がある。

## 🕐 学習のふりかえり

**1** 家族・家庭の意義や機能は、その家族・家庭が置かれた状況によって異なるため、背景とともに見ていく必要がある。

**2** 子どもの発達に、親子・家族関係は大きく関連している。親子・家族が抱える問題に対し、家族をシステムととらえて関わる方法がある。

**3** 子育て経験は、親としての育ちに関連している。子育て支援には、個々の親、個々の家族というミクロの視点が不可欠である。

**引用文献:**

*1. 望月　嵩「家族概念の再検討」『家族社会学の展開』森岡清美ほか著、培風館、1993 年、17 頁。

*2. 森岡清美「家族とは」『新しい家族社会学　四訂版』森岡清美・望月嵩、培風館、1997 年、4 頁。

*3. 大野祥子「家族概念の多様性─『家族であること』の条件」『鶴川女子短期大学研究紀要』第 23 号、鶴川女子短期大学紀要委員会、2001 年、56 頁。

*4. 山根常男「家族の理論」『家族社会学の展開』森岡清美ほか著、培風館、1993 年、5 頁。

*5. 柏木惠子『家族心理学─社会変動・発達・ジェンダーの視点』東京大学出版会、2003 年、41 頁。

*6. 菅原ますみ・松本聡子訳『保育の質と子どもの発達 アメリカ国立小児保健・人間発達研究所の長期追跡研究から』日本子ども学会編、赤ちゃんとママ社、2009 年、36 頁。

*7. 亀口憲治『三訂版　家族心理学特論』放送大学教育振興会、2014 年、11 頁。

*8. 亀口憲治『家族心理学特論─システムとしての家族を考える』放送大学教育振興会、2002 年、14～15 頁。

*9. 亀口憲治『三訂版　家族心理学特論』放送大学教育振興会、2014 年、34 頁。

　＊10. 金田利子「育児支援に求められる専門性」『育児のなかでの臨床発達支援』藤﨑眞知代・大日向雅美編、ミネルヴァ書房、2011 年、36 〜 37 頁。


**参考文献：**

　11. 森岡清美「家族社会学の出発点」『家族社会学［新版］』森岡清美編、有斐閣、1983 年。

　12. 大野祥子「家族概念の多様性：『家族であること』の条件」『鶴川女子短期大学研究紀要』鶴川女子短期大学紀要委員会、第 23 号、2001 年、51〜62 頁。

　13. 平木典子「中年期と家庭問題」『臨床心理学』金剛出版、第 6 巻 3 号、2006 年、323〜327 頁。

　14. 井上清美「家族内部における孤独感と個人化傾向：中年期夫婦に対する調査データから」『家族社会学研究』日本家族社会学会、第 12 巻 2 号、2001 年、237〜246 頁。

　15. 伊藤裕子「夫婦関係における親密性の様相」『発達心理学研究』日本発達心理学会、第 26 巻 4 号、2015 年、279〜287 頁。

　16. 川邊淳子「小中高の発達段階における家族との関わり方と住まい方に関する一考察」『日本家庭科教育学会大会・例会・セミナー研究発表要旨集』日本家庭科教育学会、第 57 巻、2014 年、69 頁。

　17. 菅原ますみら「子どもの問題行動の発達：Externalizing な問題傾向に関する生後 11 年間の縦断研究から」『発達心理学研究』日本発達心理学会、第 10 巻 1 号、1999 年、32〜45 頁。

　18. 柏木惠子・若松素子「『親となる』ことによる人格発達：生涯発達的視点から親を研究する試み」『発達心理学研究』日本発達心理学会、第 5 巻 1 号、1994 年、72〜83 頁。

　19. 日隈ふみ子ら「親としての発達に関する研究：1 歳半児をもつ父親の育児家事行動の観点から」『日本助産学会誌』日本助産学会、第 12 巻 2 号、1999 年、56〜63 頁。

　20. 山縣文治「子育て支援の類型と民間活動」『地域の子育て環境づくり』大日向雅美（編集代表）、ぎょうせい、2008 年、71〜72 頁。

　21. 金田利子「育児支援に求められる専門性」『育児のなかでの臨床発達支援』藤﨑眞知代・大日向雅美（編著）、ミネルヴァ書房、2011 年、36〜37 頁。

　22. NIH and NICHD, *The NICHD study of early child care and youth development: Findings for children up to age 4 1/2 years,* NIH Pub. 2006.

　23. Kağitçibaşi, C.(1989)'Family and Socialization in Cross-Cultural Perspective: A Model of Change', in John J. Berman(ed.), Cross-Cultural Perspectives: *Nebraska Symposium on Motivation* 1989, Lincoln, University of Nebraska Press, pp.135-200.

# 第 9 章

## 子育て家庭に関する現状と課題

### 学習のポイント

　「子育て家庭に関する現状と課題」では、子育てを取り巻く社会的な現状について理解したうえで、ライフコースにおける仕事と子育ての位置づけの変遷、多様な家庭や特別な配慮を要する家庭について学習する。

①現代の子育てを取り巻く社会的状況の実態について理解し、どのような支援が必要であるのかを学習する。

②現代の保護者の多様なライフコースの現状が子育てに影響を及ぼすことを理解したうえで、どのような援助が求められるのかについて学習を深める。

③現代の多様な家庭の問題にはどのようなものがあるのかを理解し、家庭の問題が子どもにとってリスク要因になる場合があることについて学習する。

④特別な配慮を要する家庭に対して、どのような援助が必要であるのかについて学習を深める。

# 子育てを取り巻く社会的状況

## 1 周産期に関する社会的状況

### (1) 妊娠中の不安

　2003年に発表された岡本らの、妊娠中の妊婦の語りを分析した研究によると、妊婦が胎動をとおしてお腹の存在を人間以外に例えていたものから、段々と胎児の体のイメージを意味づけられるよう変化していくことがわかっている。このように妊娠期は胎動をとおして心理的な変化が訪れる時期であるため、育児不安を予防しメンタルヘルスをサポートすることが重要となってくる。

　実際、産後3か月が抑うつ回復のターニングポイントとなることから妊娠中からのスクリーニングや専門機関による早期の介入の必要性があると、安藤・無藤が平成20(2008)年に発表した報告で示している。

　藤崎が平成24(2012)年に発表した報告によると、「妊娠期から精神的健康に関するスクリーニングを行う病院や保健センターも増えてきてはいる」[*1]が、さらなる充実が求められている。

### (2) 産後うつ

　出産後は、新生児の夜泣きなどの生活リズムに影響を受けて誰しもが産後うつになる危険性を孕んでいるが、産後の抑うつがいつからはじまりどの程度継続するのかを調査した研究によると、産後1年時に抑うつ状態が続いている人は、すでに妊娠中や産後5週には抑うつになっていることが明らかになっている(安藤・無藤、2008)。また、小林が2009年に発表した報告によると、「夫からのサポートが多い母親は、少ない母親に比べ

て抑うつ傾向が低い」[*2] ことも示されている。このように、専門機関の早期介入だけでなく、家族のサポートの重要性を広く社会に発信していく必要があろう。

## ■ 2 子育てに関する社会的状況

### (1) 育児を取り巻く現状

現代社会において、少子化、核家族化、都市化などの問題がよくあげられるが、育児環境にとってこれらの社会的な状況はどのような影響をもたらすのであろうか。厚生労働省の「人口動態統計」によると、**合計特殊出生率**が平成 17(2005)年に最低になったが、その後、平成 28(2016)年に 1.44 まで上昇し、平成 29(2017)年に 1.43 とほぼ横ばいになってきている(図 9-1)。少子化の原因としてあげられるのは、ライフスタイルの多様化や高学歴にともなう晩婚化などである。

また、核家族化や都市化にともない、子育ての担い手が母親に集中してしまい孤独な育児をせざるを得ない現状が問題視されている。この根底には、父親の労働時間の長さがあると考え

> **合計特殊出生率**
> 出生率を計算する際の分母の人口数を、15 歳から 49 歳の出産可能年齢の女性に限定し、各年齢の出生率を足しあわせ、1 人の女性が生涯何人の子どもを産むのかを推計したものである。

**図 9-1 出生数および合計特殊出生率**

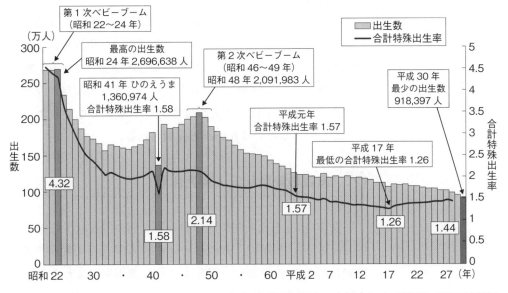

出典：厚生労働省「平成 30 年(2018) 人口動態統計 月報年計(概数)」

られる。平成 19(2007)年に牧野が発表した、父親の 1 週間の労働時間について、日本、韓国、タイ、アメリカ、フランス、スウェーデンの 6 か国で比較した研究では、日本の父親は平均 51.4 時間働いており、一番少なかったスウェーデンの 37.5 時間に比べて 10 時間以上も長く、6 か国中最も長い労働時間であった。実際に、父子の平日の接触時間を同じ 6 か国で比較し平成 19(2007)年に発表された酒井の調査結果によると、韓国の 2.78 時間に続いて、2 番目に短い 3.08 時間であった。ちなみに最も長かったのは、タイの 5.89 時間、続いてスウェーデンの 4.61 時間であった。日本では父親の接触時間が短いのに対して母親の接触時間は 6 か国で最も長く 7.57 時間であり、父親と母親の接触時間の比率は 6 か国中 2 番目に低い値を示していた。このデータは 2005 年のものであるが、現在でも急激には変化しておらず、育児の負担が母親に一手にかかってしまっていることがうかがえる。

　また、2002 年の加藤らの報告では、母親が孤独な育児に漠然とした不安やイライラを募らせ、**育児不安**になるなど育児負担感が強いことも指摘されている。この研究では、父親が育児に関わった場合に子どもの社会性に関連があることが示されている。2008 年の荒牧らの研究でも父親のサポートが育児の負担感を軽減することが示唆されている。これらのことから、父親の育児参加は子どもの発達面や母親のメンタルヘルスにもポジティブにはたらくと考えられる。

　さらに、ベネッセ教育総合研究所による、2016 年の「第 5 回幼児の生活アンケート」における母親調査の結果から、子どもの面倒をみてくれる人として父親の割合が増加している。特に保育園児の場合は幼稚園児よりも父親の育児への関与が大きいことから、以前に比べて夫婦で協力して子育てをするようになってきているのではないかと推測される。

### (2)　母親の就業状況・育児休業

　平成 30 年度男女共同参画白書の男女別の就業状況の推移を見てみると、10 年以上勤続している人の割合は男性が平成 9 (1997)年から平成 29(2017)年まで約 5 割程度で変わらないのに対して、女性の場合は 29.7 ％から 35.8 ％へと増加している。

**育児不安**
育児に対する負担感や不安感のことであり、適切な子育て支援が得られない場合、育児困難や虐待の問題が発生する可能性がある。

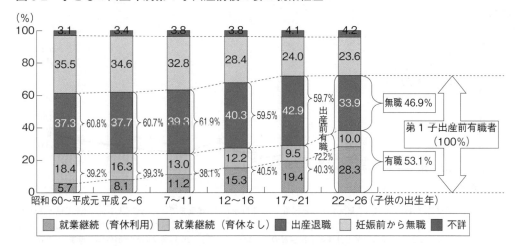

図9-2　子どもの出生年別第1子出産前後の妻の就業経歴

凡例: 就業継続（育休利用）　就業継続（育休なし）　出産退職　妊娠前から無職　不詳

（備考）　1. 国立社会保障・人口問題研究所「第15回出生動向基本調査（夫婦調査）」より作成。
　　　　2. 第1子が1歳以上15歳未満の初婚どうしの夫婦について集計。
　　　　3. 出産前後の就業経歴
　　　　　　就業継続（育休利用）－妊娠判明時就業～育児休業取得～子供1歳時就業
　　　　　　就業継続（育休なし）－妊娠判明時就業～育児休業取得なし～子供1歳時就業
　　　　　　出産退職　　　　　　－妊娠判明時就業～子供1歳時無職
　　　　　　妊娠前から無職　　　－妊娠判明時無職～子供1歳時無職

　　　　　　　　　　　　　　　　出典：内閣府「平成30年版男女共同参画白書」2018年、118頁。

　また、出産による就業継続の割合も上昇している。女性の出産前後の就業状況を見てみると、第1子出産後の女性の就業継続の割合はずっと4割程度であったが、平成27（2015）年に実施された最新の調査では、子どもの出生年が平成22（2010）年～平成26（2014）年である女性の就業継続率ははじめて5割を超えた（図9-2）。第1子妊娠前から無職であった女性も含めた割合で見てみると、「就業継続（育休利用）」が28.3％、「就業継続（育休なし）」が10.0％、「出産退職」が33.9％であり、前回の調査よりも育休を取って就業を継続する人の割合が約9ポイント上昇し、その反対に出産退職の割合が同程度減少していることがわかる。

　では、男性の育児休業の取得率はどうであろうか。内閣府の調査では平成28（2016）年に民間企業が3.16％、国家公務員が8.2％、地方公務員が3.6％と前年に比べて国家公務員の取得割合が急激に上昇している（図9-3）。しかしながら、女性の育児休業の取得率と比較すると、民間企業が81.8％、国家公務員が99.9％、地方公務員が99.1％と男女間での格差が依然として大きいことがわかる。ベネッセ教育総合研究所の2016年の調査

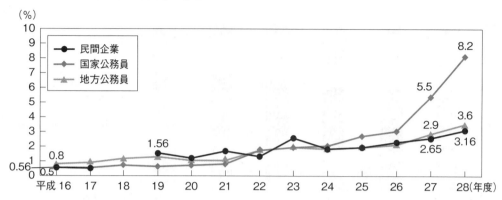

図 9-3　男性の育児休業取得率の推移

（備考）　1.　国家公務員は、平成 17 年度までは総務省、18 年度から 23 年度までは総務省・人事院「女性国家公務員の
　　　　　　 採用・登用の拡大状況等のフォローアップの実施結果」、24 年度は総務省・人事院「女性国家公務員の登用
　　　　　　 状況及び国家公務員の育児休業の取得状況のフォローアップ」、25 年度は内閣官房内閣人事局・人事院、26
　　　　　　 年度以降は内閣官房内閣人事局「女性国家公務員の登用状況及び国家公務員の育児休業等の取得状況のフォ
　　　　　　 ローアップ」より作成。
　　　　　2.　地方公務員は、総務省「地方公共団体の勤務条件等に関する調査結果」より作成。
　　　　　3.　民間企業は、厚生労働省「雇用均等基本調査」より作成。
　　　　　4.　育児休業取得率の算出方法は、当該年度中に子が出生した者の数に対する当該年度中に新たに育児休業を取
　　　　　　 得した者(再度の育児休業者を除く)の数の割合。
　　　　　5.　東日本大震災のため、国家公務員の平成 22 年度値は、調査の実施が困難な官署に在勤する職員(850 人)を
　　　　　　 除く。地方公務員の 22 年度値は、岩手県の 1 市 1 町、宮城県の 1 町を除く。

出典：内閣府「平成 30 年版男女共同参画白書」2018 年、120 頁。

　では、男性の場合、**育児休業制度**を利用する以外に、配偶者出産休暇や育児参加のための休暇を取得したり、有給休暇を取ったり、自営業の場合は仕事を休業するなどの回答もあった。ベネッセの同調査は、父親の職業を民間企業か公務員かで分類したものではなかったが、図 9-3 によると、配偶者出産休暇取得率は国家公務員も地方公務員も 7 割を超え、育児参加のための休暇取得率は国家公務員で 5 割、地方公務員では 3 割を超えており、公務員に関しては上昇傾向にある。

　また、出産・育児のための休暇を取得した父親の休暇日数について見てみると、「3 日」が 20.0％、「5 日」が 17.7％、「2 日」が 14.2％となっており、一週間以上の休暇を取る人は少ないことがわかった。育児休業制度を利用しなかった人に対してその理由を尋ねた調査では、「忙しくて取れそうもないから」「職場に迷惑をかけるから」「前例がないから」「取得しにくい雰囲気が職場にあるから」などの回答の割合が高かった。2005 年から2014 年までの経年変化を見てみると、その割合も徐々に減少しており、育児休業制度が取得できない職場環境が改善されつつ

あるのではないかと考えられる。厚生労働省によると、平成29 (2017)年現在の保育所等定員は約274万人で、前年に比べて約10万人の増加となった。また、放課後児童クラブの登録児童数も増加となっており、保育所等待機児童数の増加と同じく、放課後児童クラブを利用できない児童数も平成27(2015)年以降増加しているという現状がある。就業継続のためには、育児休業制度だけでなく、待機児童問題への対応も求められる。

## (3) 子育て支援・次世代育成支援

### ❶子育て支援・次世代育成支援の経緯

わが国では、平成元(1989)年に合計特殊出生率が1.57を記録した1.57ショックを契機に、少子化対策として平成6(1994)年に「エンゼルプラン」および「緊急保育対策等5か年事業」が策定され、保育サービスの充実や保育所機能の多機能化、地域子育て支援センターの整備をめざして保育所の拡充がなされてきた。その後、平成11(1999)年に「新エンゼルプラン」が策定され、平成14(2002)年には「少子化対策プラスワン」が公表され、それが翌年の次世代育成支援対策推進法への段階施行となった。これは、子育てが私的なものではなく社会全体で支えあうものであるとする社会連帯の理念に基づき、少子化対策から次世代育成支援へと移行したものである。

しかしながら、少子化の勢いは衰えず、次世代育成支援対策推進法が制定された同年には、少子化社会対策基本法、翌年の平成16(2004)年には少子化社会対策大綱が閣議決定され、同年に「子ども・子育て応援プラン」が策定された。これは、少子化社会対策対応が掲げる4つの重点課題である「若者の自立とたくましい子どもの育ち」「仕事と家庭の両立支援と働き方の見直し」「生命の大切さ、家庭の役割等についての理解」「子育ての新たな支え合いと連帯」に沿って、平成21(2009)年度までの5年間に講ずる具体的な施策内容と目標と、おおむね10年後を展望してめざすべき社会の姿を提示したものである。

その後、平成22(2010)年1月に閣議決定された「子ども・子育てビジョン」では、子どもと子育てを応援する社会をめざして、「家族や親が子育てを担う」という個人に過重な負担がかかっていた社会から、「社会全体で子育てを支える」という出産

や子育てに関する個人の希望がかなえられる社会づくりへと転換がなされた。具体的には、「社会全体で子育てを支える」「希望がかなえられる」という基本的な考え方に基づき、子どもが主人公(チルドレン・ファースト)、「少子化対策」から「子ども・子育て支援」へ、生活と仕事と子育ての調和という基本的な視点を示した。「子ども・子育てビジョン」は、めざすべき社会への政策の4本柱として、「子どもの育ちを支え、若者が安心して成長できる社会へ」「妊娠、出産、子育ての希望が実現できる社会へ」「多様なネットワークで子育て力のある地域社会へ」「男性も女性も仕事と生活が調和する社会へ(**ワーク・ライフ・バランスの実現**)」を示した。

### ❷子ども・子育て関連3法成立と新制度施行までの経緯

　平成22(2010)年1月の少子化社会対策会議の決定により、子ども・子育て新システムの基本制度案要綱が策定され、平成24(2012)年3月の同会議で決定された子ども・子育て新システムの基本制度を受けて、同年8月に子ども・子育て関連3法(子ども・子育て支援法、認定こども園法の一部改正、子ども・子育て支援法及び認定こども園法の一部改正法の施行に伴う関係法律の整備等に関する法律)が成立した。

　その後、平成27(2015)年に子ども・子育て支援新制度が本格的に施行されることとなった。この新制度は、量と質の両面から子育てを社会全体で支えるということを目的としている。

　支援の量を拡充するとは、必要とするすべての家庭が利用できる支援をめざすことであり、支援の質を向上するとは、子どもたちがより豊かに育っていける支援をめざすことを意味する。

### ❸幼稚園・保育所等における地域の子育て支援

　新制度では、地域の子育て支援の充実についてもめざしている。例えば、利用者支援、放課後児童クラブ、一時預かり、病児保育、**ファミリー・サポート・センター**、地域子育て支援拠点、子育て短期支援、乳児家庭全戸訪問、養育支援訪問、妊婦健康検査であるが、幼稚園や保育所等が地域の子育て家庭を対象として実施する可能性が高い事業は、「地域子育て支援拠点事業」と「一時預かり事業」である。「地域子育て支援拠点事業」

とは、地域の身近なところで、気軽に親子の交流や子育て相談
ができる場所であり、幼稚園や保育所等がその主な担い手と
なって行っている事業である。

　「一時預かり事業」とは、急な用事や短期のパートタイム就労
のほかにリフレッシュしたい時などに保育所等で子どもを預
かったり、幼稚園で在園児を保育時間終了後や土曜日などに預
かったりする事業である。これらの事業以外にも、「利用者支援
事業」など地域の子育て家庭を対象として幼稚園や保育所等が
その他の機関と連携して取り組む可能性がある事業もある。

　「利用者支援事業」とは、子育て家庭や妊産婦の困りごと等に
合わせて、幼稚園や保育所などの施設や地域の子育て支援事業
などから必要な支援を選択して利用できるように、情報の提供
や支援の紹介などを行う事業である。

　特に、幼稚園や保育所等は、地域の子育て支援の拠点として、
在園児とその保護者だけではなく、地域の保護者等に対する子
育て支援も積極的に行うよう努めることが平成30年4月より
施行された新・保育所保育指針(以下、保育指針)に記載されて
いる。保育指針の「第4章　子育て支援」によると、保育所に
おける保護者に対する子育て支援の原則としては、保育士は「専
門的知識及び技術をもって、児童の保育及び児童の保護者に対
する保育に関する指導を行うことを業とする者をいう(児童福
祉法第18条第4項)」と定められているが、保育に関する指導
とは、子どもの保育に関する専門性を有する保育士が、子育て
に関する相談、助言、行動見本の提示などの援助をすることで
ある。また、子育て支援では、保護者と連携して子どもの育ち
を支える視点が重要であるが、具体的には、子どもの育ちの姿
とその意味を保護者に対してていねいに伝え、子どもの育ちを
保護者と共に喜びあうことや保護者自身の主体性や自己決定を
尊重することが大切だとされている。

　保育所の特性を生かした子育て支援とは、保護者に対して受
容的態度で接し、保護者の悩みや不安に寄り添い共感すること
や、日々の送迎時の対話、連絡帳、電話、面談などのさまざま
な機会を利用して支援を行うことである。ほかにも、継続的に
支援が行えることや、保育士、看護師、栄養士などの専門性を
有する職員がいることや、保育参観、保育参加、行事への親子
参加、保育体験などへの参加の機会を提供できるというのも保

育所の子育て支援の特徴としてあげられる。

　地域の保護者等に対する子育て支援については、保育指針第
4章の「3　地域の保護者等に対する子育て支援」において、地
域に開かれた子育て支援になるよう保育所保育の専門性を生か
した子育て支援を積極的に努めることが記載されている。保育
所の専門性を生かした取り組みとしては、子育てに関する情報
提供、相談、助言を行うことや親子遊び、離乳食作り、食育等
に関する育児講座や体験活動など、地域のニーズに合わせたも
のがあげられる。また、地域の子どもに対する一時預かりや休
日保育なども地域に開かれた子育て支援である。子ども一人ひ
とりの状況に合わせた柔軟な保育を行うことが求められる。

# 第2節　ライフコースと仕事・子育て

## 1　ライフコースとは

　人間が生まれてから死ぬまでの人生の軌道を**ライフコース**と
いう。女性のライフコースには、結婚し出産した後は仕事をも
たない「専業主婦コース」、結婚や出産時に退職し、子育て後に
再び仕事をもつ「再就職コース」、結婚し出産後に仕事も続ける
「両立コース」、結婚するが子どもはもたずに一生仕事を続ける
「**DINKS**（Double Income No Kids）コース」、結婚せずに一生仕事
を続ける「非婚就業コース」に分けることができる。

> **DINKS**
> 共働きで子どもがいな
> い家庭のことを、Double
> Income No Kids の略語
> で DINKS（ディンクス）
> という。共働きで子育て
> をしている家庭は
> DEWKS（デュークス）と
> いう。

## 2　ライフコースの変遷

　まず、結婚年齢の推移をみてみると、18歳から34歳を対象
とした希望の結婚年齢は1987年から少しずつ上昇してはいる
ものの、2015年には男性30.4歳、女性28.6歳と、ほぼ横ばい
状態となっている（表9-1）。

　男性がパートナーに望むライフコースと、女性の理想ライフ
コース、女性の予定ライフコースの変遷を比較してみると、い

表 9-1　調査・年齢別にみた、未婚者の平均希望結婚年齢の推移

| | 年齢 | 第9回調査<br>（1987年） | 第10回<br>（1992年） | 第11回<br>（1997年） | 第12回<br>（2002年） | 第13回<br>（2005年） | 第14回<br>（2010年） | 第15回<br>（2015年） |
|---|---|---|---|---|---|---|---|---|
| 男性 | 18-19歳 | 26.7 | 27.2 | 26.8 | 27.3 | 26.4 | 27.3 | 27.3 |
| | 20-24歳 | 27.4 | 27.8 | 28.0 | 28.2 | 27.9 | 28.4 | 28.4 |
| | 25-29歳 | 29.5 | 30.1 | 30.4 | 31.0 | 30.7 | 31.0 | 31.0 |
| | 30-34歳 | 34.0 | 34.2 | 34.7 | 35.0 | 35.1 | 35.4 | 35.4 |
| | 総数（18-34歳） | 28.4 | 28.9 | 29.3 | 29.8 | 30.0 | 30.4 | 30.4 |
| | （客体数） | 2,610 | 3,439 | 3,040 | 2,910 | 2,396 | 2,830 | 2,108 |
| 女性 | 18-19歳 | 24.1 | 24.7 | 25.3 | 25.2 | 25.2 | 25.5 | 26.1 |
| | 20-24歳 | 25.2 | 25.7 | 26.3 | 26.4 | 26.5 | 26.6 | 26.8 |
| | 25-29歳 | 28.3 | 29.0 | 29.2 | 29.7 | 29.7 | 29.8 | 29.8 |
| | 30-34歳 | 33.1 | 33.8 | 34.0 | 34.1 | 34.2 | 34.3 | 34.6 |
| | 総数（18-34歳） | 25.6 | 26.5 | 27.4 | 28.1 | 28.1 | 28.4 | 28.6 |
| | （客体数） | 2,112 | 3,026 | 2,872 | 2,678 | 2,424 | 2,748 | 2,095 |

注：対象は「いずれ結婚するつもり」と回答した 18 〜 34 歳の未婚者（希望結婚年齢不詳を除く）。なお、結婚希望年齢については以下の通り算出している。結婚希望年齢が 50 歳以上の場合は 50 歳とした。結婚希望年齢が現在の年齢よりも若い場合には現在の年齢を結婚希望年齢とした。なお、本調査項目は満年齢でたずねているため、平均値を求める際には結婚希望年齢に 0.5 を足したものを用いている。

出典：国立社会保障・人口問題研究所「第 15 回出生動向基本調査（結婚と出産に関する全国調査）」2015 年。

図 9-4　女性の理想・予定のライフコース、男性がパートナーに望むライフコース

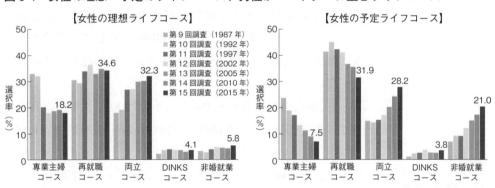

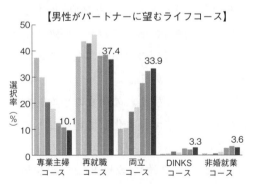

出典：国立社会保障・人口問題研究所「第 15 回出生動向基本調査（結婚と出産に関する全国調査）」2015 年。

## 図 9-5　年代別の平均的なライフサイクルとその分化

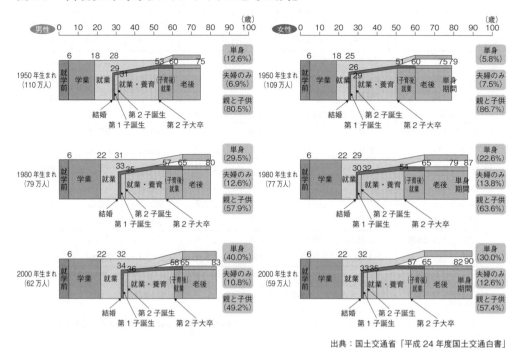

出典：国土交通省「平成 24 年度国土交通白書」

ずれも専業主婦コースの選択率が減少し、それに対して両立コースの選択率が増加している（図 9-4）。そして、再就職コースは多少の増減がありながらもライフコースのなかでは最も割合が高い。

　一方、男性の場合はどうであろうか。2000 年生まれの男性を見てみると（図 9-5）、「夫婦のみ」のいわゆる「DINKS」が 10.8％、「単身」いわゆる「非婚就業」が 40.0％で、「親と子供」が 49.2％であり、そのほとんどが仕事と家庭の両立コースであると考えられる。男女ともに、1950 年生まれに比べると 2000 年生まれでは「単身」と「夫婦のみ」の割合が増えており、結婚するかどうか、子どもをもつかどうかの選択の自由度が増すことによりライフコースが多様化しているといえる。

　また、1950 年、1980 年、2000 年生まれの男女の平均的な**ライフサイクル**を比較してみると、まず長寿化していることによるライフスパンの拡大があげられる（図 9-5）。2017 年の日本人の平均寿命は、男性 81.09 歳（世界 3 位）、女性 87.26 歳（世界 2 位）であり、男性も女性も定年退職後の老後生活の期間が長くなってきている。女性に関しては、男性よりも平均寿命が長いため、老後の単身期間も長くなってきている。また、大学進学

ライフサイクルと
ライフコース
　人の人生の変化をとらえる用語としてライフサイクルとライフコースがあるが、ライフサイクルは生物学や心理学でよく使われる用語で誰もが同じような人生の道筋をたどることを前提としており、ライフコースは主に社会学や歴史学で用いられる用語で個々の人生の多様性を重視した概念である。嶋崎尚子（2008）『ライフコースの社会学』学文社、19〜20 頁。

率が高くなってきているため、就業年齢の高齢化、晩婚化、定年が60歳から65歳に引き上げられたことによる就業期間の長期化なども、ライフサイクルの区切りの年齢が年を追うごとに高くなっている要因と考えられる。

## 3　ライフコースにおける仕事と子育ての位置づけ

　厚生労働省が2004年に実施した「少子化に関する意識調査」で、子どもをもつ既婚の男女に対して、「あなたにとって子どもとはどのようなものですか」と尋ねたところ、「生きがい・喜び・希望」（78.9％）、「無償の愛を捧げる対象」（56.4％）、「夫婦の絆を深めるもの」（39.3％）と回答する人が多かった。この結果は子どもを持ったことに対して親が満足していることを示している。しかしながら、理想の子ども数をもたない理由を妻に対して尋ねた調査（表9-2）によると、「子育てや教育にお金がかかりすぎる」「自分の仕事に差し支える」などの「経済的理由」をあげる人が多く、特に、34歳以下の若い女性にその割合

表9-2　妻の年齢別に見た、理想の子ども数を持たない理由

（複数回答）

| 妻の年齢　（客体数） | 理想の子ども数を持たない理由 | | | | | | | | | | | |
| | 経済的理由 | | | 年齢・身体的理由 | | | 育児負担 | 夫に関する理由 | | | その他 | |
| | 子育てや教育にお金がかかりすぎるから | 自分の仕事（勤めや家業）に差し支えるから | 家が狭いから | 高年齢で生むのはいやだから | 欲しいけれどもできないから | 健康上の理由から | これ以上、育児の心理的、肉体的負担に耐えられないから | 夫の家事・育児への協力が得られないから | 一番末の子が夫の定年退職までに成人してほしいから | 夫が望まないから | 子どもがのびのび育つ社会環境ではないから | 自分や夫婦の生活を大切にしたいから |
|---|---|---|---|---|---|---|---|---|---|---|---|---|
| 30歳未満　（　　51） | 76.5% | 17.6 | 17.6 | 5.9 | 5.9 | 5.9 | 15.7 | 11.8 | 2.0 | 7.8 | 3.9 | 9.8 |
| 30〜34歳　（　132） | 81.1 | 24.2 | 18.2 | 18.2 | 10.6 | 15.2 | 22.7 | 12.1 | 7.6 | 9.1 | 9.1 | 12.1 |
| 35〜39歳　（　282） | 64.9 | 20.2 | 15.2 | 35.5 | 19.1 | 16.0 | 24.5 | 8.5 | 6.0 | 9.9 | 7.4 | 8.9 |
| 40〜49歳　（　788） | 47.7 | 11.8 | 8.2 | 47.2 | 28.4 | 17.5 | 14.3 | 10.0 | 8.0 | 7.4 | 5.1 | 3.6 |
| 総　　数　（1,253） | 56.3 | 15.2 | 11.3 | 39.8 | 23.5 | 16.4 | 17.6 | 10.0 | 7.3 | 8.1 | 6.0 | 5.9 |
| 第14回(総数)(1,835) | 60.4% | 16.8 | 13.2 | 35.1 | 19.3 | 18.6 | 17.4 | 10.9 | 8.3 | 7.4 | 7.2 | 5.6 |
| 第13回(総数)(1,825) | 65.9% | 17.5 | 15.0 | 38.0 | 16.3 | 16.9 | 21.6 | 13.8 | 8.5 | 8.3 | 13.6 | 8.1 |

注：対象は予定子ども数が理想子ども数を下回る初婚どうしの夫婦。理想・予定子ども数の差の理由不詳を含まない選択率。複数回答のため合計値は100％を超える。予定子ども数が理想子ども数を下回る夫婦の割合は、それらの不詳を除く30.3％である。

出典：国立社会保障・人口問題研究所「第15回出生動向基本調査（結婚と出産に関する全国調査）」2015年。

が高かった。妻が35歳以上になってくると、「高年齢で産むのはいやだから」「欲しいけれどもできない」といった「年齢・身体的理由」が多くなってくる。

　仕事と家庭の両立をすることは、**多重役割**を担うことである。「多重役割とは、職業役割と家族役割（配偶者役割、親役割、家事役割、介護役割）などである」[*3]と武内は述べている。

　多重役割の働く母親の場合、多忙や疲労感などの役割過負荷は多いが、生活満足度も高いという1990年の土肥らの研究もあり、男性にとっても子育てに関わることは成人発達の機会になっているとパルコヴィッツ（Palkovitz, R）は2002年に発表している。また、多重役割には、欠乏仮説と増大仮説がある。欠乏仮説（scarcity hypothesis）とは、人間の時間とエネルギーには限界があるため、それぞれの役割に費やす時間とエネルギーが減少し、負担感、疲労感が高まるという立場であり、1960年のグッド（Goode, W.J.）などの初期の多重役割研究においては多重役割のネガティブな結果に焦点が当てられていた。それに対して、増大仮説（enhancement hypothesis）とは、多重役割によって、全体的には地位が向上・安定し、ネットワークが広がるため満足感や幸福感を高めるというシーバー（Sieber, S.D.）が1974年に発表した報告に代表される考え方である。

　これらの2つの仮説は必ずしも独立したものではなく、福丸が2000年に発表した報告では、多重役割によって、時間、体力、仕事量など有限性の強いものは「欠乏仮説」が当てはまり、多重役割によって、張り合い、充実感、経験効力感など心理面では「増大仮説」が当てはまるとされている。

　仕事と家庭の関係性において、一方の役割がうまくいけば他方の役割もうまくいくポジティブ・**スピルオーバー**と一方の役割がうまくいかないと他方の役割もうまくいかなくなるネガティブ・スピルオーバーがあり、心理的健康にも影響を及ぼすと考えられている。このことから、心理的健康を保ちながら、子育てと仕事の両立をしていくためには職場環境と子育て環境の両側面から子育て中の親をサポートする体制が必要であるといえる。

# 多様な家庭とその理解

## 1  現代の家庭の変容

　現代の家庭の実態を理解するために、生活上の実態に即した「世帯」で見ていくことにする。「平成30年　国民生活基礎調査」では、平成元(1989)年に世帯数が約3900万世帯であったが、平成25(2013)年以降、5000万世帯を超えて増加傾向にある。それに対して平均世帯人員は減少を続け、平成元(1989)年に3.1人であったが平成30(2018)年には2.44人となっている。世帯構成割合を世帯構造別に見てみると、「単独世帯」「夫婦のみの世帯」が増加し、「三世代世帯」が減少しており、「ひとり親と未婚の子のみの世帯」が増加傾向にある(図9-6)。

　次に同調査の、児童のいる世帯状況についても見てみると、児童のいる世帯は、平成29(2017)年には1173万4000世帯で全世帯の23.3%となっており、昭和61(1986)年の46.3%から

第**9**章

子育て家庭に関する現状と課題

図9-6　世帯構造別にみた世帯構成割合の年次推移

| | 単独世帯 | 夫婦のみの世帯 | 夫婦と未婚の子のみの世帯 | ひとり親と未婚の子のみの世帯 | 三世代世帯 | その他の世帯 |
|---|---|---|---|---|---|---|
| 平成元年 | 20.0 | 16.0 | 39.3 | 5.0 | 14.2 | 5.5 |
| 4 | 21.8 | 17.2 | 37.0 | 4.8 | 13.1 | 6.1 |
| 7 | 22.6 | 18.4 | 35.3 | 5.2 | 12.5 | 6.1 |
| 10 | 23.9 | 19.7 | 33.6 | 5.3 | 11.5 | 6.0 |
| 13 | 24.1 | 20.6 | 32.6 | 5.7 | 10.6 | 6.4 |
| 16 | 23.4 | 21.9 | 32.7 | 6.0 | 9.7 | 6.3 |
| 19 | 25.0 | 22.1 | 31.3 | 6.3 | 8.4 | 6.9 |
| 22 | 25.5 | 22.6 | 30.7 | 6.5 | 7.9 | 6.8 |
| 25 | 26.5 | 23.2 | 29.7 | 7.2 | 6.6 | 6.7 |
| 28 | 26.9 | 23.7 | 29.5 | 7.3 | 5.9 | 6.7 |
| 29 | 27.0 | 24.0 | 29.5 | 7.2 | 5.8 | 6.5 |
| 30 | 27.7 | 24.1 | 29.1 | 7.2 | 5.3 | 6.6 |

　注：平成7年の数値は、兵庫県を除いたものである。平成28年の数値は、熊本県を除いたものである。

　　　　　　　出典：厚生労働省「平成30年　国民生活基礎調査の概況」をもとに白川作成。

## 図9-7　児童の有無の年次推移

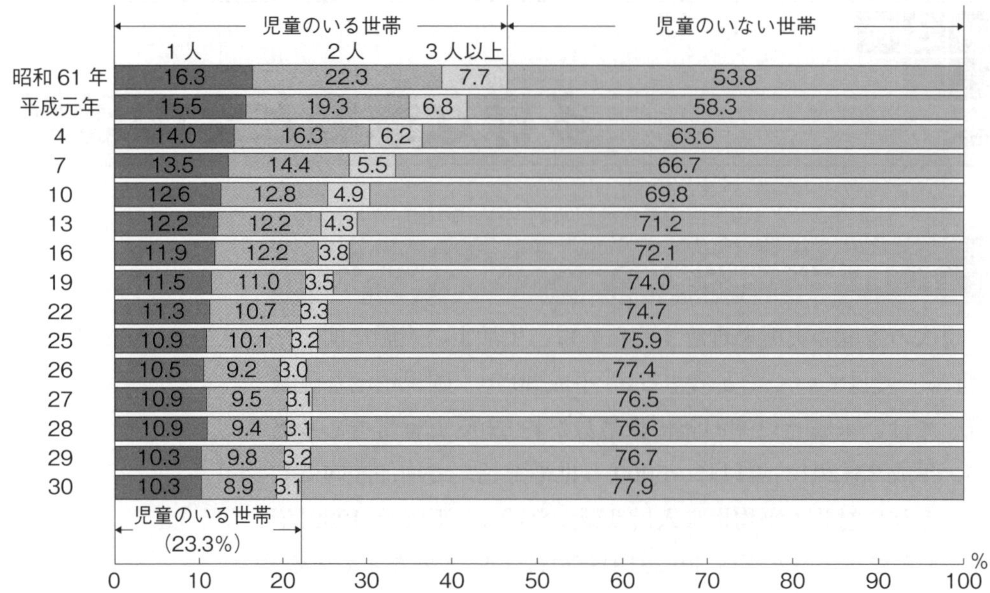

| | 児童のいる世帯 | | | 児童のいない世帯 |
|---|---|---|---|---|
| | 1人 | 2人 | 3人以上 | |
| 昭和61年 | 16.3 | 22.3 | 7.7 | 53.8 |
| 平成元年 | 15.5 | 19.3 | 6.8 | 58.3 |
| 4 | 14.0 | 16.3 | 6.2 | 63.6 |
| 7 | 13.5 | 14.4 | 5.5 | 66.7 |
| 10 | 12.6 | 12.8 | 4.9 | 69.8 |
| 13 | 12.2 | 12.2 | 4.3 | 71.2 |
| 16 | 11.9 | 12.2 | 3.8 | 72.1 |
| 19 | 11.5 | 11.0 | 3.5 | 74.0 |
| 22 | 11.3 | 10.7 | 3.3 | 74.7 |
| 25 | 10.9 | 10.1 | 3.2 | 75.9 |
| 26 | 10.5 | 9.2 | 3.0 | 77.4 |
| 27 | 10.9 | 9.5 | 3.1 | 76.5 |
| 28 | 10.9 | 9.4 | 3.1 | 76.6 |
| 29 | 10.3 | 9.8 | 3.2 | 76.7 |
| 30 | 10.3 | 8.9 | 3.1 | 77.9 |

児童のいる世帯
（23.3%）

0　10　20　30　40　50　60　70　80　90　100 %

注：1）平成7年の数値は、兵庫県を除いたものである。
　　2）平成28年の数値は、熊本県を除いたものである。

出典：厚生労働省「平成30年　国民生活基礎調査の概況」

約半分に減少している。世帯構造別に児童のいる世帯構成割合を見てみると、「核家族世帯」が年々増加し続けており、それに対して「三世代世帯」は年々減少している。児童数別に見てみると、児童数が「1人」の世帯は10.3％、「2人」は9.8％、「3人以上」は3.2％となっている（図9-7）。このように、核家族やひとり親家庭が増加しており家族の形態も多様化してきていることがわかる。

　内閣府の「平成23年度　国民生活選好度調査」では、幸福感の程度を尋ね、その幸福感の判断の際に重視したことがらを複数回答で尋ねたところ、家計の状態（62.2％）、健康状態（62.1％）に続いて家族関係（61.3％）があげられていた。このことから家族関係は多くの人にとってしあわせの判断基準になっていることがわかる。幸福感を高めるために有効な手立てとして、あなた自身の努力（61.7％）の次に家族との助け合い（60.9％）があがっており、家族のなかの良好な人間関係が幸福感を高めることにつながると認識されていることがうかがえる。しかしながら、家庭、地域、職場・学校などの日常生活の場面において孤独感を感じるかという問いに対して過半数以上

の人が孤独を「全く感じない」「あまり感じない」と答えていた。それに対して「強く感じる」「やや感じる」と回答した割合は、「家庭」が 10.6 ％、「地域」が 12.8 ％であった。それほど割合が多いわけではないが、家庭や地域の中で相談相手がいなくて孤独感を感じる人がいるという現状があることも見逃してはいけない。

**2　多様な家族の形態**

　内閣府の「平成 25 年度 我が国と諸外国の若者の意識に関する調査」において、日本と諸外国の若者(13〜29 歳)の家庭生活への満足度を比較してみると、日本は 64.7 ％が満足(満足 16.3 ％、どちらかといえば満足 48.4 ％)であるのに対して、ドイツ 82.9 ％、英国 82.5 ％、アメリカ 81.9 ％、フランス 79.6 ％、スウェーデン 77.3 ％、韓国 74.3 ％と、日本が最も低い結果となった。日本の若者の満足度は 6 割を超えているものの、諸外国の若者と比較して、満足度が低いのは気になる点である。

　親子で 1 週間にどの程度会話をしているかを調べた「平成 21 年度　全国家庭児童調査」(厚生労働省)では、母親では「20〜29 時間」(16.5 ％)が最も多かったが、父親では「0〜4 時間」(31.2 ％)が最も多かった。仕事をしている父親の場合、午後 9 時以降に帰宅する人が 20 ％以上いることから、子どもとのコミュニケーションがなかなか取りにくい現状がうかがえる。

　次に、多様な家族の形態として、「ひとり親家庭」や「ステップファミリー」について見ていくことにする。「平成 28 年度　全国ひとり親世帯等調査結果の概要」によると、世帯数は、母子世帯が 123 万 2000 世帯、父子世帯が 18 万 7000 世帯(推定値)で、母子世帯の方が約 6 倍となっている。ひとり親世帯になった主な理由は離婚と死別である。最も多い理由である離婚は、母子世帯では 8 割、父子世帯では 7 割以上を占めている。

　「人口動態調査」によると、平成 28 年の離婚件数 21 万 6798 組のうち、未成年の子がいる離婚は 12 万 5946 組で全体の 58.1 ％であった(図 9-8)。また、親権を行う者別に見ると、「妻が全児の親権を行う」が未成年の子のいる離婚件数の約 8 割で、「夫が全児の親権を行う」が約 1 割であり、子どもの母親が子どもを引き取るケースが圧倒的に多い。

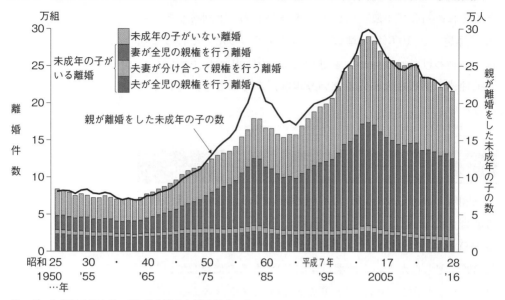

図 9-8　親権を行う者別にみた離婚件数および親が離婚をした未成年の子の数の年次推移

注：1）未成年の子とは、20 歳未満の未婚の子をいう。
　　2）親権とは、未成年の子に対して有する身分上、財産上の監督、保護を内容とする権利、義務をいう。

出典：厚生労働省政策統括官（統計・情報政策担当）「平成 30 年　我が国の人口動態－平成 28 年までの動向－」
厚生労働省統計協会、35 頁を一部改変。

　「国民生活基礎調査」によると、母子世帯の平均年間収入は児童のいる世帯の平均所得の約半分であり、経済的な状況がひとり親の心理的な負担につながる可能性もある。2012 年に発表された福丸の報告では、経済的要因と関連して、ひとり親の子育てはストレスを抱えやすくリスク要因だと考えられている。離婚による心理的な影響は、当事者である夫婦だけでなく、その子どもに対してもネガティブに影響する場合がある。両親の離婚後の子どもの適応を困難にする要因として、宇都宮は「離婚の原因が自分にあるとする罪責感、引き取られた親から受ける不適切な養育態度、子どもとの関わりをめぐる父母間の葛藤などがあり、それ以外の要因も重なるほど、子どもにとっては深刻な状況となる」[*4] としている。

　福丸（2012）は、子連れ再婚についても取りあげ、養育環境や家族関係のリスク要因になる場合が少なくないと述べている。このような継親子関係を含む再婚家族をステップファミリーという。ステップファミリーとは、一対の成人男女が共に暮らしていて、少なくともどちらか一方に、前の結婚でもうけた子どもがいる家族と定義されている。「人口動態調査」によると、平

成 28 年は「夫婦とも初婚」は 45 万 4750 組（全婚姻件数の73.3％）で、「夫婦とも再婚またはどちらか一方が再婚」は 16 万5781 組で、全婚姻件数に占める割合は 26.7％で 2000 年以降 2割を超えている。再婚を組み合わせ別にみると、「夫再婚―妻初婚」は 6 万 1797 組、「夫婦とも再婚」は 5 万 9501 組、「夫初婚―妻再婚」は 4 万 4483 組であった。ステップファミリーの実数の調査データはないが、未成年の子を連れた子連れ再婚はかなり多いのではないかと推測される。野沢（2004）は、「ステップファミリーが、依然として社会的に目立ちにくい少数者の位置づけにあるとするならば、家庭生活について悩みをもつような場合に、自らと同じような経験をもつ相談相手を得ることは簡単ではないだろう」[*5] と述べている。このように少数派の悩みを抱えているため、適切なサポートの提供者を得るためにインターネットの利用が重要な効果をもたらすだろうと示唆している。

# 特別な配慮を要する家庭

## 1 子育てにおける特別な配慮

　子育てにおける特別な配慮について、養育者側の要因、子ども側の領域、養育環境における要因から考えてみたい。

### (1) 養育者側の要因

　養育者の抱えるリスク要因としては、特に養育者のうつ傾向が家事や育児にマイナス影響をもたらすことがわかっている。例えば、疲れやすいため家事や育児に気持ちがむかず、子どもとのやり取りの際にも応答的な関わりができないという問題があげられる。そのような養育を受けて育った子どもは発達的な困難を抱えやすいとマーレイ（Murray, L.）は 1992 年に発表した。また、抑うつ傾向は自尊感情の低さとも関係しやすく、2006

年の中谷・中谷の研究では、母親の自尊感情の低さや育児スト
レスの高さからもたらされる被害的認知が虐待的行為に影響を
及ぼすことが明らかになっている。

## (2) 子ども側の要因

子どもの側の要因としては、福丸によれば育てやすさと育て
にくさが子育てのリスクと関連している。育てにくさとしてあ
げられるのが、低出生体重児、多胎児、自閉症障害などの発達
の遅れなどである。これらの子どもの側の要因が、母親の育児
不安やストレスを引き起こしやすく、虐待のリスク要因になり
やすいことも指摘されている。親子関係は親と子どもの相互作
用であるため、子どもの側の気質などの要因が親の養育行動に
影響を与えることは無視できない。

## (3) 養育環境における要因

養育環境におけるハイリスク要因となるものは、経済的な問
題、つまり貧困問題である。貧困状態の国民の数を推測する指
標として「相対的貧困率」がある。所得が中央値の半分に満た
ない世帯に属する人の割合を意味しており、厚生労働省による
と、平成 27(2015)年の日本の数値は 15.7％と報告されている。
また子どもの貧困率は前年の 16.3％から減少して 13.9％となっ
たが約 7 人に 1 人の子どもが貧困の状態にある。ひとり親家庭
の貧困率は 50.8％で、二人親家庭の貧困率 10.7％と比べて非常
に高く、OECD(経済協力開発機構)にデータのある 34 か国の中
で第 1 位となっている。貧困問題は妊娠、出産、子育てにおけ
る経済的負担感から心理的ストレスを引き起こしやすいため、
子育てにおいては大きなリスク要因となる。

また、夫婦関係のトラブルやひとり親の子育ても心理的スト
レスを抱えやすくリスク要因になる場合がある。夫婦関係のト
ラブルに関しては、家庭内暴力(DV)が子どもへの虐待に結び付
きやすいことや配偶者の安定的な養育を阻害し、子どもとの愛
着関係を形成しづらいため、これも大きなリスク要因となりや
すい。子ども虐待は、児童福祉法では身体的虐待、心理的虐待、
性的虐待、ネグレクトの 4 タイプに分かれているが、欧米では

DVの目撃が含まれる。これは、長期にわたって両親のDVに晒されることにより、心理的虐待を受けているのと同じ程度のネガティブな影響があると考えられている。

## 2 特別な配慮を要する家庭への支援

　特別な配慮を要するハイリスク家庭への支援は、専門家による個別の支援が必要となってくる。その対象は、養育者の問題として、抑うつ、育児不安、虐待等があり、子どもの問題としては、障害や問題行動などがある。養育者が抑うつ状態である場合、家事や育児へのエネルギーがわかず、家庭の中に閉じこもりがちであるため、乳児家庭全戸訪問事業等で家庭訪問をして、早期に介入していくことが重要である。また、養育者が適切な子育てができていない場合は、保育所の一時保育等の利用を勧めながら、養育者の心理的なケアと子どもへの良好な養育環境の提供を同時に考えていく必要がある。

## 3 要保護児童の家族への支援

　保育指針の「第4章　子育て支援」の「3. 地域の保護者等に対する子育て支援」の「(2)地域の関係機関等との連携」において、「イ. 地域の要保護児童への対応など、地域の子どもを巡る諸問題に対し、**要保護児童対策地域協議会**など関係機関等と連携及び協力して取り組むよう努めること」と記載されている。保育所は、地域の保護者等に対する子育て支援をとおして、地域の子どもや子育て家庭における諸問題の発生を予防したり早期に察知したりして、その解決に寄与することが求められている。また、虐待の防止や必要な対応を積極的に進めながら、要保護児童対策地域協議会における情報共有や関係機関との連携や協力を図っていくことが重要なポイントである。

> **要保護児童対策
> 地域協議会**
> 　2004年の児童福祉法改正により「子どもを守る地域ネットワーク」が制度化され、各市町村に設置されている。各地域協議会では、地域の関係機関等が子どもやその家庭に関する情報を共有し、連携をしながら対象の子どもに対応していくことを目的としている。対象の児童は、虐待を受けている子どもだけでなく非行児童も含まれる。

## 学習のふりかえり

**1** 子育てを取り巻く社会的状況としては、妊娠中の不安や産後うつ、育児不安の問題について扱ったが、専門的な早期の介入や夫からのサポートが症状を軽減する。

**2** ライフコースには、専業主婦コース、再就職コース、両立コース、DINKS コース、非婚就業コースがあり、近年、両立コースの割合が増えてきている。そのため、幼稚園や保育園では、子どもの保護者のライフコースの状況も子育てに影響することを理解したうえで援助することが求められる。

**3** 現代の多様な家庭としては、ひとり親家庭や再婚後のステップファミリーが増えている。ひとり親家庭の主な原因は離婚であり、子どもにとっては心理的リスクとなる場合が多い。

**4** 子育てにおける特別な配慮については、養育者側の要因、子ども側の要因、養育環境における要因があることをふまえて、子育て家庭の支援をしてくことが大事である。

引用文献：
* \*1. 藤崎眞知代「現代社会における育児の広がり」『発達と支援』日本発達心理学会編、新曜社、2012 年、41 頁。
* \*2. 小林佐知子「乳児をもつ母親の抑うつ傾向と夫からのサポートおよびストレスへのコントロール可能性との関連」『発達心理学研究』第 20 巻第 2 号、日本発達心理学会、2009 年、189 頁。
* \*3. 武内珠美「仕事と家庭を両立した生き方」『よくわかる発達心理学』無藤隆・岡本祐子・大坪治彦編、ミネルヴァ書房、2004 年、134 頁。
* \*4. 宇都宮博「離婚の心理的影響」『よくわかる発達心理学［第 2 版］』無藤隆・岡本祐子・大坪治彦、ミネルヴァ書房、2009 年、139 頁。
* \*5. 野沢慎司「「ステップファミリー調査」の経緯と目的」『ステップファミリーにおけるソーシャル・サポートの研究【改訂版】』ソーシャル・サポートにおける CMC 研究グループ編、明治学院大学社会学部付属研究所、2004 年、7 頁。

参考文献：
6. 岡本依子・菅野幸恵・根ケ山光一「胎動に対する語りにみられる妊娠期の主観的な母子関係：胎動日記における胎児への意味づけ」『発達心理

学研究』日本発達心理学会、第 14 巻第 1 号、2003 年、64〜76 頁。

7. 安藤智子・無藤隆「妊娠期から産後 1 年までの抑うつとその変化：縦断研究による関連要因の検討」『発達心理学研究』日本発達心理学会、第 19 巻 3 号、2008 年、283〜293 頁。

8. 牧野カツコ「『家庭教育に関する国際比較調査』の概要と意義」『国立女性教育会館研究ジャーナル』国立女性教育会館、第 11 号、2007 年、3〜10 頁。

9. 酒井計史「父子の平日接触時間の日韓比較—接触時間の短さの影響と接触時間の規定要因—」『国立女性教育会館研究ジャーナル』国立女性教育会館、第 11 号、2007 年、11〜22 頁。

10. 加藤邦子・石井クンツ昌子・牧野カツコ・土谷みち子「父親の育児かかわり及び母親の育児不安が 3 歳児の社会性に及ぼす影響：社会的背景の異なる 2 つのコホート比較から」『発達心理学研究』日本発達心理学会、第 13 巻第 1 号、2002 年、30〜41 頁。

11. 荒牧美佐子・無藤隆「育児への負担感・不安感・肯定感とその関連要因の違い：未就学児を持つ母親を対象に」『発達心理学研究』日本発達心理学会、第 19 巻 2 号、2008 年、87〜97 頁。

12. ベネッセ教育総合研究所「第 5 回幼児の生活アンケート」ベネッセコーポレーション、2016 年。

13. 土肥伊都子・広沢俊宗・田中国夫「多重な役割従事に関する研究—役割従事タイプ、達成感と男性性、女性性の効果」『社会心理学研究』日本社会心理学会、第 5 巻 2 号、1990 年、137〜145 頁。

14. 福丸由佳「共働き世帯夫婦における多重役割と抑うつ度との関連」『家族心理学研究』日本家族心理学会、第 14 巻 2 号、2000 年、151〜162 頁。

15. 福丸由佳「家庭におけるハイリスクの親への支援」『発達と支援』日本発達心理学会編、新曜社、2012 年、47〜55 頁。

16. 内閣府「平成 23 年度　国民生活選好度調査」2012 年。

17. 中谷奈美子・中谷素之「母親の被害的認知が虐待的行為に及ぼす影響」『発達心理学研究』日本発達心理学会、第 17 巻第 2 号、2006 年、148〜158 頁。

18. Palkovitz, R.(2002)'Involved fathering and men's adult development.' in M.H. Bornstein(Ed.), *Handbook of parenting. 2ⁿᵈ Edition*. L.E.A.

19. Goode, W.J.(1960)'A theory of role strain.' *American Sociological Review*, vol.25, No.4, pp.483-496.

20. Sieber, S.D.(1974)'Toward a theory of role accumulation.' *American Sociological Review*, vol.39, No4, pp.567-578.

21. Murray, L.(1992)'The impact of postnatal depression on infant development.' *Journal of child Psychology and Psychiatry*, 33, 543-561.

# 生涯発達

**学習のポイント**

　人の生涯発達について、どのような理論があり、それらを保育者としてどのようにとらえ、理解し、活用するのかについて学習する。

①人は生涯にわたって発達していること、生涯発達における発達理論について学習する。

②乳児期、幼児期、学童期前期、学童期後期、思春期、青年期、成人期、老年期のそれぞれの時期における「発達の特徴」「発達課題」「課題を達成するために」について学習する。

③保育者としての生涯発達について、「発達の特徴」「発達課題」「課題を達成するために」について学習する。

# 第1節

# 生涯発達への理解

　人は生涯にわたって発達していく。その生涯発達においては、どの時期も尊い時期である。保育者だからといって、自身が関わる対象である子どもの時期の発達のみに興味があるとすれば、その子どもの生涯の一時期しかみえなくなってしまう。逆に、保育者が「人が生涯においてどのように発達していくのか」という生涯発達の観点をもつことによって、保育所での子どもの育ちがそれ以降の生活や学びへとつながっていくように、保育実践の内容を工夫できるのである。

　このことは保育所保育指針（以下、保育指針）の「第1章　総則　1　保育所保育に関する基本原則　(2)保育の目標」に、次のように記されている。すなわち、「保育所は、子どもが生涯にわたる人間形成にとって極めて重要な時期に、その生活時間の大半を過ごす場である。このため、保育所の保育は、子どもが現在を最も良く生き、望ましい未来をつくり出す力の基礎を培うために、次の目標を目指して行わなければならない」と記されている。なお、この記述の中では「生活時間の大半」という点にも注意をしておきたい。家庭で過ごす時間が長くても、そのほとんどは夜、寝ている時間であり、コアな時間を保育所で過ごしているのである。

　第2節からは、乳児期・幼児期・学童期前期・学童期後期・思春期・青年期・成人期・老年期と、人の発達を長期的に眺めながら、生涯発達という観点から、各期において重要な**発達課題**やその達成に向けた考え方について理解を深めていく。また最後に、保育者としての生涯発達として、保育者としての発達の特徴、発達課題やその達成に向けた考え方について学ぶ。

---

**発達課題**
ハヴィガースト（1953）は「発達課題は、個人の生涯にめぐりくるいろいろの時期に生ずるもので、その課題をりっぱに成就すれば個人は幸福になり、その後の課題も成功するが、失敗すれば個人は不幸になり、社会で認められず、その後の課題の達成も困難になってくる」と述べている。

# 乳幼児期から学童期前期にかけての発達

## 1 乳児期

### (1) 乳児期の発達の特徴

乳児とは、一般に、誕生から1歳ないし1歳半までの子どものことをいう。このうち、特に誕生から生後28日未満の子どもを新生児という。

新生児は、誕生前の胎児のときから、原始反射という反応をもち合わせている。原始反射とは、「生まれながらもっている自分の意図によらない反応」のことである。

原始反射の中には、どのような意味があって生まれながらにみられるのかがわからないものもあるが、吸啜反射のように母親の乳を吸うのに役立つという点で、生命維持に重要な役割を果たしているものもある。

多くの原始反射は、生後数か月で消失してしまうが、把握反射のように、随意運動として置き換わるものもある。つまり、徐々につかむものに応じて、つかみ方を変えながら、5本の指で効率的につかむことができるようになってくるのである。

そのほかにも、新生児は、自分ひとりでは生きていくことができないために、生きるための**本能的行動**をもっている。例えば、泣くなどのサインを出して、養育者(母親、もしくは母親の役割を果たす人物)を自分のところに呼び寄せて養育行動をとってもらっている。

このように新生児は、原始反射などの生きていくための仕組みをもっているのである。

新生児期を過ぎた乳児期の発達の特徴としては、3つの点が注目される。その1つは身体の機能が著しく発達する点である。例えば、粗大運動に関しては首が据わり、寝返りを打つようになり、ひとりで座って遊べるようになり、つかまり立ちや、伝

> **本能的行動と目標修正的行動**
> ボウルビィは、愛着行動を定位行動、発信行動、接近行動の3つに分け、それぞれに生まれながらの本能的行動があり、その行動が特定の人に結びつく目標修正的行動に変わっていくと考えた。この例の「泣く」は発信行動、先述の把握反射は接近行動である(ボウルビィ、1969)。

い歩き、自立歩行をするようになる。

　２つめは、応答的な関わりに支えられて、対人関係が発達することである。人の顔と物の写真を見せると、顔写真をじっと見たり、人の声と音を聞かせると、人の声のほうに注意を向ける。このとき、顔や声の主が乳児に関わることで、コミュニケーションが生まれ、**二項関係**がスタートする。この関係が**三項関係**や**共同注意**に発展する。

　最後は、感情が発達することである。新生児期から「快・不快」は表情や発声でわかるが、生後半年くらいまでに「喜び」「悲しみ」「嫌悪」「怒り」「恐れ」「驚き」という６つの基本的な感情が他者から見て理解できるようになる。もちろん、これらの感情は、何らかの状況に基づいて表出されるものであり、運動面や対人面の発達が、これらの表出や他者による理解の基盤になっている。

## (2)　発達課題

　エリクソン（Erikson, E.H.）は、乳児期には、基本的信頼を十分に形成することが重要であると述べている。この基本的信頼とは「他者への信頼」「自己へ信頼に値する感覚」をさしている。基本的信頼が形成されることによって、失敗しても大丈夫であると思えるような感覚や、周囲の他者から見捨てられることはないという感覚をもち続けることができるようになり、他者や自分を取り巻く世界を信頼できる感覚、自己肯定の感覚をもてるようになる。

　一方で、基本的信頼の形成が乏しいと、他者が自分を敵視しているように感じたり、自分が生きる世界が安心とは思えずに、不信感をもって他者と関わったりするため、良好な人間関係を築くことができないのである。

　乳児は、おとなに世話をしてもらわないと生きていくことができない存在である。乳児は、栄養の摂取や排泄（はいせつ）、清潔面などにともない、養育者に対して、泣くなどのメッセージを送ることで、養育者はその要求を敏感に受け止め、乳児が快適に生活を送れるように世話をしようとするのである。その繰り返しのなかで、乳児は心地よい快の体験を重ねていく。このような養育者や自分に対する信頼を基盤として、次第に他者に対する信

**二項関係、三項関係、共同注意**
　二項関係とは見つめあったり、「あ～」とお互いに声を出しあうなどの関係のことで、２人のやりとりのはじまりである。三項関係は乳児とおとなが１つのものを見る関係で、２人の外のものに対する気持ちを共有してコミュニケーションをとるものである。三項関係への気づきが共同注意である。
　三項関係については、第２章42頁も参照。

頼も獲得していくのである。

　そのうちに養育者の姿が見えなくなっても、不安になったり不機嫌になったりせずに、養育者の姿が見えないことを受け入れるようになってくる。このことは、乳児が養育者の姿が見えなくなっても、あたたかく見守ってくれる養育者のイメージが内的な部分に存在しており、たとえ養育者の姿を見ることができなくても、不安な状況を待つことができるようになってくるのである。

　エリクソンの発達段階に関する理論（表10-1）では、各発達段階において、肯定的価値と否定的価値の経験が重視される。乳児期に肯定的価値である基本的信頼の経験が、否定的価値である不信の経験よりも上回るとしよう。その場合、基本的信頼が獲得される。そして、不信の経験からも他者と分かち合えないことや寂しいなどの気持ちを学び、後々、養育者からの分離に促進的に役立つともいわれている。

　しかし、不信のような否定的価値の経験が基本的信頼のような肯定的価値のそれよりも上回った場合には、**パーソナリティ**に影響を与えるといわれているのである。

> **パーソナリティ**
> ラテン語で「仮面」を意味することばであるペルソナが語源である。パーソナリティを気質、性格、能力の3要素で考えることがある。気質は生まれながらにして不変であり、性格は生まれてからの経験である程度変わられる。能力は身体的・精神的機能の基本的な可能性を示す。パーソナリティの形成に影響を及ぼすのは主に遺伝要因と環境要因である。

第10章

生涯発達

表10-1　エリクソンの発達段階（Erikson, 1950）

| | | | | | | | | |
|---|---|---|---|---|---|---|---|---|
| 老年期 | | | | | | | | 統合性 対 絶望 |
| 中年期 | | | | | | | 世代性 対 停滞 | |
| 成人初期 | | | | | | 親密性 対 孤立 | | |
| 青年期 思春期 | | | | | アイデンティティ達成 対 アイデンティティ拡散 | | | |
| 学童期後期 学童期前期 | | | | 勤勉性 対 劣等感 | | | | |
| 幼児後期 | | | 自主性 対 罪悪感 | | | | | |
| 幼児前期 | | 自律性 対 恥・疑惑 | | | | | | |
| 乳児期 | 基本的信頼 対 不信 | | | | | | | |

出典：エリク・H・エリクソン『幼児期と社会1』仁科弥生訳、みすず書房、1977年、317〜353頁をもとに齊藤作成。

## （3）　課題を達成するために

・・・・・・・・・・・・・・・・・・・・・・・・・・・・・・・・・・・・・・・・・・・・・・・・・・・・・・・・・・・・・・・・・・・・・

　基本的信頼の獲得には、養育者や特定のおとなとの間に情緒的な絆が必要である。この絆のことを愛着（アタッチメント）という[注1]。

　愛着に関する理論は、イギリスの児童精神科医のボウルビー（Bowlby, J.M.）が提唱した。この理論のもととなった概念の1つが**母性剝奪**（Bowlby, 1951）仮説である。彼は①施設や病院、児童養護施設などの子どもの精神発達に関する直接的な調査、②精神疾患を患っている青年やおとなの生育歴に関する回想的研究、③幼いころに母性剝奪の状態にあった子どもの追跡研究といった3つの研究から、この仮説を導いている。

　6か月以降の乳児になると、養育者の姿が見えなくなると泣いたり叫んだり、養育者を追い求めようとしたりする姿が見られ、養育者が戻ってくると喜ぶ行動をとる姿を見ることができる（この現象には個人差があり、**ストレンジ・シチュエーション法**で検討がなされてきた）。このように、自分を保護してくれる特定の対象である養育者を求めて、安全であるという感覚を得ようとする行動を愛着行動という。愛着は、表10-2のように4つの段階を経て発達していく。

　保育指針では、乳児期の発達の特徴として「特定の大人との

注1・・・・・・・・・・・・・・・・・
第2章32～34頁参照。

**母性剝奪**
　マターナル・デプリベーションという。乳幼児期に、特定の母親的な存在による世話や養育が十分に施されないと、子どもの心身発達のさまざまな側面に深刻な遅滞や歪曲が生じ、なおかつ後々まで長期的な影響が及ぶという考え（遠藤、2007）。
　この仮説の証左として、よく引用されるのがHarlowによるアカゲザルの実験である。

## 表10-2　愛着の発達

| 愛着の段階 | 特徴 |
|---|---|
| 第1段階<br>（誕生～生後12週ごろ） | 周囲の人に対して、視線で追う、手を伸ばす、笑いかける、声を出すなどの行動をとる。また、顔を見ると泣きやむ。養育者と別の人の区別をすることができず、誰に対しても同様の行動をとる。 |
| 第2段階<br>（生後12週ごろ～生後6か月ごろ） | 視線を追う、笑いかける、声を出すなどの行動を養育者などの特定の人物に対して明確に見られるようになってくる。 |
| 第3段階<br>（生後6か月ごろ～2歳ごろ） | 養育者とほかの人への反応の違いが明確となる。養育者に対して後追いするようになるなど、愛着行動が明確となり、養育者を安全基地として外の世界を探索するようになる。養育者以外にも特定の対象を愛着対象として選択し、広がっていく。 |
| 第4段階<br>（2、3歳ごろ～） | 愛着対象が自分の近くにいなくても安心していられる。愛着対象を安全基地として探索行動をとる。養育者が何らかの目的をもって行動していることやどのような手段を用いようとしているのかを洞察できるようになり、子どもの行動は柔軟性をもち協調的提案ができるようになる。 |

出典：J. ボウルビィ『母子関係の理論Ⅰ　愛着行動』黒田実郎ほか訳、岩崎学術出版社、1976年、313～316頁と、繁多進『愛情の発達―母と子の結びつき』大日本図書、1987年、94～99頁をもとに齊藤作成。

応答的な関わりを通じて、情緒的な絆が形成される」と記されている（第2章－1－(1)基本的事項）。また、乳児期の「同－(3)保育の実施に関わる配慮事項」には、「一人一人の子どもの生育歴の違いに留意しつつ、欲求を適切に満たし、特定の保育士が応答的にかかわるように努めること」とある。これらの記述は、ボウルビィの愛着理論やエリクソンの基本的信頼対不信の考え方が元になっている。そのため保育指針に基づく保育が、乳児期の発達課題の達成に有効であると言える[注2]。

## 2　幼児期

### (1)　幼児期の発達の特徴

　幼児期とは、1歳ないし1歳半から小学校に就学するまでの時期のことである。幼児期には、運動機能が著しく発達する。

　歩く・走る・蹴る・のぼる・投げる・くぐる・跳ぶなどといった運動を**粗大運動**という。1歳ごろからひとりで歩きはじめ、2歳で片足立ちや跳ぶ運動が少しではあるができるようになる。そして、3歳になると走る、立つなどの基本的動作については完成し、4歳では、ケンケンの動作ができるようになってくる。このように、粗大運動機能が発達し、身体を調整する力が向上してくるのである。また、平衡感覚や敏捷性、巧緻性も同時に向上してくる。

　一方で、**微細運動**にも発達がみられる。手で何かを握るという運動に着目すると、乳児期である7か月から手や指を使った精密把握動作が出現してくる。10か月ごろには、二指で物をつまむことができるようになってくる。そして、物をとることやつかむなどの基本的機能については、1歳前後に発達し、3歳前後にははさみを使うことやボタンをはめることなどができるようになる。このように、微細運動も5歳まで急速に発達していく。

　このように、粗大運動や微細運動が幼児期には急激に発達していく。この発達にともない、子どもは自分の身のまわりのことができるようになり、それが基本的生活習慣の自立につながっていく。

ストレンジ・シチュエーション法
Ainsworth ら(1978)が考案した愛着の個人差とその形成メカニズムを解明する方法。乳児を新規な実験室に入れ、見知らぬ人に対面させたり、養育者と分離させたり、養育者と再会させたりして、その行動を組織的に観察させる方法。

注2・・・・・・・・・・・・・・・・
保育者の具体的な関わり方は西村(2019)、環境構成はHarms ら(2018)が詳しい。

粗大運動・微細運動
　粗大運動とは姿勢の保持や移動などの運動である。全身を使って大きく身体を動かす運動であり、例えば、歩く、走る、ジャンプ、ボール投げなどである。微細運動は、手や指を使った細かい動作を必要とする運動のことである。例えば、握る、つまむ、つかむ、積むなどである。

第10章

生涯発達

223

幼児期において、2歳ごろから自己意識が芽ばえはじめてきて、だんだんと自己主張をするようになってくる。すなわち、養育者に依存していた状態から自己の意志を主張しはじめ、養育者の言うことに対して、「イヤ」と聞かなくなったり、抗議したりする姿が見られるようになる。このような時期を、第一次反抗期（イヤイヤ期）という。養育者のみならず、保育者や友だちの言うことに反抗したり、自分の主張を貫こうとしたりする。いわば、自己選択をしながら、自分のやりたいことを成し遂げたいとする意欲が現れる時期である[注3]。

保育所において、同年代の友だちと接するなかで、ぶつかりあう場面でも、友だちに「こうしたい」という意思を伝えたり、要求や意見を言えるようになったりしてくる。このように、自分の意思や要求、意見などを伝えることを自己主張という。

保育所において、例えば「友だちが先に使っていたおもちゃだから、我慢しようね」などと保育者に言われることもあるだろう。このように子どもは、自分の要求や意思、意見とは違ったことに、本当は嫌であるが我慢して従わざるを得なくなるようになってくる。このように自分で自分の行動を抑えることを自己抑制という。

柏木は、3歳から6歳までの自己制御機能を検討し、自己主張については第一次反抗期のような自己の発達と連動して、3歳から5歳まで急激に伸びていき、その後は横ばいになることを示した。同様に、養育者からのしつけ、保育所における同年代の友だちとの主張の違いから、折り合いをつける経験をとおして自己抑制を獲得していく。この自己抑制は3歳から7歳で伸び続け、男児よりも女児のほうが高い傾向がみられることがわかった。このように発達していくことによって、だんだんとルールを守るようになったり、他者の気持ちを考えられるようになってくる（心の理論[注4]の形成）のである。

幼児期は、**認知**機能も急激に発達していく時期である。認知発達においては、ピアジェ（Piaget, J.）の発達理論が有名である。ピアジェは人がどのように外界の事物を理解していくのかについて説明している。

知覚された外界の事象や事物の情報が、自分がもっているシェマに当てはまる場合は、その情報を取り込んでも均衡状態を保つことができる。このことを同化という。この知覚された

注3‥‥‥‥‥‥‥‥
第二次反抗期については234頁参照。

注4‥‥‥‥‥‥‥‥
第3章63頁参照。

**認知**
人間が外界にある対象を知覚したうえで、それがどのようなものであるのかについて判断したり解釈したりする過程のことをいう。知覚、判断、想像、推論、決定、記憶、言語理解といったさまざまな要素が含まれる。

外界の事象や事物の情報と自分がもっているシェマとのズレが大きすぎたり、頻繁にズレを経験したりする場合は、シェマを変化させることで、その状況に適応することができる。このことを調節という[注5]。

　例えば、子どもたちが、魚は空を飛ぶのではなく、水の中を泳ぐという認知的枠組み（シェマ）をもっているとしよう。その子どもたちは、「コイ」を見たときに、水の中を泳ぐという既存の認知的枠組みの中で理解することができる。この場合、外界の事物をシェマへ取り込むことができたといえるため、同化といえる。

　また、ある日、絵本で「トビウオ」にはじめて出会ったとしよう。空を飛びながら海を泳ぐという新奇な事象との出会いである。このときに、子どもたちは、外界の事象に合わせて認知的枠組みを変えて、トビウオは空を飛びながら海を泳ぐ魚であると判断するようになるのである。この場合は、外界の事物に対してシェマを変えて取り込んでいるため調節といえる。

　同化と調節で均衡状態を保つことによって、シェマを構成していくはたらきを均衡化という。均衡化をしながら、認知は変化し、環境への理解が発展していくのである。人は同化と調節を繰り返しながら、認知的枠組みを適応的に変化させていく。以上のような認知的枠組み（シェマ）の変化による発達観は、ピアジェ理論の基本的な考え方となっている。

　ピアジェの発達段階[注6]は、表10-3のように4つの段階に分かれている。それぞれの段階において、表象（イメージ）の操作に関する能力に違いがある。

注5・・・・・・・・・・・・・・・
　シェマ・同化・調節については第1章19頁、第7章158頁参照。

注6・・・・・・・・・・・・・・・
　第1章16頁、第3章55頁、第7章164頁参照。

## 表10-3　ピアジェの発達段階と特徴

| 段階 | おおよその年齢 | 特徴 |
|---|---|---|
| 感覚運動期 | 0～2歳 | 運動と感覚をとおした外界へのはたらきかけ<br>対象の永続性の獲得<br>抽象的な思考 |
| 前操作期 | 2～6歳 | 自己中心的な直感的思考<br>保存の概念が不十分<br>アニミズム |
| 具体的操作期 | 7～11歳 | 具体的場面における保存概念の成立<br>脱中心的な思考 |
| 形式的操作期 | 12歳～成人 | 具体的事物を超えた思考<br>抽象的概念への操作 |

出典：齊藤崇『教育心理学』大学図書出版、2018年、19頁をもとに齊藤作成。

0〜2歳ごろの時期を感覚運動期として、最初の段階として位置づけている。この時期の子どもは、さまざまな運動を繰り返すことによって、感覚器と運動器との関係を構築していく。例えば、子どもが音のなる玩具を手につかみ自分でその玩具を振ってみると音が鳴るが、これは、子どもが玩具をつかみ、手を振ることで音が出るという発見をし、感覚器と運動器の関係を見い出すことができる。これを循環反応というのである。

　さらに、このころの子どもは、自分の視界から対象物が見えなくなっても存在し続けることが理解できるようになる。養育者が自分の顔を手で隠して「いないいないばあ」とやった時に、子どもは、手の向こうに養育者の顔が存在し続けていることを理解しているため、安心して遊べるのである。

　続いてピアジェの発達段階は、表10-3のように2〜6歳ごろの時期を前操作期という。このころは、表象と呼ばれるイメージやシンボルをことばで表現することができるようになる。さらに、このころの認知は、自分以外の他者の視点が存在することがわからずに、他者も自分と同様に外界を知覚しているという自己中心性が特徴となっている。また、保存の概念が成立してないこともこの時期の特徴の一つである。

　図10-1のように、色のついているおはじきと白のおはじきが同数で同間隔に並んでいると、子どもは色つきと白色は同じ数と述べる。しかし、子どもの目の前で色つきのおはじきの間隔はそのままで、白のおはじきの間隔を広げると、見た目にとらわれてしまい、白のほうが多いと答えるのである。これは数の保存と呼ばれる課題である。

**図10-1　数の保存問題**

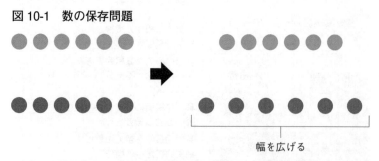

幅を広げる

出典：天岩静子「Piaget における保存の概念に関する研究」『教育心理学研究』第21巻第1号
日本教育心理学会、1973年、1〜11頁。

## （2）　発達課題

　エリクソンは、幼児期における発達段階を表 10-1 のように、幼児前期と幼児後期とに分けている。この表にあるように、幼児前期においての発達課題は自律性を獲得することである。乳児期の子どもは周囲のおとなに依存した状態にあるが、幼児前期は、このような状態から少しずつ自分を自身で統制するようになってくる時期である。

　例えば、2歳前後から**トイレットトレーニング**がはじまる。それまではおむつなどによって、排泄を自分で統制（コントロール）する必要はなかったが、トイレットトレーニングをとおして、排泄する、しないを自分で統制することになる。このことが、子どもの自律性へとつながると考えられている。

　一方において、子どもがトイレットトレーニングなどで養育者に叱られるなどうまくいかない場合には、恥の感情を感じ、自分に対して疑いをもつことになってしまう。けれども、幼児前期において、自律性という肯定的価値の経験のほうが恥・疑惑という否定的価値の経験よりも割合が高ければ、パーソナリティにおいて影響はないものと考えられている。

　幼児後期の発達課題は、自主性を獲得することである。幼児前期において、自律性が獲得されることによって、子どもは周囲の環境やさまざまな出来事に好奇心をもち、自ら関わろうとするようになる。自ら見通しを立て取り組むことで、目的を達成することが自主性の獲得につながってくるのである。

　しかし、養育者が子どもに対して、干渉しすぎるなど、子どもに制限をかけてしまうことで、自ら好奇心をもって取り組もうとすることに罪悪感をもってしまい、自主性を十分に獲得することができなくなってしまうこともある。

## （3）　課題を達成するために

　自律性と自主性に関して保育指針では、子どもの主体性を尊重することが重視されている。例えば、「第1章　総則」には次の記述がある。

トイレット
トレーニング
「おむつはずし」または
「おむつはずれ」などともいう。トイレでの排泄の自立には、機能上、膀胱に尿がたまっているのを感じ、排泄するまで筋肉を締めてがまんするという排尿機能の成熟が必要である。

第10章

生涯発達

保育所保育指針　第1章　総則

1　保育所保育に関する基本原則

⑶　保育の方法

ア　一人一人の子どもの状況や家庭及び地域社会での生活の実態を把握するとともに、子どもが安心感と信頼感をもって活動できるよう、子どもの主体としての思いや願いを受け止めること

（中略）

オ　子どもが自発的[注7]・意欲的に関われるような環境を構成し、子どもの主体的な活動や子ども相互の関わりを大切にすること。特に、乳幼児期にふさわしい体験が得られるように、生活や遊びを通して総合的に保育すること。

注7‥‥‥‥‥‥‥‥
自発的と主体的の違い
　「自発的」かどうかの判断は、活動の最初の段階で決まる。これに対して「主体的」はその活動の過程すべてに関係する。自発的活動でなくても主体的になり得るし、その逆もあり得る。

　また、同じ「1　保育所保育による基本原則」の「⑷保育の環境」にも「ア　子ども自らが環境に関わり、自発的に活動し、様々な経験を積んでいくことができるよう配慮すること」とある。これらの記述は、子どもが自律性や自主性を獲得できるように保育することを求めているのである。
　自己主張や自己抑制に関して保育指針では、「自我の育ち」という表現で記されている。具体的には次のように示されている。

保育所保育指針　第2章　保育の内容

2　1歳以上3歳未満児の保育に関わるねらい及び内容

⑴　ねらい及び内容

イ　人間関係

　㋒　内容の取扱い

　　③この時期は自己と他者との違いの認識がまだ十分ではないことから、子どもの自我の育ちを見守るとともに、保育士等が仲立ちとなって、自分の気持ちを相手に伝えることや相手の気持ちに気付くことの大切さなど、友だちの気持ちや友だちとの関わり方を

> 丁寧に伝えていくこと

　同様の記述は、教育・保育要領にも存在する。保育者のていねいな関わりが求められるところである。

## 3　学童期前期

### (1)　学童期前期の発達の特徴

　就学から小学校の3年生のころまでが学童期前期に当たる。表10-3のピアジェの発達段階では具体的操作期に当たる。この期には先述の保存性が確立する。図10-1は数の保存課題だが、粘土量、液量、重さ、長さ、面積などさまざまな保存課題が存在する。いずれも学童期前期に成立する。

　子どもは、幼児期には、幼稚園や保育所、認定こども園などのクラスが所属集団であったが、小学校に入学すると学級集団が所属集団になり、その集団の中で、メンバー間においてきまりや約束事ができる。このことを集団規範という。この集団規範は、小学校では、自分が所属する学級において、個人の行動における判断基準となる。そして、集団規範を守るようになり、対人関係を徐々に広げていく。このことを社会化という。

　小学校は、制度上において教師が教育活動を主導する役割を担っている。そのような意味から、教師は学校の秩序を子どもに守るようにはたらきかける。例えば、「学校への登校時間はきちんと守ること」「給食は給食当番になった人がきちんと準備すること」など公的な(フォーマルな)教育活動としてはたらきかける。教師が行うフォーマルな活動における集団をフォーマル・グループという。一方、小学校における仲良しグループは、自然発生的に子ども同士で集団が形成されたものである。この集団において、集団規範はあまりないが、集団内の暗黙のルールが存在し、メンバーが従うことになっている。このような集団をインフォーマル・グループという。

　このような集団の役割はとても大きい。学童期前期では、感情の統制が未熟であるために、自分の個人内での葛藤(コンフリ

クト）の解決がむずかしい子どもがいる。その場合、フォーマル・グループやインフォーマル・グループの活動をとおして社会化が促進されて、社会的自己を発達させるうえで重要な経験をするのである。

## (2) 発達課題

エリクソンの発達段階によると、表 10-1 のように学童期前期・学童期後期は、勤勉性を獲得することといわれている。この時期は、小学校での学習の時期であり、知識や技能の習得と学級内外での社会的な役割が求められる時期である。この時期に勤勉性を獲得することは、生涯発達において重要である。中でも学童期前期では、勤勉性の基盤となる学校における授業場面や学習への適応が課題となる。

学校における授業場面は、保育所等における教育場面と大きく異なる。後者には日課はあるものの、比較的柔軟に変えることができる。また、自発的な活動が中心である。これに対して前者の場面には、時間割があり、1 つの単位も 40 分なり、45 分なりと決められている。その時間は主として座って、授業という集団活動に参加することが求められる。多くの児童がこの集団活動に適応しにくい状況は、小 1 プロブレムと呼ばれることもある。

## (3) 課題を達成するために

保育所、幼稚園、認定こども園と小学校との滑らかな接続が課題を達成するために重要な役割を果たす。

保育所と小学校の接続について、保育指針に次のような記述がある。

保育所保育指針　第 2 章　保育の内容
4　保育の実施に関して留意すべき事項
⑵　小学校との連携

（中略）

イ　保育所保育において育まれた資質・能力を踏まえ、小学校教育が円滑に行われるよう、小学校教師との意見交換や合同の研究の機会などを設け、第1章の4の(2)に示す「幼児期の終わりまでに育って欲しい姿」を共有するなど連携を図り、保育所保育と小学校教育との円滑な接続を図るよう努めること。

ウ　子どもに関する情報共有に関して、保育所に入所している子どもの就学に際し、市町村の支援の下に、子どもの育ちを支えるための資料が保育所から小学校へ送付されるようにすること。

上記の中でも、イが滑らかな接続に大きく貢献する。特に「子どもの育ちを支えるための資料」（**保育所児童保育要録**）で、「幼児期の終わりまでに育ってほしい姿」を小学校に伝えることが、子どもの学校における授業場面や学習への適応を支えることになる。

# 第3節　学童期後期から青年期にかけての発達

## 1　学童期後期

### (1)　学童期後期の発達の特徴

小学校4年生ごろから中学校入学までを学童期後期という。小学校4年生のころには、個人差が大きくなり、一般に、9歳の壁や10歳の壁といわれるつまづきがみられることがある。

ピアジェの発達段階では具体的操作期を経て、形式的操作期への過渡期に当たる。文部科学省の子どもの徳育に関する懇談会[注9]は、9歳以降の小学校高学年の時期を次のようにまとめている。すなわち、「物事をある程度対象化して認識することがで

> **保育所児童保育要録**
> 　入所に関する記録と保育に関する記録からなっている。後者は①保育の過程と子どもの育ちに関する事項と②最終年度に至るまでの育ちに関する事項を書くことになっており、「幼児期の終わりまでに育ってほしい姿」を活用して子どもに育まれている資質・能力をとらえ、指導の過程と育ちつつある姿を記入することになっている。
> 　なお、幼稚園からは幼稚園幼児指導要録、認定こども園からは幼保連携型認定こども園園児指導要録が小学校に送られる。

第10章

生涯発達

注9 . . . . . . . . . . . . . . . .
　2009年に「子どもの徳育の充実に向けた在り方について（報告）」をまとめている。このまとめの中に、「子どもの徳育の充実に向けた10の提言」がある。提言1〜3は幼児期における関わりに関するものである。

きるようになる。対象との間に距離をおいた分析ができるようになり、知的な活動においてもより分化した追究が可能となる」と肯定的な側面をとらえながらも、「自分のことも客観的にとらえられるようになるが、一方、発達の個人差も顕著になる（いわゆる「9歳の壁」）。身体も大きく成長し、自己肯定感を持ちはじめる時期であるが、反面、発達の個人差も大きく見られることから、自己に対する肯定的な意識を持てず、自尊感情の低下などにより劣等感を持ちやすくなる時期でもある。」と、否定的な側面に言及してまとめている。

　学童期なかばから後半にかけて、友だちとの仲間関係として、気の合う3〜9人程度の小集団を形成しながら遊ぶことが多くなってくる。このような集団のことをギャング集団といい、この時期をギャング・エイジと呼ぶ。

　ギャング集団は同年齢で同性であるメンバーで構成されることがほとんどであり、集団の排他性や閉鎖性が強く、仲間意識や結束力がとても強いことが特徴である。そのため、集団のメンバーでない者が集団に参加することができず、おとなからの集団への干渉を極力避けようとするために、おとなも集団内の秘密について知ることができない。

　集団では自分たちでルールを決めて、そのルールを守ることで仲間集団に所属することができる。つまり、集団内において仲間から自分を受け入れてもらうために自己抑制がはたらき、集団内の規範を守る必要が出てくるのである。その結果、この時期の子どもたちは、ギャング集団の中での仲間との経験を通じて社会的スキルを身に付けることができるため、子どもの社会化の過程に影響を与える。

　また、この集団は、子どもの人格形成においても重要な意味をもつといわれている。一方、徒党を組むという特徴が時として暴力行為などの反社会的行動を促進する場合もある。しかしこのギャング集団は、近年において、少子化や遊び場の減少、さらには、塾や習い事などの増加などのために減少傾向にあるといわれている。

　サリヴァン（Sullivan, H.S.）は1990年に、学童期後半から青年期にかけて、互いの類似性や共通点を言葉で確かめあうチャムグループという集団が形成されると唱え、その関係性をチャムシップとした。チャムグループでは、同性の仲間と親密な関係

性を築き、同じであることを強く求め、行動だけでなく好きな物事が同じであるといった内面的に似ていることで一体感を得る傾向がみられる。さらに、異質な者を排除する傾向もある。

## (2)　発達課題

　児童期に求められる勤勉性には、学業やスポーツに打ち込む経験のみではなく、自分の興味・関心をもったことに一生懸命に取り組む経験も含まれる。自分が興味・関心があるものに打ち込む経験から、自尊感情や**自己効力感**が高くなり、自分の能力や役割を評価するようになってくる。この評価のプロセスを経て、勤勉性が獲得されるのである。勤勉性の獲得が成し遂げられない方向にいくと、他者に認められることが少なくなり、自尊感情が傷つけられ、自己効力感が低くなるため自信がなくなり、劣等感を経験するようになってくるのである。

## (3)　課題を達成するために

　勤勉性を支えるもののひとつに動機づけがある。動機づけには外発的動機づけと内発的動機づけがある。人を行動に駆り立てるものを誘因というが、その誘因を外から与えるのが外発的動機づけ、内にある誘因を内発的動機づけという。例えば、子どもに学習習慣を付けようとして、宿題をしてきた子どもをほめたり、時には花丸を付けたりするのは外発的動機づけである。児童期前期にはこのような外発的動機づけも有効であるが、後期には適当ではない。興味・関心、好奇心、自己決定などの内発的動機づけに基づく学習に切り替えることが勤勉性につながる。

　児童期後期には、試験や大会出場など、さまざまな場面で評価を受ける機会が多くある。すべての場面で、いつもよい結果が得られるとは限らない。成功することもあれば、失敗することもある。成功や失敗といった結果の原因がどこにあると考えるか（原因帰属）が、勤勉性につながる。ワイナー（Weiner, B.）によれば、何かを成し遂げようとする欲求（達成の欲求）が高い者は、成功の原因を自分が努力したからとか、能力が高いからと考え、失敗の原因を努力不足と考える傾向があり、達成の欲

**自己効力感**
　何かに取り組もうとしたことに対してできそうだと感じられる感覚。Bandura（1995）は、過去の経験に基づいて、あることが自分にはできると信じることをセルフ・エフィカシー（自己効力感）と名付けた。
　また、内発的動機づけと外発的動機づけを1次元上のものとみなす理論を自己決定理論という。この理論では、無動機－外発的動機づけ－取り入れ的動機づけ－同一化的動機づけ－統合的動機づけ－内発的動機づけの順に自己決定性が高くなると考えられている（Deci & Ryan, 1985；速水, 1998）。

第10章

生涯発達

233

求が低い者は成功の原因を運がよかったから、失敗の原因を能力不足と考える傾向がある。成功や失敗の原因を努力に帰属することが勤勉性につながる。

■ 2　青年期

## （1）　青年期の発達の特徴

青年期は前期、中期、後期に分けることができる。前期は中学校、中期は高等学校、後期は大学等の時代と考えられている。このうち前期や中期は、一般に思春期ともいわれる（最近は、学童期後期から青年期中期である 10～11 歳から 17～18 歳までを思春期とするなど、幅広くとらえられている）。

思春期は、男性、女性ともに心身の変化が大きい時期で、男性は精通があり、声変わり、ひげやわき毛、恥毛などの体毛が生え、筋肉が増え、身体もがっしりとしてくるなどの身体的な変化がある。また、女性は初潮があり、皮下脂肪が増え、わき毛、恥毛などの体毛が生え、乳房が豊かになるなど大きく身体の変化を迎える時期である。これらは、**第二次性徴**といわれている。

近年の都市化された地域での子どものあいだでは、第二次性徴の時期が早まっていることが指摘されている。このように、世代によって新しい世代になればなるほど、身体的な発達が促進されるような現象を**発達加速現象**という。

思春期に入ると、養育者からの心理的分離の過程において、養育者などの周囲のおとなや社会に対して反抗的な行動が現れる。このような時期を第二次反抗期という。反抗が起こる理由のひとつとして、養育者などの周囲のおとなへの自立と依存という相反する気持ちが、この時期の子どもの中に共存し、心理的に不安定であることがあげられる。そのため、養育者や周囲のおとなと異なる自己主張をしたいために反抗的な態度が起きるのである。また、この時期に、養育者は心理的に子離れの時期を迎える。養育者と子どもは、それぞれ個対個として新たな関係性を模索し構築する時期である。

**第二次性徴**
男女とも示す特徴である。第一次性徴は、早期から現れる生殖腺および内外生殖器の差をいい、一方で、第二次性徴は、思春期から、主として生殖腺の活動によって顕著となってくる、男性は、声変わり、ひげの発生など、女性は、月経の開始、乳腺の発達、皮下脂肪の蓄積などのような機能的な差異をいい、これらは主に性ホルモンの作用によって生じる。

**発達加速現象**
発達加速現象には、年間加速現象と発達勾配現象がある。年間加速現象は世代間によって発達の速度が異なること、発達勾配現象は同じ世代において、地域や階層によって発達の速度が異なることをいう。また、年間加速現象には成長加速現象と成熟前傾現象がある。成長加速現象とは新しい世代ほど身長や体重などが増加すること、成熟前傾現象とはこれまでよりも早い時期に初潮や精通がみられる現象のことをいう。

## (2) 発達課題

エリクソン(Erikson, E.H.)の発達段階によると、第2節の表10-1のように青年期においての発達課題はアイデンティティ達成である。アイデンティティとは「自分はほかの誰とも違う私である」という斉一性と、「過去や現在、未来において私は私であり続けるという」連続性の両方の実感をもっていることであり「自分は何者なのか」という自覚的な感覚のことをさす。「自分が自分である」という実感は、自分が自分であるということを自らが感じるだけでなく、他者からも同じように感じられ、それが合致することによって「自分が自分である」という自信が出てくる。このような感覚がアイデンティティの感覚なのである。この感覚は「自分の人生は自分が主人公になって生きる」という感覚につながってくる。

青年期に、自分の意志において自分が納得したうえでアイデンティティを選び獲得し、人生がある方向に進んでいることをアイデンティティ達成という。しかし、自分の意志でアイデンティティを選ぶことができずにいると、自分は何をしたいのかがわからずに混沌と途方に暮れるような状態になってしまう。このような状態をアイデンティティ拡散という。青年期においてアイデンティティ達成という肯定的価値が発達課題となっているが、そうでない場合においては、否定的価値としてはアイデンティティ拡散の状態になってしまうのである。

## (3) 課題を達成するために

アイデンティティを模索し、アイデンティティ達成に至るまでのプロセスについて考える視点として、マーシャ(Marcia, J.E.)は、危機と積極的関与という2つの軸を用いて考えた。ここでいう危機とは、青年期の人間が生き方や価値観、自分がどのような職業に合っているのかということについて模索したり試行錯誤したりする体験のことをさす。また、積極的関与とは、自分なりの考えや価値観について重要であると考えて真剣に取り組んだり、何かに打ち込もうとしたりすることをいう。

マーシャは、危機と積極的関与の有無により、アイデンティティを表10-4のようにアイデンティティ達成・モラトリアム・

表10-4　アイデンティティ・ステイタス

| アイデンティティ・ステイタス | 危機 | 積極的関与 | 特徴 |
| --- | --- | --- | --- |
| アイデンティティ達成<br>(Identity achievement) | 経験した | している | 幼児期からのあり方について確信がなくなり、いくつかの可能性について本気で考えた末、自分自身の解決に達して、それに基づいて行動している。 |
| モラトリアム<br>(Moratorium) | 最中 | しようとしている | いくつかの選択肢について迷っているところで、その不確かさを克服しようと一生懸命努力している。 |
| 早期完了<br>(Foreclosure) | 経験していない | している | 自分の目標と親の目標の間に不協和がない。どんな体験も、幼児期以来の信念を補強するだけになっている。硬さ（融通のきかなさ）が特徴的。 |
| アイデンティティ拡散<br>(Identity diffusion) | 経験していない | していない | 危機前(pre-crisis)：今まで本当に何者かであった経験がないので、何者かである自分を想像することが不可能。 |
|  | 経験した | していない | 危機後(post-crisis)：すべてのことが可能だし可能のままにしておかなければならない。 |

出典：無藤清子「『自我同一性地位面接』の検討と大学生の自我同一性」『教育心理学研究』第27巻第3号、日本教育心理学会、1979年、178〜187頁をもとに一部改変。

早期完了・アイデンティティ拡散の4つのタイプに分類した。このように危機の概念を用いて、アイデンティティの状態を客観的に把握することをアイデンティティ・ステイタスという。

　アイデンティティ達成の状態にある人は、危機を体験し、自分で生き方や価値観、職業について選択し、その選択したことについて自分で責任をもって行動できる状態であり、4つのタイプの中で最も安定したタイプであるといえる。

　モラトリアムとは危機を体験している最中であり、積極的に関与する対象を模索中、もしくは不明瞭であるが積極的に関与すべきものについて見つけようと努力している状態である。このモラトリアムは、社会的責任をとることの猶予期間ともいわれている。本来ならば、私たちは、社会的な立場を得ることで役割や責任を担うことが求められるが、モラトリアムの期間は、このようなことが免除されて、さまざまな役割を試すことができるのである。

　早期完了とは、養育者や自分からみて権威ある人、例えば年長者などの価値観を自分の中で吟味することをせずに無批判で受け入れてしまう状態のことをいう。このような状態であると自分の価値観が揺さぶられるような出来事と出くわしたときに、権威ある人の意見に抵抗することなく従う権威主義的なと

ころがみられたり、融通がきかなかったりと精神的なもろさが
みられる。

　アイデンティティ拡散の状態にある人は、人生の選択につい
て悩みを考える前から積極的に関与することを放棄してしま
い、そのまま自分の人生について責任をもつことができずに、
主体的な選択ができないまま途方にくれてしまう。そのため、
何を信じていけばよいのか、何をよりどころに生きていけばよ
いのかがわからなくなってしまう。その結果として、不安感や
孤立感が生じたり、自意識過剰な面が出たり、焦りを感じたり
するなどの傾向がみられる。

　アイデンティティ・ステイタスを幼児期の遊びになぞらえて
みよう。アイデンティティ達成は、自分で好きな遊びを見つけ
て、その遊びを発展させて、遊び込んでいる状態であろう。モ
ラトリアムは、どの遊びで遊び込むかを選んでいる状態と考え
られる。早期完了は、保育者が指定した遊びを熱心にしている
状態の可能性がある。アイデンティティ拡散は、積極的に遊ぶ
というより、遊びの時間が終わるのを待っている状態かもしれ
ない。このように青年期の発達を見通すならば、保育者には、
幼児期に子どもが好きな遊びを自ら発展させることができるよ
うに、さまざまな遊びのコーナーを設け、そこでの遊びが発展
するように環境を整えておくことが求められる。

# 第4節 成人期・老年期における発達

## 1 成人期

### (1) 成人期の発達の特徴

　就職してから定年退職するまでの期間を成人期という。幼児
が小学校に入学すると、まず小学校での生活に適応することが
求められるように、就職すると、職場での生活に適応すること

が求められる。同級生との生活や、2つまたは3つの年齢差しかない先輩・後輩との関係から離れて、上司や、幅広い年齢差の先輩や後輩との関係を構築することが求められる。40年以上にわたる職業生活の間には、異動や転職なども経験する可能性が高い。新しい職場に入ると、そこでも上司や同僚、部下との関係を築くことが求められる。

　個人生活に目をむけると、結婚や出産（女性のみ）、子育て、親の介護など、さまざまな出来事が成人期には現れる。いずれも新たな場面や立場への適応が必要となる。

　もちろん、すべての人が同じ経験をするわけではない。成人期は、仕事の働き方やパートナーと結婚をするかしないかといった家庭のあり方や、自分の子どもを授かり子育てするかどうかといったことなど、自分のライフスタイルを確立していく時期なのである。

## (2)　発達課題

　成人期において、エリクソンは、発達段階を第2節の表10-1のように成人初期と中年期に分けている。エリクソンは、成人初期の発達課題として、親密性を獲得する時期であるとした。この時期は、20歳後半から30歳代に該当し、多くの人が学生から社会人になり、社会を構成する一員として責任をもって、労働などの生産活動を行う時期である。

　成人期は、青年期までに発達した自己を基盤として、他者と親密な関係性を築いていく時期である。特に、社会人として社会で活躍するプロセスにおいて、他者に協力をしたり、競争をしたりするなかで特定のパートナーと出会い、親密な関係性を築いていくことが課題となってくる。成人初期においては、特定のパートナーのほかに家族や友だち、生まれてくる子どもなど周囲の人々との関わりをとおして、今まで理解できていなかった新たな自分を発見することがある。そのようなことから、アイデンティティを再構築することもある。この時期に周囲の人々との人間関係において親密な関係を構築できない場合には、孤立という否定的価値をもつことになってしまうのである。

　エリクソンは、表10-1のように成人初期が終わると40歳代から60歳代前半まで中年期として位置づけている。この時期

に獲得する発達課題は世代性である。多くの人々は、社会の中でさまざまな経験をし、職場では後輩を指導したり部下ができたりしてリーダーシップを発揮する立場になり、家庭においては子育てをする時期である。世代性は、この時期までに自分が他者との関わりや社会の一員として身に付けてきた知識や技能などを次の世代へと引き継ぐことであり、子どもを育てることや後進の指導、伝統や文化の継承などをすることがこの時期の発達課題となる。しかし、次の世代の人々に世代間伝達するという意識ができずにいると利己的になり、停滞に陥ってしまうのである。

## (3) 課題を達成するために

　成人期は職業生活の時期である。仕事をしながら、仕事の内外で、いろいろな人と出会っていく。そのなかで、発達課題にある親密性や世代性を獲得していく。

　親密性は異性との出会いが関係する。職業柄、異性との出会いの多い仕事もあれば、少ない仕事もある。出会いが多くとも、既婚者など適切な相手ではない場合もある。

　ハヴィガースト（Havighurst, R.J.）によれば、結婚して配偶者とうまく生活するためには、主として怒りや喜びや嫌悪や愛などといった自己の感情を表したり、制御したりすることを学ぶ必要がある。児童期や青年期において情緒的成熟の課題をうまく達成していれば、これらの学習に適切な準備となる。

　世代性に関して、子どもを新たに家族に加え、育てることは、それまでと比べて大きな責任を負うことになる。幼い子どもの生理的欲求や社会的欲求に答えるためには、経済的および精神的な余裕も必要である。子どもが大きくなるにつれて、その必要性はますます高まる。加えて、子ども自身も、本章でみてきたような発達課題を達成していく必要があるのである。生涯発達を知ることは、成人期にとっても役立つ。

　保育者の仕事には、子どもを教育したり、保育したりすることに加えて、子育て支援[注11]も含まれる。生涯発達についての知識をもち、理解を深めることは、子育て支援にも役立つ。

注11・・・・・・・・・・・・・・・・
　児童福祉法第18条の4に保育士の「業」として保護者に対する保育に関する指導が明記されている。これを受けて保育指針の第4章に「子育て支援」がある。就学前の子どもに関する教育、保育等の総合的な提供の推進に関する法律の第1条にも、「子育て支援」が明示されている。学校教育法第24条にも幼稚園に対する「家庭及び地域における幼児期の教育の支援」についての努力義務が示されている。

### (1) 老年期の発達の特徴

・・・・・・・・・・・・・・・・・・・・・・・・・・・・・・・・・・・・・・・・・・・・・・・・・・・・・・・・

> **定年**
> 高年齢者等の雇用の安定等に関する法律の第8条には、「事業主がその雇用する労働者の定年の定めをする場合には、当該定年は60歳を下回ることはできない」とあり、現段階では60歳以上になっている。

　老年期は60歳代後半からといわれており、仕事については**定年**を迎えてリタイアしてから死を迎える時期のことをいう。

　定年の年齢については事業主に委ねられており、何歳とは一概に言えない。しかし高年齢者等の雇用の安定等に関する法律は、第9条で「事業主は、その雇用する高年齢者の65歳までの安定した雇用を確保するため」として、①当該定年の引上げ、②継続雇用制度（現に雇用している高年齢者が希望するときは、当該高年齢者をその定年後も引き続いて雇用する制度）の導入、③当該定年の定めの廃止のいずれかを講じることを義務づけている。そのため現段階ではおおむね65歳が定年と考えてよいであろう。死を迎える時期について、平成29年度の日本人の平均寿命は男性が81.1歳、女性が87.3歳である（総務省統計局、2019）。85歳と考えると、定年からの約20年が老年期の長さになる。

　老年期には、生理機能が低下する。この低下によって呼吸機能、循環機能、消化・吸収機能、排泄機能、運動機能、感覚機能、神経機能、免疫機能等が低下する。運動機能の低下は、体重減少、主観的な疲労感の増大、日常的な活動量の減少、筋力の低下などにつながる。免疫機能の低下によって、病気等にかかりやすく治りにくくなる。

　老年期には、認知機能も低下する。視覚や聴覚が衰え、外からの刺激が乏しくなる。この乏しさにより、好奇心が衰え、処理機能を使うことが減り、知的能力が低下する。好奇心の衰退は悪循環を招く。

　もちろん老年期のすべての人の知的能力が低いというわけではない。メガネや補聴器で視覚や聴覚を補うこと、新聞、書物、雑誌などを読んだり、ラジオを聞いたり、会話を楽しんだりすることで十分に維持される。執筆活動をすることで高い知的能力を維持し続けている人もいる。

　さまざまな機能の変化に適応していく過程こそが発達なのである。

## (2) 発達課題

エリクソンの理論では、老年期は表10-1のように統合性を獲得する時期となっている。この時期には、これまで自分が歩んできた人生について振り返り、その意味について考え、乗り越えられずにそのままにしてきたさまざまなことについて考えながら自分の人生をとおして自分なりに総括を行い、自分の人間の価値を確認するのである。

このように、自分の人生について統合する行為が目的となるため、獲得する課題が統合性といわれている。統合性を獲得できると、今まで歩んできた自分の人生をあるがままで受け入れることができ、人生に後悔をもつことはなくなってくるのである。また、自分の欲よりも周囲や社会といった視点を獲得し、成熟した知を周囲や社会のために役立てることができる。しかし、このような統合性を獲得できなかった場合には、絶望という否定的価値をもつことになってしまう。つまり、自分の人生を振り返っても後悔が多く、絶望のまま死を迎えてしまうことになるのである。

## (3) 課題を達成するために

老年期になると心も身体も衰えを感じるようになり、仕事や子育てなどからも現役から退くことで、生きる目的を見失いやすい時期である。しかし、生きる目的を見失わずにしあわせに暮らす高齢者もいる。このように、社会的な立場や役割など喪失を経験するなかで、加齢の変化にじょうずに対処し、現役引退後の新しい生活に適応をしながら、しあわせな生活を送るなどうまく歳（とし）を重ねるプロセスをサクセスフル・エイジングという。

サクセスフル・エイジングの構成する要素としては、図10-2のようなものが存在する。

老年期には、さまざまな機能の喪失を体験する。これまでも目標・目的が達成困難な状況に置かれたときに、目標・目的の水準を下げたり、別の目標・目的に切り替えたりしながら、適応してきた。さらに老年期には、加齢にともなって、自分が保持している能力・やる気、時間、財力などの資源が低下してい

**図 10-2　サクセスフル・エイジングの構成要素**

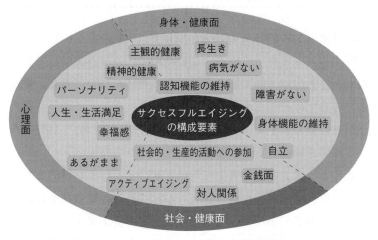

出典：田中真理「サクセスフル・エイジングとは」『シリーズ生涯発達心理学5 エピソードでつかむ老年心理学』大川一郎ほか編、ミネルヴァ書房、2011年、183頁。

き、自分が使える資源が限られてくる。そのため、その限られた資源を効率的に使用しながら適応をしていく工夫が必要となってくるのである。また、そうした喪失した資源を補うように周囲から援助を受け、喪失を補うことも適応する方略のひとつとなっている。

　このようにうまく歳を重ねることができる人の多くは、周囲の人たちから認められながら、また、頼りにされながら日々を生活しており、老年期において人生や生活の満足度が高くなったり、幸福感を感じたりしながら充実した生活を送ることができるのである。

# 第5節　保育者としての生涯の発達

## 1　保育者としての発達の特徴

### (1)　業務遂行能力

　日本保育協会(2015)は、保育所長に表10-5にある25の業務

表10-5　保育者の業務遂行能力（キャリアパスモデル）

| | 環境整備 | 基本的生活習慣支援 | 興味関心を持つ活動の提供 | 生命の保持 | 情緒の安定 | 指導計画作成 | 遊具の安全管理 | 保護者向け書類作成 | 障がい児保育 | 3歳未満児クラス主担任 | 3歳以上児クラス主担任 | 乳児クラス主担任 | 研修会・学会での発表 | 病気やケガへの対応 | 新人保育士指導 | 実習生指導 | 職員間連絡調整 | 保護者相談対応 | 小学校との連携 | 地域向け子育て支援 | 指導計画確認・助言 | 新人以外の保育士指導 | 関連各所連絡調整 | 保護者苦情・クレーム対応 | 自己評価確認・助言 |
|---|---|---|---|---|---|---|---|---|---|---|---|---|---|---|---|---|---|---|---|---|---|---|---|---|---|
| 平均値 | 2.83 | 3.13 | 3.36 | 3.86 | 3.90 | 3.91 | 3.98 | 4.25 | 4.64 | 4.72 | 4.79 | 5.09 | 5.11 | 5.16 | 5.35 | 5.44 | 5.51 | 5.52 | 5.60 | 5.62 | 5.67 | 5.77 | 5.94 | 6.10 | 6.12 |
| 1　1年未満 | | | | | | | | | | | | | | | | | | | | | | | | | |
| 2　1年以上3年未満 | | | | | | | | | | | | | | | | | | | | | | | | | |
| 3　3年以上5年未満 | | | | | | | | | | | | | | | | | | | | | | | | | |
| 4　5年以上7年未満 | | | | | | | | | | | | | | | | | | | | | | | | | |
| 5　7年以上10年未満 | | | | | | | | | | | | | | | | | | | | | | | | | |
| 6　10年以上15年未満 | | | | | | | | | | | | | | | | | | | | | | | | | |
| 7　15年以上 | | | | | | | | | | | | | | | | | | | | | | | | | |

教えてもらってできる
自分自身の力でできる
他の保育士を指導できる
保育士の集団や組織、園全体をリードできる

出典：日本保育協会「平成26年度保育士のキャリアパスに関する調査研究報告書」日本保育協会、2015年、45頁。

第10章

生涯発達

を見せて、「次の各業務を実際に行っているのは、おおむね何年の経験を持つ保育士ですか」として、「1　1年未満」「2　1年以上3年未満」「3　3年以上5年未満」「4　5年以上7年未満」「5　7年以上10年未満」「6　10年以上15年未満」「7　15年以上」「8　該当なし（業務を行っていない場合等）」の選択肢から選んでもらった。各業務で「8」と答えた者を除き、7段階の平均値を求め、その値が小さい順に並べたものが表10-5である。例えば環境整備の平均値2.83は、平均値が1年以上3年未満と3年以上5年未満の間にあるので、3年未満の者がこの業務を実際に行っている、すなわち3年未満でこの業務ができるようになることを示している。なお表10-5の下部に示されているように、日本保育協会（2015）は、各業務が「できる」段階にも「教えてもらってできる」から「保育士の集団や組織、園全体をリードできる」の4段階があることとしている。

　この表からわかるように、保育者は、資格を得た段階で保育所で行われているすべての業務ができるわけではない。経験を重ねるなかで、徐々にさまざまな業務ができるようになるのである。さまざまな業務ができるようになることが保育者としての発達であるといえよう。

## (2)　発達のモデル

　保育教諭養成課程研究会（2017）は、幼稚園教諭・保育教諭としての成長の過程と法定研修との関係を図10-3のように示している。厚生労働省雇用均等・児童家庭局保育課（2017）も、職務分野別リーダー→副主任保育士（ライン職）・専門リーダー（スタッフ職）→主任保育士→園長という職階を示し、創設したキャリアアップ研修に対応づけている。これらのモデルは、保育者が自分の将来の目標を考えたり、振り返って自分の資質・能力を確かめたりするのに役立つ。

## 図 10-3　幼稚園教諭・保育教諭の発達モデル

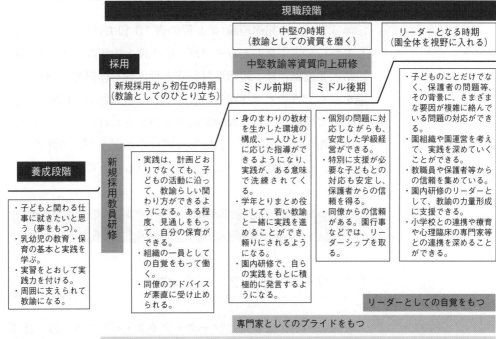

出典：保育教諭養成課程研究会「幼稚園教諭・保育教諭のための研修ガイドⅢ―実践の中核を担うミドルリーダーの育成を目指して―」
保育教諭養成課程研究会 2017 年、10 頁。

## 2　発達課題

### (1)　ピアジェの認知発達理論からみた課題

　ピアジェの認知発達を 4 つの段階（第 1 節の表 10-3）を、保育
者の発達に当てはめてみよう。感覚運動的段階は初任者の段階
である。業務に関しては「教えてもらってできる」該当する。
前操作的段階はミドル前期、業務を「自分自身の力でできる」
段階であろう。具体的操作段階はミドル後期、業務について「他
の保育士を指導できる」段階、形式的操作段階はリーダー、「保
育士の集団や組織、園全体をリードできる」段階と考えられる。
各段階にステップアップすることが発達の課題と考えられる。

## (2) エリクソンの発達理論からみた課題

エリクソンの発達理論（第 2 節の表 10-1）では、保育者が就職してから、定年を迎えるまでは、成人期と中年期に当たる。両段階の発達課題は、親密性対孤立と世代性対停滞で、前者の経験を多くすることが課題である。これらの課題は、結婚と子育てに当てはまるという仮説が成り立つかもしれない。この仮説に従うならば、結婚して、仕事を続けるかどうか、子育てをしながら、仕事を続けるかどうかが問われることになる。

## 3 課題を達成するために

## (1) ワーク・ライフ・バランス

佐藤（2014）によれば、ワーク・ライフ・バランスとは、仕事（ワーク）と生活（ライフ）の調和（バランス）を取ることと定義できる。仕事ばかりでもなく、自分のことや家族のことばかりでもなく、両方のバランスが取れた充実した日々を送ることを意味する。佐藤は、子どもに豊かな生活を送らせることを望むのならば、保育者自身が豊かな生活を送っていなければならないとしている。

保育者にとってワーク・ライフ・バランスを取ることは、必ずしも容易ではない。中根（2014）は、12 歳以下の子を育児中の保育所保育士にインタビューを行い、以下の 4 つの条件を分析した。①主体的条件（保育士の成長・発達欲求、ロールモデルとしての母親、時間不足による育児の矛盾と葛藤）、②職場の条件（勤務時間の配慮、子の体調不良時の勤務上の対応、バランスのよい職員組織と保育方針）、③家庭の条件（夫、祖父母等の協力、家族の健康状態）、④社会的条件（社会資源の利用、社会資源の制約）。そして中根は、保育士の就労継続や両立の「難しさ」は、本人の母親意識、職場や家庭、社会資源の状況にあると結論づけた。この中根（2014）の結論にある 3 つの要因は、保育者本人の意思では変えられない部分が多い。しかしながら、保育者自身がワーク・ライフ・バランスを意識しない限りはじまらない。またこれを意識することは、ほかの要因にかかる周囲を変えて

いくことにもつながる。

## (2) 「子どもが好き」であること
.........................................

　図10-3の下の帯を確認すると、養成段階から「子どもが好き」が一貫した帯であることがわかる。採用されてからは実践のおもしろさに気づくこと、中堅になると専門家としてのプライドをもつこと、その後、リーダーとしての自覚をもつことの帯が現れる。このことは、保育者としての就業を続ける基本となるのは、「子どもが好き」であることを意味している。「子どもが好き」こそが、保育者が発達課題を達成していく原動力になると考えられる。

 **学習のふりかえり**

**1** エリクソンは、乳児期から老年期までを8つの段階に区切り、各段階において肯定的価値と否定的価値の経験を重視している。各段階で肯定的価値の経験を増やす必要がある。

**2** マーシャは、4つのアイデンティティ・ステイタスを区別している。保育者には、幼児が好きな遊びを見つけ、それを自ら発展させられるように環境を構成し、保育することが望まれる。

**3** 保育者は、養成段階からもっている「子どもが好き」という感覚を原動力として、研修をとおして業務遂行能力や保育に対する考え方を発達させていく。

第10章

生涯発達

**参考文献：**
1. 日本保育協会「平成26年度保育士のキャリアパスに関する調査研究報告書」日本保育協会、2015年。
2. 佐藤和順『保育者のワーク・ライフ・バランス　現状とその課題』みらい、2014年。
3. 中根真「保育所保育士のワーク・ライフ・バランス（Work-Life Balance）の実態と課題－両立の「難しさ」に焦点をあてて－」『保育学研究』第52巻第1号、日本保育学会、2014年、116～128頁。

4. 保育教諭養成課程研究会「幼稚園教諭・保育教諭のための研修ガイドⅢ ―実践の中核を担うミドルリーダーの育成を目指して―」文部科学省「平成28年度　幼児期の教育内容等深化・充実調査研究『幼稚園等におけるミドルリーダーの人材育成に係る研修の在り方に関する調査研究』」報告書、2017年。

5. 厚生労働省雇用均等・児童家庭局保育課「保育士のキャリアアップの仕組みの構築と処遇改善について」https://www.mhlw.go.jp/file/06-Seisakujouhou-11900000-Koyoukintoujidoukateikyoku/0000155996.pdf/（情報取得 2020/1/14）

6. R.J. ハヴィガースト、荘司雅子監訳『人間の発達課題と教育』玉川大学出版部、1995年。

7. 遠藤利彦『赤ちゃんの発達とアタッチメント　乳児保育で大切にしたいこと』ひとなる書房、2017年。

8. 遠藤利彦「アタッチメント理論とその実証研究を俯瞰する」『アタッチメントと臨床領域』数井みゆき・遠藤利彦編著、ミネルヴァ書房、2007年。

9. Ainsworth, M.D.S., Blehar, M.C., Waters, E., Wall, S. (1978) *Patterns of attachment: A psychological study of the strange situation.* Hillsdale, NJ: Erlbaum.

10. 西村真実『育児担当制による乳児保育　子どもの育ちを支える保育実践』中央法規出版、2019年。

11. Harms, T., Cryer, D., Clifford, R.M., Yazejian, N. (2017) *Infant/Toddler Environment Rating Scale®, Third Edition.* 埋橋玲子訳（2018）『新・保育環境評価スケール②（0・1・2歳）』法律文化社」

12. Bandura, A. (1995) (ed.) *Self-efficacy in Changing societies.* Cambridge University Press.

13. Weiner, B. (1985) An Attributional Theory of Achievement Motivation and Emotion. *Psychological Review*, vol.92, No.4, 548-573.

14. Deci, E.L., Ryan, R.M. (1985) (Eds.) *Intrinsic motivation and self-determination in human behavior.* Springer.

15. 速水敏彦 『自己形成の心理―自律的動機づけ』金子書房、1998年。

16. 天岩静子「Piaget における保存の概念に関する研究」『教育心理学研究』日本教育心理学会、21巻1号（1973年）、1〜11頁。

17. Bowlby, J. (1969) *Attachment and Loss, Vol.1 Attachment.* New York: Basic Books.（ボウルビィ、J.、黒田実郎ほか訳『母子関係の理論Ⅰ　愛着行動』岩崎学術出版社、1991年）。

18. Erikson, E.H. (1950) *Childhood and Society.* W.W.Norton.（E.H. エリクソン、、仁科弥生訳『幼児期と社会1』みすず書房、1977年）。

19. Erikson, E.H. (1959) Identity and the Life Cycle : Selected Papers. In Psychological Issues.  VoL1.  New York: International Universities Press.（エリクソン、E.H.、小此木啓吾訳編『自我同一性』誠信書房、1973年）。

20. 柏木恵子『子どもの「自己」の発達』東京大学出版会、1983年。

21. Marcia, J.E. (1966) 'Development and validation of ego-identity status.' *Journal of Personality and Social Psychology*, Vol.3, No.5, 551-558.

22. 無藤清子「「自我同一性地位面接」の検討と大学生の自我同一性」『教育心理学研究』日本教育心理学会、27巻3号（1979年）、178〜187頁。

23. 文部科学省「子どもの徳育の充実に向けた在り方について（報告）」2009年。

24. H.S. サリヴァン、中井久夫ほか訳『精神医学は対人関係論である』みすず書房、1990年。

25 繁多進『愛情の発達―母と子の心の結びつき』大日本図書、1987年。

26. 田中真理「サクセスフル・エイジングとは」『シリーズ生涯発達心理学

5 エピソードでつかむ老年心理学』大川一郎ほか、ミネルヴァ書房、2011 年。

27. Erikson, E.H.(1950)*Childhood and Society.* W.W.Norton.（E.H. エリクソン、仁科弥生訳『幼児期と社会 2』みすず書房、1980 年）。

28. 池田幸恭「思春期の発達」『ライブラリースタンダード 7 スタンダード発達心理学』櫻井茂男・佐藤有耕、サイエンス社、2013 年。

29. 金城育子「友人関係の発達」『生徒支援の教育心理学』前原武子、北大路書房、2002 年。

30. 「人口統計資料集 2019 年版」（http://www.ipss.go.jp/　Ⅵ．結婚・離婚・配偶関係別人口　図 6-5-1　性，年齢別未婚割合：1950～2015 年）国立社会保障・人口問題研究所。

31. 『平成 29 年人口動態統計』厚生労働省政策統括官（統計・情報政策、政策評価担当）、2019 年、35 頁。

第10章

生涯発達

# 項　目　索　引

**執筆代表者**

秋田喜代美　東京大学大学院教授

清水　益治　帝塚山大学教授

■

**執筆者（執筆順）**

| | | |
|---|---|---|
| 秋田喜代美 | 東京大学大学院教授 | 第5章 |
| 清水　益治 | 帝塚山大学教授 | 序章／第1章 |
| 菅野　幸恵 | 青山学院女子短期大学教授 | 第2章 |
| 横山真貴子 | 奈良教育大学教授 | 第3章 |
| 箕輪　潤子 | 武蔵野大学准教授 | 第4章／第5章 |
| 森　　俊之 | 仁愛大学教授 | 第6章 |
| 藤崎　春代 | 昭和女子大学大学院教授 | 第7章 |
| 森野　美央 | 長崎大学准教授 | 第8章 |
| 白川　佳子 | 共立女子大学教授 | 第9章 |
| 齊藤　　崇 | 淑徳大学教授 | 第10章 |

2020年1月現在

最新　保育士養成講座　第6巻
## 子どもの発達理解と援助

| | |
|---|---|
| 発　行 | 2020年3月13日　初版第1刷発行 |
| 編　集 | 『最新　保育士養成講座』総括編纂委員会 |
| 発行者 | 笹尾　勝 |
| 発行所 | 社会福祉法人　全国社会福祉協議会 |
| | 〒100-8980　東京都千代田区霞が関3-3-2　新霞が関ビル |
| | TEL：03-3581-9511　　郵便振替：00160-5-38440 |
| 定　価 | 本体1,900円（税別） |
| 印刷所 | 加藤文明社 |

禁複製

ISBN978-4-7935-1309-1　C0336　￥1900E